KABBALAH CENTRE PUBLISHING

Y Escogerás La Vida

Un ensayo sobre la Kabbalah, el propósito de la vida y nuestro verdadero trabajo espiritual

Rav Yehuda Áshlag

Editado por Michael Berg

Tabla de Contenido

Introducción

Con inmensa alegría presentamos: *Y Escogerás La Vida*, escrita por el gran kabbalista y fundador del Centro de Kabbalah, Rav Yehuda Áshlag. Esta obra fue originalmente escrita como una introducción a su obra histórica: *El Estudio de las Diez Emanaciones Luminosas*, una explicación en dieciséis partes de la creación espiritual de nuestro mundo. Se puede decir que sin este estudio notable, uno no podría llegar verdaderamente a entender nuestro mundo, de dónde vinimos y adónde necesitamos ir.

Recuerdo con mucho afecto cómo estudiaba esta gran obra con mi padre, Rav Berg, a tempranas horas de la mañana durante muchos años. Creo que para mi hermano Yehuda y para mí, estos fueron los tiempos espiritualmente más inspiradores de nuestra vida. Sé que todo lo que entiendo y todo lo que realizo parte del entendimiento, la sabiduría y la Luz recibida durante esas sesiones de estudio en nuestra casa en Queens.

El Estudio de las Diez Emanaciones Luminosas de Rav Áshlag es una obra monumental que toma años aprender y décadas para realmente dominar. Es uno de los estudios más profundos y complejos de todos los estudios kabbalísticos. Cuando nos damos cuenta cuán difícil es llegar al verdadero entendimiento de esta hermosa obra, apreciamos más lo que dijo el maestro de mi padre, Rav Yehuda Brandwein (el estudiante más cercano de Rav Áshlag). En una de sus muchas cartas escritas a su amado estudiante, mi padre, escribe: "Puedes entender completamente la introducción al estudio escrito por Rav Áshlag solo después de haber entendido completamente el estudio real (¡todos los dieciséis capítulos!)".

Con esto no quiero desanimarte sino despertar el aprecio por este libro y sus secretos que hoy tienes en tus manos. Pregúntate: "Si esto es verdad, entonces ¿cuál es el propósito de leer esta introducción cuando no hemos empezado o completado todo el estudio, el cual tomará años?". La respuesta es, si bien es verdad que tomará muchos años y muchas lecturas entender completamente los grandes secretos y la Luz en esta obra, lo poco que podemos captar —aun en nuestra primera lectura— despertará dentro de nosotros un gran entendimiento y Luz.

Como es verdad con todos los escritos de Rav Áshlag, las revelaciones en esta obra son obtusas y ocultas para quien no desea la sabiduría y la conexión con la Luz del Creador. Pero para una persona que tiene un verdadero deseo de la sabiduría, un deseo verdadero de adherirse a la Luz del Creador, esta obra será una fuente de gran despertar y sabiduría. He leído este libro incontables veces en los últimos veinticinco años, y cada vez encuentro nueva Luz e inspiración en estas iluminadas palabras. Espero que te tomes el tiempo e inviertas el esfuerzo para extraer de este poderoso libro la sabiduría infinita y la Luz que contiene.

Al leer y meditar en este libro, hay un versículo que debemos conservar en mente, y es un versículo cuyo secreto Rav Áshlag explica en este libro: "Aquellos que Me desean y verdaderamente Me buscan, Me encontrarán".

Bendiciones,

Michael Berg

Capítulo Uno

La Vida No Ocurre. La Vida Es una Elección

Preguntas acerca de la necesidad de estudiar la Sabiduría de la Kabbalah

1) En el comienzo de mis palabras, encuentro una gran necesidad de deshacer una barrera de hierro que está existiendo y separándonos de la Sabiduría de la Kabbalah desde la destrucción del Templo [y continúa existiendo] aún en nuestra presente generación. [Esta barrera] ha puesto una carga severa y pesada sobre nuestros hombros, y levanta temores de que la Kabbalah pueda, el Cielo no lo permita, ser olvidada por los israelitas.

Y cuando quiera que yo empiezo a hablar al corazón de alguien acerca de dedicarse a este estudio [de la Kabbalah], su primera pregunta es: "¿Por qué debo saber cuántos ángeles hay en el Cielo y cuáles son sus nombres? ¿No seré capaz de cumplir toda la Torá, con todas sus particularidades y matices, sin toda esta información?".

En segundo lugar, la persona pregunta además: "Los sabios ya han declarado que uno primeramente debe estar muy versado (lit. llenar su barriga) con la *Mishná* y la *Halajá*. Pero ¿quién se engañaría con que él ya ha terminado de estudiar toda la Torá Revelada, y que la única cosa que le falta es la Torá Oculta?".

En tercer lugar, esta persona está temerosa de que podría, el Cielo no lo permita, descarriarse a causa de esta dedicación a este estudio [de la Kabbalah]. Después de todo, hay varios ejemplos de personas que se han desviado de la senda de la Torá debido a que se han dedicado a la

פרק ראשון

החיים אינם מקרה. החיים הם בחירה

השאלות על הכרח לימוד חכמת הקבלה

א) בריש מלים, מצאתי לי צורך גדול לפוצץ מחיצת ברזל, המצויה ומפסקת בינינו לבין חכמת הקבלה, מעת חורבן הבית ואילך, עד דורנו זה, שהכבידה עלינו במדה חמורה מאד, ומעוררת פחד שלא תשתכח ח"ו חס ושלום מישראל.

והנה כשאני מתחיל לדבר על לב מי שהוא, אודות העסק בלימוד הזה, הנה היא שאלתו הראשונה, למה לי לדעת כמה מלאכים בשמים, וכיצד נקראים בשמותיהם, האם לא אוכל לקיים כל התורה כולה בפרטיה ודקדוקיה בלי ידיעות הללו.

שנית ישאל, הלא כבר קבעו חכמים, שצריכים מתחילה למלאות כריסו בש"ס ששה סדרי [משנה] ובפוסקים. ומי הוא שיוכל לרמות את עצמו שכבר גמר כל התורה הנגלית, ורק תורת הנסתר חסרה לו.

שלישית, הוא מפחד שלא יחמיץ ח"ו מחמת העסק הזה. כי כבר קרו מקרים שנטו מדרך התורה בסבת העסק בקבלה. ואם כן הצרה הזאת למה לי.

Kabbalah. "Y si este es el caso", [pregunta la persona], "¿por qué necesito yo esta preocupación? ¿Quién sería tan tonto que se pondría en peligro sin razón alguna?".

En cuarto lugar, [la persona se mantiene preguntando]: "Aun aquellos que están a favor de este estudio [de la Kabbalah] no permiten este a cualquiera excepto a los individuos santos, servidores del Creador, y 'no cualquiera que desea echar mano del Nombre puede nada más venir y tomar'" (Tratado *Berajot* 17b)

En quinto lugar, y de lo más importante, [dice la persona]: "Hay una regla que en cada caso de duda, debemos salir y ver lo que la mayoría de la gente hace. Y yo puedo ver que todos los sabios de la Torá de mi generación tienen una opinión similar a la mía, y ellos evitan el estudio de lo Oculto [la Sabiduría de la Kabbalah]. Hasta aconsejan a aquellos que les preguntan que, sin duda alguna, sería mejor estudiar una página en la *Guemará* en vez de este compromiso [con la Kabbalah]".

La meta y propósito de la vida

2) **Verdaderamente**, si solamente enfocáramos nuestra atención en responder una muy bien conocida pregunta, estoy seguro de que todas estas [otras] preguntas y dudas desaparecerían del horizonte; y mirarías a su lugar pero se habrán ido. Esta es la muy pequeña pregunta formulada por todos los seres humanos, a saber: ¿Cuál es el propósito (lit. razón, gusto) de nuestra vida? En otras palabras: ¿Quién disfruta estos pocos años de nuestra vida, que son tan costosos para nosotros en términos de todo el sufrimiento y dolor que experimentamos para completar la vida todo el camino hasta su final? O más precisamente: ¿A quién estoy beneficiando [con vivir mi vida]?

ומי פתי יכניס את עצמו בסכנה על לא דבר.

רביעית, אפילו החובבים את הלימוד הזה, אינם מתירים אותה אלא לקדושים משרתי אל, ו"לא כל הרוצה ליטול את השם יבא ויטול" (ברכות טז' עמ' ב').

חמישית, והוא העיקר, כי קיימא לן בכל ספק נהוג לנו בכל [מקרה של] ספק, אשר פוק חזי מאי עמא דבר אשר צא וראה מה העם עושה, ועיני הרואות, שבני תורה שבדורי, כולם המה עמי בדעה אחת, ושומטים ידיהם מלימוד הנסתר, וגם מיעצים לשואליהם, שבלי שום פקפוק מוטב ללמוד דף גמרא במקום העסק הזה.

תועלת ומטרת החיים

ב) אכן, אם נשים לבנו להשיב רק על שאלה אחת מפורסמת מאד, בטוח אנכי שכל השאלות והספיקות הללו יתעלמו מן האופק ותביט אל מקומם ואינם. והיינו השאלה הזעומה הנשאלת מכל בני ירד, שהיא: מהו הטעם בחיינו. כלומר, מספר שנות חיינו הללו, העולים לנו ביוקר כל כך, דהיינו מרבית היסורים והמכאובים שאנו סובלים בעדם, בכדי להשלימם על אחריתם, הנה מי הוא הנהנה מהם. או ביתר דיוק, למי אני מהנה.

Efectivamente, es verdad que los sabios a través de las generaciones ya se han cansado de contemplar este [cuestionamiento] y no es necesario decir que nadie desearía considerar esto en nuestra generación. Pero al mismo tiempo, la pregunta se mantiene con toda su validez y amargura. Porque, a veces, viene a nosotros (lit. se nos presenta) sin invitación y atormenta nuestra mente haciéndonos caer de rodillas humillados antes de que nos las arreglemos para encontrar la bien conocida solución (lit. plan), a saber: dejándonos ser inconscientemente barridos en las corrientes de la vida, como [lo hemos hecho] en el pasado.

Por cumplir la Torá uno alcanza una vida de bienestar y verdad

3) Ciertamente, para resolver este problema, las Escrituras han dicho: "¡Prueba y ve que el Creador es bueno!" (Salmos 33:8). Porque aquellos que siguen la Torá y cumplen los Preceptos de acuerdo a la *Halajá* son aquellos que prueban el "sabor de la vida" y quienes ven y testifican que el Creador es bueno. Como han dicho nuestros sabios: "Él ha creado los Mundos para beneficiar a Sus criaturas porque es la naturaleza del bien hacer el bien".

Pero ciertamente, quien no ha probado la vida de cumplir la Torá y los Preceptos no puede entender y sentir que el Creador es bueno de acuerdo con las palabras de nuestros sabios que han dicho que el solo propósito por el cual el Creador ha creado al hombre (lit. a él) fue para beneficiarlo. Por lo tanto, no tiene otra opción (lit. consejo) que cumplir la Torá y los Preceptos de acuerdo con la *Halajá*. Es por esto que está dicho en la Torá: "He aquí que Yo he puesto ante ti en este día la vida y la bondad, la muerte y el mal..." (Deuteronomio 30:15).

Antes de que la Torá fuera entregada, no teníamos otra cosa más que la muerte y el mal frente a nosotros. El significado es como sigue: Los sabios

והן אמת שכבר נלאו חוקרי הדורות להרהר בזה, ואין צריך לומר בדורנו זה, שלא ירצה מי שהוא אפילו להעלותה על הדעת. עם כל זה עצם השאלה בעינה עומדת בכל תוקפה ומרירותה, שהרי לעתים היא פוגשת אותנו בלתי קרוא, ומנקרת את מוחינו, ומשפילתנו עד עפר, בטרם שנצליח למצוא התחבולה הידועה, דהיינו, להסחף בלי דעת בזרמי החיים, כדאתמול.

על ידי קיום התורה באים לחיים טובים ואמיתיים

ג) אכן, לפתרון חידה סתומה זו, דיבר הכתוב, טעמו וראו כי טוב ה' וכו' (תהילים, לג' ח'). כי מקימי התורה והמצות כהלכתן, המה הטועמים טעם החיים, והמה הרואים ומעידים כי טוב ה', כמ"ש חז"ל כמו שאמרו חכמינו זכרונם לברכה, שברא העולמות כדי להיטיב לנבראיו, כי מדרך הטוב להיטיב.

אבל ודאי מי שעדיין לא טעם את החיים של קיום תורה ומצוות, הוא לא יכול להבין ולהרגיש, כי טוב ה' כדברי חז"ל, אשר כל הכונה של השם יתברך בבראו אותו, היתה רק להיטיב לו, ועל כן אין לו עצה אחרת אלא לילך ולקיים התורה והמצות כהלכתם. וז"ש וזה שכתוב בתורה (פרשת נצבים ל' טו'), ראה נתתי לפניך היום את החיים ואת הטוב ואת המות ואת הרע וגו'.

כלומר, בטרם נתינת התורה, לא היו לפנינו אלא המות והרע, פירוש, כמ"ש כמו שאמרו חז"ל, שהרשעים בחייהם נקראים מתים (ברכות יח' עמ' ב'), משום שטוב

dijeron que los malhechores son llamados muertos aun cuando estén todavía vivos (Tratado *Berajot*, 19b) porque es mejor para ellos estar muertos que vivos, ya que el sufrimiento y el dolor por los que atraviesan para sostener su vida excede con mucho el placer menor que derivan en esta vida. Y verdaderamente, ahora que hemos tenido el mérito de recibir la Torá y los Preceptos, ganamos —por cumplirlos— esa [la prometida] vida real y feliz, que alegra a sus propietarios, como está dicho en las Escrituras: "¡Prueba y ve que el Creador es bueno!" (Salmos 33:8). Y es por esto que las Escrituras dicen: "He aquí que Yo he puesto ante ti en este día la vida y la bondad" (Deuteronomio 30:15), lo cual no era en forma alguna parte de nuestra realidad antes de que la Torá fuera entregada.

Y es por eso que las Escrituras terminan con: "Y debes escoger la vida, para que tú y tus descendientes puedan vivir" (Deuteronomio 30:19). Hay una aparente redundancia aquí: "… escoger la vida, para que puedas vivir". A lo que esto se refiere es a una vida de cumplimiento de la Torá y los Preceptos porque entonces está uno verdaderamente vivo. Este no es el caso [para alguien] viviendo sin la Torá y los Preceptos [porque] esa clase de vida es más dura que la muerte. Esto es a lo que nuestros sabios se referían cuando dijeron que los perversos son llamados muertos aun cuando están todavía vivos. Y este es el significado del dicho escritural: "… para que tú y tus descendientes puedan vivir", lo cual quiere decir que la vida sin la Torá no solamente no proporciona alegría alguna a sus propietarios, sino que tampoco ellos son capaces de traer alegría a los demás.

[Tal persona] no puede siquiera disfrutar a los hijos que procrea porque aun sus vidas son más difíciles que la muerte, así que ¿qué clase de regalo les está dando? Pero quien vive con la Torá y los Preceptos no solamente tiene la alegría de su propia vida, sino que es también feliz de procrear más hijos y pasarles esta buena vida. Es por eso que está dicho: "… que **tú**

מותם מחייהם, להיות היסורים והמכאובים שסובלים בשביל השגת קיום חייהם עולה פי כמה מרובה על קצת התענוג שמרגישים בחיים הללו, אמנם עתה, שזכינו לתורה ומצות אשר בקיומה אנחנו זוכים בחיים האמתיים השמחים ומשמחים לבעליהן, כמ"ש כמו שכתוב טעמו וראו כי טוב ה' (תהילים, לג' ח') ועל כן אומר הכתוב, ראה נתתי לפניכם היום את החיים והטוב מה שלא היה לכם במציאות כלל קודם נתינת התורה.

וזהו שמסיים הכתוב, ובחרת בחיים למען תחיה אתה וזרעך (דברים, ל' טו'), שלכאורה הלשון מכופל, ובחרת בחיים למען תחיה, אלא הכונה על החיים בקיום תורה ומצוות, שאז חיים באמת, מה שאין כן חיים בלי תורה ומצוות, המה קשים ממות, וז"ש וזה שאמרו חז"ל רשעים בחייהם נקראים מתים, כמבואר. וז"ש וזה שאומר הכתוב למען תחיה אתה וזרעך, כלומר שחיים בלי תורה, לא לבד שאין בהם הנאה של כלום לבעלים, אלא גם אינו יכול להנות לאחרים.

כלומר אפילו בבנים שמוליד אין לו נחת, להיות גם חיי הבנים האלו קשים ממות ואיזו מתנה הוא מנחיל להם. אמנם החי בתורה ומצוות לא רק שזכה ליהנות מחייו עצמו, הוא שמח עוד להוליד בנים ולהנחילם מהחיים הטובים הללו וז"ש

y tus descendientes puedan vivir", porque él tiene deleite adicional en las vidas de sus hijos ya que él fue la causa de su nacimiento.

La elección del hombre junto con la asistencia del Creador

4) Del pasaje anterior, usted debe ser capaz de entender las palabras de nuestros sabios concernientes al dicho: "Escoge la vida", (ver el comentario de Rashí, Deuteronomio 30:19) que dice lo siguiente: "Te doy instrucciones para que escojas, como un hombre dice a su hijo: Escoge para ti una parte hermosa de mi tierra. Y [el hombre] lo lleva [a su hijo] a un hermoso terreno y le dice: ¡Escoge este! Y acerca de esto, está dicho: 'El Creador es mi porción escogida y mi copa; Tú sostienes mi destino' (Salmos 16:5). [Esto es:] Tú [mi Creador] has puesto mi mano en el buen destino, diciendo: Esto es lo que debes tomar". Estas palabras parecen ser desconcertantes.

La Escritura dice: "Escoge la vida", lo que significa que la persona hace su propia elección. [Pero] ellos [los comentarios de Rashí] dicen que Él [el Creador] lo lleva al hermoso destino, y si ese es el caso, no hay elección. No solamente eso; también dicen que el Creador [Él Mismo] pone la mano de la persona en el destino bueno, y eso es bastante desconcertante porque si [esto es] así, ¿dónde está el libre albedrío de la persona?

Con la explicación siguiente, usted entenderá estas palabras en su correcto significado. Porque es muy verdadero y correcto que el Creador Mismo pone la mano de un hombre sobre el destino bueno, esto es: dándole una vida de contentamiento y placer dentro de una vida llena de sufrimiento y dolor, y vacía de sustancia alguna; [una vida material] de la que una persona se separará inevitablemente y de la que huirá, en el primer momento en que tenga un atisbo (lit. mire a través del enrejado, [Cantar de los Cantares 2:9]) de un lugar de paz, de modo que pueda huir de esta vida que es más difícil que la muerte. Así, no hay nada más grande para una

וזה שכתוב למען תחיה אתה וזרעך, כי יש לו תענוג נוסף בחיים של בניו, שהוא היה הגורם להם.

בחירת האדם ביחד עם הסיוע מהשם יתברך

ד) ובאמור תבין דברי חז"ל על הכתוב ובחרת בחיים הנ"ל (עיין שם בפירוש רש"י ז"ל רבי שלמה יצחקי זכרונו לברכה, דברים ל' יט'), וז"ל וזה לשונו אני מורה לכם, שתבחרו בחלק החיים כאדם האומר לבנו בחר לך חלק יפה בנחלתי, ומעמידו על החלק היפה, ואומר לו את זה ברור לך. ועל זה נאמר, ה' מנת חלקי וכוסי אתה תומך גורלי (תהילים טז' ה'), הנחת ידי על הגורל הטוב, לומר את זה קח לך, שלכאורה הדברים תמוהים.

כי הכתוב אומר ובחרת בחיים, שהמשמעות היא, שהאדם בוחר מעצמו, והם אומרים, שמעמידו על החלק היפה, אם כך כבר אין כאן בחירה. ולא עוד אלא שאומרים, אשר השם יתברך מניח ידו של אדם על גורל הטוב, וזה מפליא מאד, דאם כך היכן הבחירה שבאדם.

ובמבואר תבין דבריהם כמשמעם, כי אמת הדבר ונכון מאד, שהשם יתברך בעצמו מניח ידו של אדם על גורל הטוב, דהיינו על ידי שנותן לו חיי נחת ועונג, בתוך החיים הגשמיים המלאים יסורים ומכאובים וריקנים מכל תוכן, שבהכרח נעתק האדם ובורח מהם, בזמן שיראה לו אפילו כ"מציץ מן החרכים" (שיר

persona que el Creador poniendo la mano de un hombre en el destino bueno.

El asunto de la elección de una persona es solamente para fortalecerse porque seguramente se requiere mucho trabajo y esfuerzo hasta que una persona puede purificar su cuerpo hasta el punto de ser capaz de cumplir la Torá y realizar los Preceptos apropiadamente, a saber: no para su propia satisfacción sino para dar placer a su Creador. Esto es llamado *Lishmá*, Por Su Propio Bien, porque solo de esta manera puede uno ganar la vida de felicidad y afabilidad que acompaña al cumplimiento de la Torá. Y ciertamente, antes de alcanzar esta pureza, hay definitivamente libre albedrío para perseverar en la senda del bien, usando toda clase de medios y estrategias. [Una persona] debe hacer todo lo que pueda (lit. su mano encuentra la fuerza para hacer) hasta que la tarea de purificación está hecha, de modo que él no se derrumbe, el Cielo no lo permita, a medio camino bajo el peso de su carga.

Dedicarse a la Torá y los Preceptos por tristeza o por alegría

5) Por medio del comentario de arriba, usted puede entender las palabras de nuestros sabios en Tratado Avot (6:4): "Este es el camino de la Torá: Un bocado con sal comerás. También beberás agua con medida, y dormirás sobre el suelo, y vivirás una vida de aflicción, y en la Torá estará tu tarea: si lo haces, 'estarás feliz y estarás bien' (Salmos 128:2). 'Estarás feliz', en este mundo; 'y estarás bien', en el Mundo por Venir".

Debemos cuestionar sus palabras. ¿Cuál es la diferencia entre la sabiduría de la Torá y todas las otras ramas mundanas de conocimiento que no requieren esta clase de ascetismo y una vida de aflicción? En esas otras ramas, el estudio (lit. esfuerzo) mismo es completamente suficiente para alcanzarlas. [Pero en relación con] la sabiduría de la Torá, aun si ponemos

השירים, ב, ט) איזה מקום שלוה, להימלט שמה מהחיים האלו הקשים ממות, שאין לך הנחת ידו של אדם מצדו ית' גדולה מזו.

ודבר הבחירה של האדם היא רק לענין החיזוק, כי ודאי עבודה גדולה ויגיעה רבה יש כאן, עד שיזכך גופו ויוכל לקיים התורה ומצוות כהלכתם, דהיינו לא להנאת עצמו אלא כדי להשפיע נחת רוח ליוצרו, שנקרא "לשמה", שרק באופן זה, זוכה לחיי אושר ונועם המלווים עם קיום התורה, ובטרם שמגיע לזכוך הזה, נוהג ודאי בחירה להתחזק בדרך הטוב בכל מיני אמצעים ותחבולות, ויעשה כל מה שתמצא ידו לעשות בכחו, עד שיגמור את מלאכת הזכוך, ולא יפול חס ושלום תחת משאו באמצע הדרך.

עסק התורה והמצות מתוך צער או מתוך אושר

ה) ועל פי המתבאר, תבין דברי חז"ל במסכת אבות (פרק ו' משנה ד'), "כך היא דרכה של תורה, פת במלח תאכל, ומים במשורה תשתה, ועל הארץ תישן, וחיי צער תחיה, ובתורה אתה עמל, אם אתה עושה כן, אשריך וטוב לך (תהילים, קכח' ב'), אשריך בעולם הזה, וטוב לך בעולם הבא".

ויש לשאול על דבריהם אלו, מה נשתנתה חכמת התורה, משאר חכמות העולם שאינן צריכות לסיגופים הללו ולחיי צער, אלא העמל לבד מספיק לגמרי בחכמות הללו לזכות בהן, וחכמת התורה אף על פי שאנו עמלים בה במדה

mucho esfuerzo [estudiando y descifrando] en ella, esto no es suficiente para alcanzarla. La única forma en que esto [puede ser alcanzado] es a través del ascetismo, tal como "un bocado con sal, etc., y la vida de aflicción, etc.".

Y el final de estas palabras es aún más desconcertante porque dicen: "Si lo haces así, serás feliz en este mundo, y serás feliz en el Mundo por Venir". Aunque es posible que todo esté muy bien conmigo en el Mundo por Venir, ¿cómo puedo decir eso en este mundo, cuando me dedico a automortificarme con relación a comer y beber y dormir, y vivo con gran pena: "Serás feliz en este mundo"? ¿Puede ser esto llamado una vida feliz en el contexto de este mundo?

6) Verdaderamente, el comentario de arriba indica que el [propósito de] estudiar (lit. estar ocupado con) la Torá y cumplir apropiadamente los Preceptos es, el sentido más estricto, dar placer a nuestro Hacedor y no es [destinado] para nuestro propio disfrute. No podemos alcanzar este nivel sino a través de mucho trabajo y gran esfuerzo en la purificación de nuestro cuerpo. Y el método primario (lit. primer plan) para lograr esto es adoptar el hábito de nunca recibir algo para nuestro propio disfrute, aun en relación con cosas que son permitidas y necesarias para el sostenimiento de nuestro cuerpo, tales como el alimento, la bebida, el sueño, y otros requisitos similares. Así, debemos contenernos completamente de aun el placer que inevitablemente resulta (lit. viene) de proveer para nuestro propio sostenimiento, hasta el punto en que estamos literalmente viviendo una vida de pena.

Y luego, una vez que hemos ya adquirido este hábito y nuestro cuerpo no tiene deseo de recibir algún placer por sí mismo, podemos empezar a estudiar (lit. dedicarnos a) la Torá y cumplir los Preceptos en la forma [mencionada arriba], esto es: para dar placer a nuestro Hacedor y no para nuestro propio placer. (Esto es verdad si no nos preguntamos acerca de

רבה, עדיין אינו מספיק לזכות בה, זולת על ידי הסיגופים של פת במלח וכו' וחיי צער וכו'.

וסיומם של הדברים מפליא עוד יותר, שאמרו "אם אתה עושה כן אשריך בעולם הזה וטוב לך לעולם הבא", כי בשלמא מובן מאליו בעולם הבא אפשר שיהיה טוב לי, אכן בעולם הזה בעת שאני מסגף עצמי באכילה ושתיה ושינה ואני חי בצער רב, יאמרו על חיים כאלו, אשריך בעולם הזה, הכאלו, חיים מאושרים יקראו, במובן שבעולם הזה?

ו) אמנם לפי המבואר לעיל, אשר עסק התורה וקיום המצוות כהלכתן בתנאם החמור, שהוא, בכדי להשפיע נחת רוח ליוצרו ולא לצורך הנאתו עצמו, אי אפשר לבא לזה, אלא, בדרך העבודה הגדולה וביגיעה רבה בזכוך הגוף, והתחבולה הראשונה היא, להרגיל עצמו שלא לקבל כלום להנאתו, אפילו בדברים המותרים והמוכרחים שבצרכי קיום גופו, שהם אכילה ושתיה ושינה, וכדומה מהכרחיים, באופן שיסלק את עצמו לגמרי מכל הנאה המלווה לו אפילו בהכרח, בדרך ההספקה של קיום חייו, עד שחיי צער יחיה פשוטו כמשמעו.

ואז, אחר שכבר התרגל בזה, וכבר אין בגופו שום רצון לקבל הנאה כל שהיא לעצמו, אפשר לו מעתה לעסוק בתורה ולקיים המצוות גם כן בדרך הזה, דהיינו בכדי להשפיע נחת רוח ליוצרו ולא להנאת עצמו במשהו (אא"כ אלא אם כן שאינו תוהה על הראשונות כמ"ש כמו שכתוב בתוספות מסכת רה"ש ראש השנה דף ד' ד"ה דבור המתחיל [במילה] בשביל ע"ש עיין שם ועוד יש סוד בדבר כמ"ש הרמב"ם

las palabras anteriores, como fue dicho en las *Tosafot* para el Tratado *Rosh Hashaná*, página 4, empezando con las palabras: Para el propósito...; ver allí; y también, hay un secreto allí, como fue dicho por Maimónides, y nada más debe ser dicho aquí). Y cuando finalmente merecemos esto, merecemos entonces saborear la vida feliz, llena de toda clase de bondad y placer, no contaminada por alguna mancha de tristeza; la clase de vida que es revelada a través de la dedicación a la Torá y los Preceptos *Lishmá* (Por Su Propio Bien).

Como dice Rav Meir (Tratado *Avot* 6a): "Quien se dedica a la Torá por ella [la Torá] misma merece muchas cosas; y no solamente eso, sino que es merecedor de disfrutar el mundo entero, etc. Y los secretos de la Torá le son revelados; y él se vuelve como una fuente viva, etc.". Estudie eso bien. Y de esta persona las Escrituras dicen: "¡Prueba y ve que el Creador es bueno!" (como se expuso arriba, (asunto 3)) porque aquel que prueba el sabor de ocuparse de la Torá y los Preceptos por Ella Misma gana el mérito de ver por sí mismo el Propósito de la Creación, el cual es solamente traer bondad a Sus criaturas dado que es la naturaleza del bien conceder bondad. Y él es feliz y disfruta los años que el Creador le ha concedido, y "es merecedor de disfrutar el mundo entero".

7) **Ahora** puede usted entender ambos lados de la moneda en cómo ocuparse de la Torá y los Preceptos. El primer lado es el Camino de la Torá, esto es: la extensa preparación que un hombre debe atravesar para purificar su cuerpo antes de que merezca realmente cumplir con la Torá y los Preceptos. Y [aún] entonces, debe, necesariamente, estudiar (lit. ocuparse de) la Torá y los Preceptos *lo Lishmá* (No Por Ella Misma), sino más bien por una mezcla de [razones que incluyen] placer personal. Esto es porque él todavía no ha logrado refinar y purificar su cuerpo de su deseo de recibir placer de las vanidades de este mundo.

ואכמ"ל כמו שכתב הרמב"ם, רבי משה בן מימון ואין כאן מה להוסיף), וכשזוכה בזה אז זוכה לטעום את החיים המאושרים המלאים מכל טוב ועונג בלי פגם של צער כל שהוא, המתגלים בעסק התורה והמצוה לשמה.

כמו שרבי מאיר אומר (פרקי אבות פ"ו פרק ו') כל העוסק בתורה לשמה זוכה לדברים הרבה, ולא עוד אלא שכל העולם כולו כדאי לו וכו', ומתגלין לו רזי תורה ונעשה כמעין המתגבר וכו' עש"ה עיין שם היטב ועליו הכתוב אומר, טעמו וראו כי טוב ה' כמבואר לעיל בסעיף ג', שהטועם טעם העוסק בתורה ומצות לשמה, הוא הזוכה ורואה בעצמו את כונת הבריאה, שהיא רק להיטיב לנבראיו, כי מדרך הטוב להיטיב, והוא השש ושמח במספר שנות החיים שהעניק לו השם יתברך, וכל העולם כולו כדאי לו.

ז) עתה תבין את שני הצדדים, שבמטבע של העסק בתורה ומצות. כי צד הא' הוא דרכה של תורה, כלומר, ההכנה הרבה, שהאדם צריך להכין את טהרת גופו, בטרם שיזכה לעצם קיום התורה והמצות, ואז בהכרח שעוסק בתורה ומצות שלא לשמה, אלא בתערובות של להנאתו עצמו, שהרי עדיין לא הספיק לזכך ולטהר את גופו, מהרצון לקבל הנאות מהבלי העולם הזה.

Durante este período, él debe vivir una vida de tristeza y debe trabajar en la Torá, como está dicho en la *Mishná*. Verdaderamente, después de que él ha terminado [su preparación] y ha completado el Camino de la Torá, y ya ha refinado su cuerpo y está ahora calificado para cumplir la Torá y los Preceptos Por Ella Misma, [a saber] para dar placer a su Hacedor, entonces él se mueve al otro lado de la moneda: una vida de placer y gran paz, lo cual es lo que la Creación pretendió con "beneficiar a Sus criaturas". Esta es la vida más feliz en [ambos] este mundo y el Mundo por Venir.

De la sabiduría de la Torá uno gana toda la felicidad en el mundo; no así de otros tipos de sabiduría

8) Hemos así puesto en claro la gran diferencia entre la sabiduría de la Torá y las otras clases de sabiduría. Conseguir otras clases de sabiduría no mejora la vida en este mundo para nada, ya que no ofrecen siquiera el más mínimo alivio a una persona por el dolor y el sufrimiento que sufre a lo largo de su vida. Por esta razón, no necesita purificar su cuerpo; [básicamente] el trabajo y el esfuerzo que invierte para ganar esa otra sabiduría es suficiente, igual que otros bienes mundanos son obtenidos a través de esfuerzo y trabajo. Este no es el caso, sin embargo, con la Torá y los Preceptos porque todo su propósito es preparar a la persona para que esté lista para recibir toda la bondad que está incluida en el Propósito de la Creación: "conceder bondad a Sus criaturas". Por esta razón, él [quien desea estudiar la Torá y los Preceptos] ciertamente necesita refinar su cuerpo de modo que sea merecedor y apropiado para este bien Divino.

9) Esto también clarifica el dicho de la *Mishná* de que "Si lo haces así, serás feliz en este mundo". Ellos [los sabios] fueron intencionadamente precisos para enseñarnos que la vida feliz está disponible solo para aquellos que han completado el Camino de la Torá. Esto significa que

ובעת הזאת, מוטל עליו לחיות חיי צער ולעמול בתורה, כנ"ל במשנה. אכן אחר שגמר והשלים את דרכה של תורה, וכבר זכך גופו, ומוכשר לקיים התורה והמצות לשמה בכדי להשפיע נחת רוח ליוצרו, הרי הוא בא לצד השני של המטבע, שהוא חיי עונג ושלוה רבה, שעליה היתה כונת הבריאה "להיטיב לנבראיו", דהיינו החיים המאושרים ביותר שבעולם הזה ועולם הבא.

בחכמת התורה זוכה להאושר שבעולם, מה שאין כן בשאר חכמות

ח) והנה נתבאר היטב, ההפרש הגדול בין חכמת התורה לשאר חכמות העולם, כי שאר חכמות העולם, אין השגתן מטיבה כלל את החיים שבעולם הזה, כי אפילו הספקה בעלמא סתם הנאה לא יתנו לו, בעד המכאובים והיסורים שהולך וסובל במשך ימי חייו, על כן אינו מוכרח לתקן גופו, ודי לו בעמל שנותן בעדם, כמו כל קניני העולם הזה הנקנים על ידי יגיעה ועמל עליהם, מה שאין כן עסק התורה והמצות, שכל ענינם הוא להכשיר את האדם, שיהיה ראוי לקבל כל אותו הטוב שבכונת הבריאה "להיטיב לנבראיו", על כן ודאי שצריך לזכך גופו, שיהיה ראוי וכדאי לאותו הטוב האלה"י.

ט) גם נתבאר היטב מה שאומרת המשנה, אם אתה עושה כן אשריך בעולם הזה (פרקי אבות, ו', א'), כי בכונה גמורה דייקו זאת, להורות, כי חיי העולם הזה המאושרים, אינם מוכנים אלא רק למי שהשלים את דרכה של תורה, באופן, שענין הסיגופים של אכילה שתיה שינה וחיי צער, האמורים כאן, המה נוהגים

la austeridad en el alimento, la bebida y el sueño, así como una vida de aflicción; todo lo hablado previamente (lit. aquí) son practicados solamente cuando uno está en el Camino de la Torá, que es por lo que ellos dijeron específicamente: "Este es el Camino[1] de la Torá, etc.". Y después de que has completado este camino de No Por Ella Misma, con austeridad y una vida afligida, la *Mishná* concluye: "Estarás feliz en este mundo", porque habrás ganado la misma felicidad y bondad que estaba incluida en el Propósito de la Creación, y serás merecedor de disfrutar "el mundo entero", refiriéndose a este mundo y aún más al Mundo por Venir.

Aquellos que se dedican a la Torá y los Preceptos Por Ella Misma merecen la Luz Oculta

10) Y esto es lo que está escrito en el *Zóhar* (Génesis A 37:35) acerca del versículo: "Y el Creador dijo: 'Haya Luz', y hubo Luz" (Génesis 1:3): "'Haya Luz' —para este mundo; y 'hubo Luz'— para el Mundo por Venir". Significando que durante el Acto de la Creación, [los seres creados] fueron creados en su forma y estatura completa finales, como dijeron nuestros sabios; esto es: en su propósito final de perfección y gloria completas. Y de acuerdo con esto la Luz que fue creada en el día uno emergió en toda su perfección completa, la cual incluía la vida en este mundo en su refinamiento y placer totales hasta el punto que está expresada en las palabras: "Haya Luz".

Pero para preparar espacio para el libre albedrío y la tarea, Él [el Creador] ocultó [la Luz] para los justos de los días futuros, como dijeron los sabios (Bereshit Rabá). Es por esto que dijeron en su lenguaje puro: "Haya Luz para este mundo". Pero, [la Luz] no permaneció en esta forma, sino que más bien se volvió: "Y hubo Luz para el Mundo por Venir", significando que

1 En hebreo, la misma palabra es usada para ambos: "senda" y "camino".

רק בעת היותו בדרכה של תורה, כי על כן דייקו ואמרו "כך היא דרכה של תורה וכו'",ואחר שגמר דרך זו של שלא לשמה בחיי צער וסיגופים, מסיימת המשנה, אשריך בעולם הזה, כי תזכה לאותו האושר והטוב שבכונת הבריאה, וכל העולם כולו יהיה כדאי לך, דהיינו אפילו העולם הזה, ומכל שכן לעולם הבא.

העוסקים בתורה ובמצות לשמה זוכים לאור הגנוז

י) וז"ש וזה שכתוב בזוהר (סולם, בראשית א', שנא') על הכתוב (בראשית א', ג'): ויאמר אלקים יהי אור ויהי אור "יהי אור לעולם הזה ויהי אור לעולם הבא". פירוש, כי מעשה בראשית בצביונם נבראו ובכל קומתם נבראו, כמ"ש כמו שאמרו חז"ל, דהיינו בתכלית שלימותם ותפארתם. ולפי זה, האור שנברא ביום א' יצא בכל שלימותו, הכולל גם חיי העולם הזה בתכלית העידון והנועם, כפי השיעור המתבטא בהמלות יהי אור.

אלא כדי להכין מקום בחירה ועבודה, עמד וגנזו לצדיקים לעתיד לבא, כדברי חז"ל (בראשית רבה). על כן אמרו בלשונם הצח "יהי אור לעולם הזה" אמנם לא נשאר כן אלא "ויהי אור לעולם הבא", כלומר, שהעוסקים בתורה ובמצות לשמה, זוכים בו רק לעתיד לבוא שפירושו, בזמן העתיד לבא אחר גמר הזדככות גופם

aquellos que se dedican a la Torá y los Preceptos Por Ella Misma ganarán la Luz solamente en el futuro, refiriéndose al futuro que se espera que venga una vez que el refinamiento de su cuerpo en el Camino de la Torá ha sido completado. Entonces serán elegibles para la gran Luz aun en este mundo, como los sabios dijeron: "verás tu mundo [del más allá] durante tu vida" (Tratado Berajot 17a).

La "Luz en la Torá" en vez de la aflicción y la austeridad

11) Verdaderamente, encontramos y vemos en las palabras de los sabios del Talmud que ellos han hecho el Camino de la Torá más fácil para nosotros, más aún que los sabios de la *Mishná*, porque dijeron: "Una persona debe siempre dedicarse a la Torá y los Preceptos, aun si no es Por Ella Misma, porque de [dedicarse a ellos] no Por Ella Misma, él llegará [a dedicarse a ellos] por Ella Misma (Tratado *Sanhedrín* 105b), dado que la Luz en la Torá lo trae a uno de regreso al buen camino.

Así, ellos nos han provisto de un nuevo método para reemplazar la austeridad del Tratado *Avot* en la *Mishná* que fue mencionado antes. "La Luz está en la Torá", la cual tiene suficiente fuerza en esta para hacer regresar a una persona al camino correcto y para traerlo al estudio de (lit. dedicarse a) la Torá y los Preceptos Por Ella Misma. [Los sabios del *Talmud*] no mencionaron la austeridad, solamente que dedicarse a la Torá y los Preceptos es suficiente [en y por sí mismo] para que su Luz lo haga regresar al camino correcto y habilitarlo para dedicarse a la Torá y los Preceptos para dar placer a su Hacedor, y no para su propio placer en absoluto. Esto es lo que significa [estudiar la Torá y cumplir los Preceptos] No Por Ella Misma.e.

בדרכה של תורה, שכדאים אז לאור הגדול ההוא גם בעולם הזה, כמ"ש כמו שאמרו חז"ל עולמך תראה בחייך (ברכות יז' עמ' א').

ה"מאור שבתורה" במקום צער וסיגופים

יא) אמנם אנו מוצאים ורואים בדברי חכמי התלמוד, שהקלו לנו את דרכה של תורה יותר מחכמי המשנה, כי אמרו "לעולם יעסוק אדם בתורה ובמצות אפילו שלא לשמה ומתוך שלא לשמה בא לשמה" (סנהדרין קה', עמ' ב') והיינו, משום שהמאור שבה מחזירו למוטב.

הרי שהמציאו לנו ענין חדש במקום הסיגופים המובאים במשנה אבות הנ"ל שהוא "המאור שבתורה", שיש בו די כח להחזירו למוטב ולהביאהו לעסק התורה והמצות לשמה, שהרי לא הזכירו כאן סיגופים, אלא רק שהעסק בתורה ומצות בלבד, מספיק לו אותו המאור המחזירו למוטב, שיוכל לעסוק בתורה ומצות בכדי להשפיע נחת רוח ליוצרו, ולא כלל להנאת עצמו, שהוא הנקרא "לשמה".

Capítulo Dos

No Lo Tomes Personalmente

La servidumbre de estudiar la Torá No Por Ella Misma

12) Pero uno debe aparentemente reflexionar sobre sus palabras [arriba]. Después de todo, hemos encontrado un número de personas estudiando y para quienes la dedicación a la Torá no les hizo mucho bien para merecer que la Luz en la Torá [los transforme en individuos que se dediquen a la Torá] Por Ella Misma. Dedicarse a la Torá y los Preceptos No Por Ella Misma significa que uno cree en el Creador, en la Torá, y en la recompensa y el castigo, y que se dedica a la Torá porque el Creador ha ordenado hacerlo, pero también incorpora su propio beneficio junto con dar placer a su Hacedor.

Pero si, después de todo su esfuerzo en dedicarse a la Torá y los Preceptos, él se da cuenta de que por medio del estudio intenso (lit. gran dedicación) y gran esfuerzo, no ha obtenido placer alguno y beneficio personal, lamenta haber luchado por tanto tiempo. Esto es porque se engañó a sí mismo desde el principio, pensando que él, también, obtendría algo de disfrute de su esfuerzo. Este ejemplo es llamado No Por Ella Misma (como está mencionado en las *Tosafot* [del Tratado] *Rosh Hashaná*, página 4, empezando con las palabras: "Con el propósito…"). Sin embargo, nuestros sabios han permitido empezar dedicándose a la Torá y los Preceptos No Por Ella Misma porque de [estudiar la Torá] No Por Ella Misma, una persona llegará a Por Ella Misma, como fue explicado.

פרק שני
אל תקח את זה באופן אישי

גדר לומדי התורה שלא לשמה

יב) אבל יש להרהר לכאורה אחר דבריהם אלו, הלא מצאנו כמה לומדים, שלא הועיל להם העסק בתורה, שיזכו על ידי המאור שבה לבוא לשמה. אמנם, ענין העסק בתורה ומצות שלא לשמה, הפירוש, שהוא מאמין בהשם יתברך ובתורה ובשכר ועונש, והוא עוסק בתורה מחמת שהשם יתברך צוה לעסוק, אבל משתף הנאת עצמו עם עשיית הנחת רוח ליוצרו.

ואם אחר כל טרחתו בעסק התורה והמצות, יוודע לו שלא הגיעה לו על ידי העסק והטורח הגדול הזה שום הנאה ותועלת פרטית, הוא מתחרט על כל שיגע, מטעם שאינה הטריח את עצמו מתחילתו, שכסבור שגם הוא יהנה מטרחתו, כגון זה, שלא לשמה נקרא (כמ"ש כמו שכתוב בפירוש בתלמוד בתוספות רה"ש ראש השנה דף ד' ד"ה דבור המתחיל [במילה]: בשביל). ואף על פי כן התירו חז"ל את תחילת העסק בתורה ומצות גם שלא לשמה. מטעם, שמתוך שלא לשמה בא לשמה, כמבואר לעיל.

Aquellos faltos de confianza, el Cielo no lo permita, no merecen la Luz de la Torá

Indudablemente, si esta persona que está dedicada a la Torá y los Preceptos aún no ha obtenido confianza en el Creador y Su Torá, sino que, el Cielo no lo permita, [todavía] se obceca en sus dudas, él no es la persona [a la] que nuestros sabios [se refirieron cuando] dijeron que de No Por Ella Misma él llegaría a Por Ella Misma. Ni es la persona de quien está dicho (en *Midrash Rabá* en la apertura de Lamentaciones (*Eijá*), y en el Talmud de Jerusalén, Tratado *Jaguigá* 1:7) que por dedicarse a la Torá [merecerá que] su Luz dentro de la Torá lo traiga de regreso al camino correcto, porque la Luz de la Torá resplandece solamente para aquellos que desarrollan confianza.

Además, la fuerza de esta Luz es en proporción a la fuerza de la confianza de la persona. Y para aquellos a quienes, el Cielo no lo permita, les falta confianza, lo opuesto es verdad. Como está dicho: "Para aquellos que toman el camino izquierdo, este será como una poción mortal" (Tratado Shabat página 8), porque reciben oscuridad de la Torá y sus ojos enceguecen.

13) Y los sabios ya han creado una agradable parábola con relación a esto, comentando sobre el versículo: "¡Ay de ustedes que desean el día del Creador! ¿Para qué tendrían el día del Creador? Es oscuridad, y no luz" (Amós 5:18). Esto es como el gallo y el murciélago que esperaban la luz. El gallo dijo al murciélago: "Estoy esperando la luz porque la luz es mía, pero ¿para qué necesitas tú luz?" (Tratado *Sanhedrín*, página 98b). ¡Estudie eso bien!

Es obvio que para aquellos que estudian la Torá pero no merecieron la [experiencia] de que de [su dedicación a la Torá] No Por Ella Misma emergiera [una dedicación a esta] Por Ella Misma, porque les falta confianza, el Cielo no lo permita, no han recibido, por lo tanto, Luz

מחוסרי אמונה ח"ו אין זוכים להמאור שבתורה

אמנם בלי ספק, אם העוסק הזה לא זכה עדיין לאמונת השם יתברך ותורתו, אלא מתגורר בספיקות חס ושלום, לא עליו אמרו חז"ל שמתוך שלא לשמה בא לשמה, ולא עליו אמרו (במ"ר במדרש רבא בפתיחתא בהקדמה דאיכה [ובתלמוד ירושלמי מסכת חגיגה פ"א ה"ז פרק א' הלכה ז'), שמתוך שמתעסקים בה המאור שבה מחזירם למוטב, כי המאור שבתורה אינו מאיר אלא לבעל אמונה.

ולא עוד אלא שמדת גודל המאור הזה, היא כמדת תוקף אמונתו, אבל למחוסרי אמונה חס ושלום, היא להיפך, כמ"ש כמו שכתוב למשמאילים בה סמא דמותא סם מות (מסכת שבת פ"ח פרק ח'), כי מקבלים חושך מהתורה ונחשכות עיניהם.

יג) וכבר משלו חכמים משל נאה על ענין זה, על הפסוק (עמוס ה', יח'): הוי המתאוים את יום ה' למה זה לכם יום ה', הוא חושך ולא אור. משל לתרנגול ועטלף שהיו מצפים לאור, אמר לו תרנגול לעטלף, אני מצפה לאורה שאורה שלי הוא, ואתה למה לך אורה (סנהדרין דף צ"ח עמ' ב'), ודו"ק והתבונן ודייק מאד.

ומובן היטב, שאותם הלומדים שלא זכו מתוך שלא לשמה לבא לשמה, היינו משום שהם מחוסרי אמונה חס ושלום, ועל כן לא קבלו שום מאור מהתורה,

alguna de la Torá, y en consecuencia, caminan en la oscuridad y "mueren, pero sin sabiduría" (Job 4:21).

Pero a aquellos que merecieron completa confianza les prometieron las palabras de los sabios que aun si ellos se dedican a la Torá No Por Ella Misma, la Luz de [la Torá] los pondrá de regreso en el camino correcto. Y de ese modo merecerán, aun sin pasar por la austeridad y una vida de penurias, dedicarse a la Torá Por Ella Misma, lo cual trae una vida de felicidad y bondad en este mundo y el Mundo por Venir, como se mencionó antes. Y las Escrituras dicen acerca de ellos: "Entonces te deleitarás en el Creador, y te haré cabalgar sobre los lugares elevados de la Tierra, etc." (Isaías 58:14).

"Su Torá es su oficio": la diligencia en estudiar la Torá está en proporción a la confianza de uno en Dios

14) Asociado con el tema arriba mencionado yo traduje una vez un dicho de nuestros sabios: "Su Torá es su oficio" (Tratado Shabat, 11a), [significando que] la manera en que uno se dedica a la Torá muestra su nivel de confianza (*emunató*) porque "su oficio" (*umanató*) está escrito [en hebreo] con las mismas letras que "su confianza" (*emunató*). Esto es análogo a una persona que tiene confianza en su amigo y le presta dinero. Quizá él confía en su amigo con una moneda, pero si el amigo pide dos monedas, se habría negado a prestárselas. O quizá confía en su amigo hasta para un ciento de monedas, pero no más que eso. O tal vez hasta confiaría en su amigo y le prestaría la mitad de sus posesiones, pero no todas sus posesiones. Y hasta podría ser posible que le confiara su amigo todas sus posesiones sin ninguna muestra de temor. Este [ejemplo] final de confianza es considerado confianza completa pero los ejemplos anteriores de confianza son considerados confianza incompleta o confianza parcial, sin importar si [la confianza] es menor o mayor.

ועל כן בחשכה יתהלכון, וימותו ולא בחכמה (איוב, ד' כא').

אבל אותם שזכו לאמונה שלמה, מובטחים בדברי חז"ל, שמתוך שמתעסקים בתורה אפילו שלא לשמה, המאור שבה מחזירם למוטב, ויזכו, גם בלי הקדם של יסורים וחיי צער, לתורה לשמה המביאה לחיי אושר וטוב בעולם הזה ובעולם הבא כנ"ל. ועליהם הכתוב אומר (ישעיהו נח', יד'): אז תתענג על ה' והרכבתיך על במתי ארץ וגו'.

"תורתו אומנותו" השקידה בתורה לפי מדת אמונתו בה'

יד) ומעין ענין הנ"ל פירשתי פעם את מליצת חז"ל, "מי שתורתו אומנותו" (שבת יא' א') אשר בעסק תורתו ניכר שיעור אמונתו: כי אומנתו אותיות אמונתו. בדומה לאדם, שמאמין לחבירו ומלווה לו כסף, אפשר שיאמין לו על לירה אחת, ואם ידרוש ממנו שתי לירות, יסרב להלוות לו. ואפשר שיאמין לו עד מאה לירות, אבל לא יותר מזה. ואפשר שיאמין לו אפילו להלוות לו את חצי רכושו, אבל לא את כל רכושו. ואפשר גם כן שיאמין לו על כל רכושו בלי שום צל של פחד. ואמונה זו האחרונה, נחשבת לאמונה שלימה, אבל באפנים הקודמים נבחנת לאמונה בלתי שלמה, אלא שהיא אמונה חלקית, אם פחות אם יותר.

De manera similar, una persona asigna para sí mismo, de acuerdo con el grado de su confianza en el Creador, no más de una hora de su día para dedicarse a la Torá y al trabajo [espiritual]. Otra persona destina dos horas, de acuerdo al grado de su confianza en el Creador. Pero la tercera no desperdicia siquiera una hora de su tiempo libre sin dedicarse a la Torá y al trabajo [espiritual]. Esto significa que solamente la última [la tercera] persona tiene confianza completa porque confía en su Creador con todas sus posesiones, a diferencia de los otros, cuya confianza aún no es completa. Pero no debemos elaborar demasiado sobre esto.

Con la ausencia de confianza, la Luz se vuelve oscuridad

15) Y se ha hecho claro que uno no debe esperar que dedicarse a la Torá y los Preceptos No por Ella Misma [necesariamente] le traerá dedicarse a ellos Por Ella Misma. Porque solamente cuando [una persona] sabe dentro de su alma que ha ganado confianza apropiada en el Creador y Su Torá, entonces la Luz en la Torá lo regresa al camino correcto. [Entonces] él merecerá el "día del Creador", que es todo Luz, porque la santidad de la confianza purifica los ojos de uno a fin de que ellos puedan disfrutar la Luz [del Creador]. Entonces la Luz en la Torá lo regresa al camino correcto.

En verdad, aquellos a quienes les falta confianza son parecidos a murciélagos que no pueden ver la luz del día. La luz del día se vuelve oscuridad severa para ellos, más severa que la oscuridad de la noche porque ellos obtienen su alimento durante la oscuridad de la noche. [Es] lo mismo con aquellos a quienes les falta confianza: sus ojos son cegados por la Luz del Creador, y por lo tanto, la Luz se vuelve oscuridad para ellos y la poción de la vida se vuelve para ellos la poción de la muerte. Y estas son las personas de quienes está dicho: "¡Ay de ti que deseas el día del Creador! ¿Por qué desearías el día del Creador? Es oscuridad y

כך, אדם אחד מקצה לו מתוך שיעור אמונתו בה', רק שעה אחת מיומו לעסוק בתורה ובעבודה. והשני מקצה לו שתי שעות, לפי מדת אמונתו בה', השלישי אינו מזניח אפילו רגע אחד משעת הפנאי שלו מבלי לעסוק בתורה ובעבודה. הוי אומר, שרק האחרון אמונתו שלמה היא, שהרי מאמין להשם יתברך על כל רכושו, מה שאין כן הקודמים, עדיין אין אמונתם שלמה לגמרי, כמובן, ואין להאריך בכגון זה.

בהעדר האמונה נהפך האור לחושך

טו) והנה נתבאר היטב, שאין לו לאדם לצפות שהעסק בתורה ומצות שלא לשמה יביאהו לשמה. רק בזמן שידע בנפשו שזכה באמונת השם יתברך ותורתו כראוי, כי אז המאור שבה מחזירו למוטב, ויזכה ליום ה' שכולו אור. כי קדושת האמונה מזככת את העינים של האדם שתהנינה מאורו יתברך, עד שהמאור שבתורה מחזירו למוטב.

אמנם מחוסרי אמונה, דומים לעטלפים, אשר לא יוכלו להסתכל באור היום, כי נהפך להם אור היום לחושך נורא יותר מחשכת ליל, כי אינם ניזונים אלא בחושך הלילה. כן מחוסרי אמונה, עיניהם מתעוורות כלפי אור ה', על כן נהפך להם האור לחושך, וסמא דחיי נהפך להם לסמא דמותא וסם החיים נהפך להם לסם המות, ועליהם אמר הכתוב הוי המתאוים את יום ה', למה זה לכם יום ה',

no Luz". Porque como dijimos antes, uno tiene primero que alcanzar la confianza completa [para merecer la Luz].

Otras cosas que se suman para dedicarse a la Torá No Por Ella Misma

16) Y lo que ha sido hasta ahora explica la consulta a las *Tosafot* (Tratado *Taanit*, página 5, 'Y todo...'). Está dicho allí: "Quien se dedica a la Torá Por Ella Misma, la Torá se vuelve para él una poción de vida, etc., [pero] quien se dedica a la Torá No Por Ella Misma, la Torá se vuelve para él una poción de muerte". Y [las *Tosafot*] formularon una cuestión: Pero está dicho que uno debe dedicarse siempre a la Torá, aun si es No Por Ella Misma, porque por dedicarse a esta No Por Ella Misma, uno finalmente empieza a dedicarse a ella Por Ella Misma; vea arriba. Ahora, de acuerdo con lo que ha sido explicado, esto [la respuesta de las *Tosafot*] debe ser dividida simplemente.

Aquí, [en el primer caso del que estamos hablando], acerca de alguien que se dedica a la Torá para aprender la Torá, y cree en la recompensa y el castigo pero [esta persona] incorpora su propio disfrute y beneficio con su intención de dar placer a su Creador, entonces la Luz del Creador lo traerá de regreso al camino correcto y él terminará dedicándose a la Torá Por Ella Misma. Aquí [el otro caso], sin embargo, es de alguien que se dedica a la Torá no con el propósito de cumplir el mandamiento de estudiar la Torá —porque no cree en la recompensa y el castigo lo suficiente (lit. a grado tal) que hará un fuerte intento— de modo que todo el esfuerzo que hace es solamente para su propio beneficio, y debido a eso, [la Torá] se vuelve como una poción de muerte para él, dado que la Luz se vuelve oscuridad para él, como se explicó.

הוא חושך ולא אור (עמוס ה׳, יח׳). אלא שצריכים מקודם להשתלם באמונה שלמה, כמבואר.

עוד בגדרי תורה שלא לשמה

טז) ובאמור מתורצת קושית התוספות (תענית דף ז׳ ד״ה דבור המתחיל [במילה] וכל) דאמרינן שאומרים שם, כל העוסק בתורה לשמה תורתו נעשית לו סם חיים וכו׳, וכל העוסק בתורה שלא לשמה נעשית לו סם המות, והקשו, והלא אמרינן והרי אמרו לעולם יעסוק אדם בתורה אע״ג אף על גב שאינה לשמה, שמתוך שלא לשמה בא לשמה, ע״ש עיין שם. ולפי המבואר, יש לחלק בפשטות.

כי כאן, בעוסק בתורה לשם מצות לימוד התורה עכ״פ על כל פנים, להיותו מאמין בשכר ועונש, אלא שמשתף הנאתו ותועלתו עצמו, עם הכונה דלעשות נחת רוח ליוצרו, על כן המאור שבה מחזירו למוטב, ובא לשמה. וכאן, בעוסק בתורה שלא לשם מצות לימוד התורה, כי אינו מאמין בשכר ועונש בשיעור הזה, עד שבשבילה יתיגע כל כך, אלא רק לשם הנאתו עצמו מתיגע, ועל כך נעשית לו סם המות, כי האור שבה נהפך לו לחושך, כמבואר.

La confianza es fortalecida a través de empeño en la Torá

17) Y por lo tanto, antes de comenzar su estudio, el principiante tiene que comprometerse a fortalecer su fe en el Creador, en Su Providencia, y en la recompensa y el castigo, como los sabios dijeron: "Tu empleador está obligado a pagarte el valor de tus esfuerzos" (Avot, 2:13). Así que él tiene que dirigir su esfuerzo a ser para el propósito de cumplir el Precepto de [estudiar] la Torá, y de esta manera, merecerá disfrutar de su Luz. Y su confianza se hará más fuerte y más grande por virtud de esa Luz, como está dicho: "Será una cura para tu carne y un remedio para tus huesos" (Proverbios 3:8). Y entonces él tendrá por seguro en su corazón que de No Por Ella Misma, él llegará a [estudiar la Torá] Por Ella Misma.

De esta manera, hasta alguien que sabe que no ha merecido todavía tener confianza, el Cielo no lo permita, sin embargo [también sabe que] hay todavía esperanza para él a través de [su] dedicación a la Torá. Porque si él enfoca su corazón y su mente en ganar confianza en el Creador a través de la Torá, no hay mayor manera para cumplir los Preceptos que esta, como dijeron nuestros sabios (Tratado *Makot*, 24): "Jabakuk vino y los condensó a todos en uno (principio): 'El justo vivirá por medio de su confianza (*emunató*)'" (Habacuc 2:4).

No solo eso, sino que él no tiene otra alternativa, como hemos aprendido (Tratado *Bava Batra*, 16a): "Rabá dijo: Iyov deseó eximir al mundo entero del Juicio, y le preguntó a Él: Señor del Universo… Tú has creado a los justos; Tú has creado a los malvados; ¿Quién puede pararse en Tu camino?". Y Rashí comentó sobre este versículo: "Tú has creado a los justos a través de la inclinación al bien; Tú has creado a los malvados a través de la inclinación al mal; y por lo tanto, nadie puede sobrevivir a Tu [juicio], porque ¿quién puede detener [a los pecadores]? Los pecadores no tienen [libre] elección".

על ידי יגיעה בתורה מתחזקת האמונה

יז) ולפיכך מתחייב הלומד בטרם הלימוד, להתחזק באמונת השם יתברך ובהשגחתו בשכר ועונש, כמ"ש כמו שאמרו חז"ל, נאמן בעל מלאכתך שישלם לך שכר פעולתך (אבות, ב' יד'), ויכוון את היגיעה שלו, שיהיה לשם מצות התורה, ובדרך הזה יזכה ליהנות מהמאור שבה, שגם אמונתו תתחזק ותתגדל בסגולת המאור הזה, כמ"ש כמו שכתוב, רפאות תהי לשרך ושקוי לעצמותיך (משלי ג', ח'). ואז יהיה נכון לבו בטוח, כי מתוך שלא לשמה יבא לשמה.

באופן, אפילו מי שיודע בעצמו שעדיין לא זכה חס ושלום לאמונה, יש לו תקוה גם כן על ידי עסק התורה, כי אם ישים לבו ודעתו לזכות על ידה לאמונת השם יתברך, כבר אין לך מצוה גדולה מזו, כמ"ש חז"ל (מסכת מכות כ"ד עמ' א'), בא חבקוק והעמידן על אחת: צדיק באמונתו יחיה (חבקוק ב', ד').

ולא עוד אלא, שאין לו עצה אחרת מזו, כמו שאיתא שמובא (במסכת ב"ב בבא בתרא דף ט"ז עמ' א') אמר רבא, ביקש איוב לפטור את כל העולם כולו מן הדין, אמר לפניו, רבונו של עולם, וכו' בראת צדיקים בראת רשעים מי מעכב על ידך, ופירש"י ופירש רש"י שם, בראת צדיקים על ידי יצר טוב, בראת רשעים על ידי יצר הרע, לפיכך אין ניצול מידך, כי מי יעכב, אנוסין הן החוטאין.

[Rabá continúa]: "¿Y que le dijeron los amigos de Iyov a él? 'Pero aun tú estás socavando y entorpeciendo la conversación delante del Creador' (Job 15:4). El Creador creó la inclinación al mal [pero] creó la Torá como antídoto". El comentario de Rashí sobre este versículo dice: "Él creó la Torá, que en sí misma es el antídoto porque borra los pensamientos de transgresiones, como [el *Talmud*] dice: 'Si encuentras a este villano, empújalo al *Beit Midrash*; si él está hecho de piedra, se derretirá…' (Tratado *Kidushín*, 30). Por lo tanto, ellos [los pecadores] no son dejados sin [libre] voluntad porque, después de todo, ellos pueden salvarse". Vea ese [Tratado] y estúdielo bien.

La Luz [que está] en la Torá es el antídoto para la inclinación al mal

18) Y está claro que [estos pecadores] no pueden eximirse del Juicio si dicen que a pesar de recibir este antídoto, todavía tienen pensamientos pecaminosos, esto es: todavía están sumidos en la duda, el Cielo no lo permita, y la inclinación al mal no se ha disuelto todavía. [Seguramente] el Creador, quien creó la inclinación al mal y le dio su validez, también supo cómo crear la cura y el antídoto que están destinados a acabar con la inclinación al mal y borrarla completamente.

Y si una persona se ha dedicado a la Torá y todavía no es capaz de eliminar la inclinación al mal de sí misma, esto puede ser solamente [por una de dos razones:] o ha sido negligente para emplear el esfuerzo debido y el trabajo duro requerido para dedicarse a la Torá, como está dicho: "No trabajé duro y encontré, ¡no le crean!" (Tratado *Meguilá* 6b). O cumplió realmente con la "cantidad" requerida de trabajo duro pero fue negligente en cuanto a su "calidad". Esto significa que no puso atención ni enfocó su intención [adecuadamente] durante su dedicación a la Torá para merecer atraer la Luz de la Torá, la cual instila confianza en el corazón de la persona. En

ומאי אהדרו ליה חבריה דאיוב ומה ענו לו חבריו של איוב, (איוב טו׳, ד׳) אף אתה תפר יראה ותגרע שיחה לפני אל, ברא הקדוש ברוך הוא יצר הרע, ברא לו תורה תבלין. ופירש״י ופירש רש״י שם, ברא לו תורה שהם תבלין, שהיא מבטלת את ״הרהורי עבירה״, כדאמר בעלמא כמו שאומר העולם, (במסכת קידושין דף ל׳) אם פגע בך מנוול זה משכהו לבית המדרש, אם אבן הוא נימוח וכו׳, הלכך לאו אנוסין נינהו ולכן הם לא אנוסים, שהרי יכולין להציל עצמן, ע״ש ודו״ק עיין שם, התבונן ודייק.

המאור שבתורה תבלין ליצר הרע

יח) וזה ברור שאינם יכולים לפטור את עצמם מן הדין, אם יאמרו שקבלו התבלין, הזה, ועדיין יש להם הרהורי עבירה. כלומר, שמתגוררים עוד בספיקות חס ושלום, ועדיין היצר הרע לא נמוח, כי הבורא ב״ה שברא אותו ונתן לו ליצר הרע את תוקפו, ברור שידע גם כן לברוא את התרופה והתבלין הנאמנים להתיש כחו של היצר הרע, ולמחותו כליל.

ואם מי שהוא עסק בתורה ולא הצליח להעביר היצר הרע ממנו, אין זה, אלא או שהתרשל לתת את היגיעה והעמל המחויב ליתן בעסק התורה, כמ״ש כמו שכתוב: לא יגעתי ומצאתי אל תאמין (מגילה ו׳, עמ׳ ב׳), או יכול להיות שמילאו את ״כמות״ היגיעה הנדרשת, אלא שהתרשלו ב״איכות״, כלומר, שלא נתנו דעתם ולבם במשך זמן העסק בתורה, לזכות להמשיך את המאור שבתורה, המביא

vez de eso, se dedicó a la Torá desatento a la esencia requerida de la Torá, que es la Luz que guía a la confianza, como dijimos anteriormente.

Y aunque fue su intención en el principio, su mente se desvió de esta durante el curso de su estudio. En cualquier caso, la persona no debe eximirse del juicio [consecuencias], alegando que no [le fue dada] opción, porque nuestros sabios exigen [responsabilidad] citando: "Yo [el Creador] he creado la inclinación al mal pero también creé la Torá como antídoto", y si hubo alguna excepción en esto, entonces la pregunta de Iyov habría sido legítima, el Cielo no lo permita. Estudie eso bien.

Aclarando el dicho de Rav Jayim Vital que algunas veces solamente la sabiduría de la Kabbalah debe ser estudiada

19) Y por medio de toda la explicación hasta este punto, yo he rebatido (lit. eliminado) una gran queja que ha sido expresada con asombro en reacción a las palabras de Rav Jayim Vital en su Introducción al *Shaar Haadkamot* (Portal de Introducciones) del Arí [y] también en la introducción al libro *El Árbol de la Vida* (*Ets HaJayim*, edición de Jerusalén de 1910). Rav Jayim Vital escribió (lit. este es su lenguaje): "Una persona no debe decir: 'Iré y me dedicaré a la Sabiduría de la Kabbalah antes de aprender la Torá y la *Mishná* y el *Talmud*', porque nuestros maestros de antaño ya nos dijeron que uno no debe entrar al misterio de la Kabbalah (*PARDES*) a menos que su barriga esté llena de carne y vino. Esto sería como un alma sin un cuerpo, que no tiene recompensa ni acción ni reconocimiento hasta que está adherida a un cuerpo que está completo y corregido por medio de los Preceptos de la Torá, los 613 preceptos".

Y lo opuesto también es verdad. Si alguien se dedica con la sabiduría de la *Mishná* y el *Talmud* de Babilonia pero no dedica parte de sus estudios a los secretos de la Torá y sus misterios [la Kabbalah], es como un cuerpo

האמונה בלב האדם, אלא שעסקו בהסח הדעת מאותו העיקר הנדרש מהתורה, שהוא המאור המביא לידי האמונה, כאמור.

ואף על פי שכיוונו לו מתחילה, הסיחו דעתם ממנו בעת הלימוד. ובין כך ובין כך, אין ליפטור את עצמו מן הדין בטענת אונס, אחר שמחייבים חז"ל בטענה "בראתי יצר הרע בראתי לו תורה תבלין", כי אם היה בזה איזה יוצא מהכלל, הרי הקושיא של איוב במקומה עומדת חס ושלום, ודו"ק התבונן ולמד היטב.

בירור בדברי רבי חיים ויטאל שלפעמים יש לעסוק רק בחכמת הקבלה

יט) ובכל המתבאר עד הנה, הסרתי תלונה גדולה ממה שתמהים על דברי הרב חיים ויטאל ז"ל, בהקדמתו על שער הקדמות מהאר"י ז"ל, וכן נדפס בתואר הקדמה על ספר העץ חיים (הנדפס בירושלים שנת תר"ע) וזה לשונו: ואמנם אל יאמר אדם אלכה לי ואעסוק בחכמת הקבלה מקודם שיעסוק בתורה ובמשנה ובתלמוד, כי כבר אמרו רבותינו ז"ל, אל יכנס אדם לפרדס אלא אם כן מלא כריסו בבשר ויין, והרי זה דומה לנשמה בלי גוף, שאין לה שכר ומעשה וחשבון, עד היותה מתקשרת בתוך הגוף בהיותו שלם מתוקן במצות התורה בתרי"ג מצות.

וכן בהפך, בהיותו עוסק בחכמת המשנה ותלמוד בבלי, ולא יתן חלק גם אל סודות התורה וסתריה, הרי זה דומה לגוף היושב בחושך בלי נשמת אדם, נר ה', המאיר בתוכו, באופן שהגוף יבש בלתי שואף ממקור חיים וכו'. באופן שהת"ח

sentado en la oscuridad sin el alma humana, la cual [el alma] es la flama del Creador resplandeciendo dentro de él. De esta manera, el cuerpo se seca, y no deriva vitalidad de la Fuente de la vida, etc. Así, el estudiante de la Torá que se dedica a la Torá Por Ella Misma debe primero estudiar tanta Biblia y *Mishná* y *Talmud* como su mente e intelecto puedan absorber, y solamente después intentar conocer a su Hacedor a través de la Sabiduría de la Verdad (la Kabbalah). Y como el Rey David ordenó a su hijo Shlomó: "Conoce al Creador de tu padre, y sírvele" (I Crónicas 28:9).

Y si para tal persona estudiar el *Talmud* sería duro y molesto, sería mejor para él retirarse de esto, después de haber examinado su éxito (lit. fortuna) en esa sabiduría y [debe] permitirse entrar en la Sabiduría de la Verdad. Y es por esto que está dicho de un estudiante que no ha visto una señal de éxito en cinco años de sus estudios de la *Mishná* que es muy improbable que alguna vez vea tal señal (Tratado *Hulín*, 24). Y ciertamente, a toda persona para quien el estudio es fácil se le ordena pasar una o dos horas cada día en el estudio de la *Halajá* y en reflexionar profundamente y dar argumentos apropiados con relación a las preguntas que tienen que ver con la interpretación literal de la *Halajá*. Por esto, su [de Rav Jayim Vital] lenguaje sagrado es citado, palabra por palabra.

20) Y sus palabras son aparentemente muy desconcertantes porque él dice que antes de que una persona tenga éxito con el estudio de lo Revelado debe ir y estudiar (lit. dedicarse a) la Sabiduría de la Verdad. Esto está en contradicción con sus palabras anteriores: que la Sabiduría de la Kabbalah, sin las enseñanzas reveladas, es como un alma sin un cuerpo, que no tiene acción, ni estimación ni recompensa. Y la evidencia que él presenta con relación a un estudiante que no ha visto una señal de éxito es todavía más peculiar. Después de todo, ¿instruyeron nuestros sabios [a este estudiante] para abandonar su estudio de la Torá debido a esto [esta falta de progreso], el Cielo no lo permita? Ciertamente, ellos están tratando de prevenirlo para que reflexione en sus caminos y pruebe

שהתלמיד חכם העוסק בתורה לשמה צריך שיעסוק מתחילה בחכמת המקרא והמשנה והתלמוד, כפי מה שיוכל שכלו לסבול, ואחר כך יעסוק לדעת את קונו בחכמת האמת. וכמו שצוה דוד המלך עליו השלום את שלמה בנו (דברי הימים א' כח', ט'): דע את אלקי אביך ועבדהו.

ואם האיש הזה יהיה כבד וקשה בענין העיון בתלמוד, מוטב לו שיניח את ידו ממנו, אחר שבחן מזלו בחכמה זאת, ויעסוק בחכמת האמת. וז"ש וזה שאמרו, מכאן לתלמיד שלא ראה סימן יפה במשנתו חמש שנים שוב אינו רואה (מסכת חולין דף כ"ד עמ' א'). ואמנם כל איש שהוא קל לעיון, מחויב לתת חלק שעה או ב' שעות ביום בעיון ההלכה, ולכוין ולתרץ הקושיות הנופלות בפשט ההלכה וכו'. עכ"ל עד כאן לשונו הקדוש שם מלה במלה.

כ) והנה לכאורה דבריו אלו מתמיהים מאד, כי אומר שבטרם הצליח בלימוד הנגלה ילך ויעסוק בחכמת האמת, שהוא בסתירה לדברי עצמו הקודמים, שחכמת הקבלה בלי תורת הנגלה היא כנשמה בלי גוף, שאין לו מעשה וחשבון ושכר. והראיה שהביא, מתלמיד שלא ראה סימן יפה וכו', היא עוד יותר תמוהה, וכי אמרו חז"ל שיניח משום זה את לימוד התורה חס ושלום, אלא ודאי להזהיר

con otro Rav o en un tratado diferente, pero ciertamente no abandonar la Torá, el Cielo no lo permita, ni siquiera la Torá Revelada.

21) Y una dificultad adicional con ambas, las palabras de Rav Jayim Vital y las palabras de la *Guemará*, es que sus palabras implican que uno debe tener una preparación especial y un nivel de excelencia como prerequisito para merecer la sabiduría de la Torá. Pero nuestros sabios dijeron (en el *Midrash Rabá*, con relación a la porción "*Ve Zot HaBrajá*" de la semana): "El Creador dijo al pueblo de Israel: '¡Por vida tuya! La sabiduría y la Torá entera es una materia muy fácil; cualquiera que tiene temor reverencial hacia Mí y cumple las palabras de la Torá, la sabiduría total y la Torá entera están dentro de su corazón'", fin de la cita [de Rav Jayim Vital]. Por lo tanto, uno no necesita alguna excelencia previa: la virtud de estar en temor reverencial al Creador y del cumplimiento de los Preceptos es en sí misma suficiente para ganar la sabiduría completa de la Torá.

La "Luz que está en la Torá" en la Sabiduría [de la Torá] Oculta, la cual está contenida completamente en los Nombres del Creador

22) En verdad, si ponemos atención en las palabras [de Rav Jayim Vital], se vuelven [tan] claras como el cielo claro arriba. Cuando él escribió: "Sería mejor para él retirarse de este [del *Talmud*] después de haber examinado su suerte con la sabiduría de lo Revelado (ver aquí asunto 19)", él no se refería a la "suerte" de agudeza y aptitud, sino que se refiere a nuestra interpretación arriba del comentario sobre: "Yo he creado la inclinación al mal, [pero] he creado la Torá como el antídoto". Esto significa que una persona se puede haber esforzado y trabajado con la Torá Revelada, pero la inclinación al mal todavía es completa allí y no se ha disuelto para nada porque él [este individuo] aún no ha sido salvado de sus pensamientos pecaminosos, como dijo Rashí en su comentario arriba sobre: "he creado

אותו להסתכל על דרכיו, ולנסות אצל רב אחר, או במסכת אחרת, אבל ודאי, לא בשום פנים לעזוב התורה חס ושלום, ואפילו תורת הנגלה.

כא) ועוד קשה הן בדברי הרב חיים ויטאל ז"ל והן בדברי הגמרא, דמשמע מדבריהם שצריך האדם לאיזו הכנה והצטיינות מיוחדת כדי לזכות בחכמת התורה, והלא אמרו חז"ל (במדרש רבה פרשת וזאת הברכה) אמר הקדוש ברוך הוא לישראל, חייכם, כל החכמה וכל התורה דבר קל הוא, כל מי שמתיירא אותי ועושה דברי תורה, כל החכמה וכל התורה בלבו, עכ"ל עד כאן לשונו. הרי שאין צריכים כאן לשום הצטיינות מוקדמת, אלא רק בסגולת יראת השם וקיום המצוות בלבד זוכים לכל חכמת התורה.

ה"מאור שבתורה" בחכמת הנסתר שהיא כולה בשמותיו של הקב"ה

כב) אכן, אם נשים לב לדבריו ז"ל, המה מתבהרים לפנינו כעצם השמים לטוהר, כי מה שכתב, "מוטב לו שיניח את ידו הימנו אחר שבחן מזלו בחכמת הנגלה" (ראה כאן סעיף יט'), אין הכוונה על מזל של חריפות ובקיאות, אלא כמו שביארנו לעיל, בפירוש בראתי יצר רע בראתי תורה תבלין, כלומר, שעמל ויגע בתורה הנגלה ועדיין היצר הרע בתוקפו עומד ולא נמוח כלל, כי עדיין לא ניצל מהרהורי עבירה, כמ"ש כמו שכתב רש"י לעיל בביאור בראתי לו תורה תבלין. עש"ה עיין שם היטב. ולפיכך, מיעץ לו, שיניח את ידו הימנו ויעסוק בחכמת האמת, משום שקל

la Torá como el antídoto" (estudie ese lugar bien). Por lo tanto, [Rav Vital] aconseja [a este individuo] separarse [de la Torá Revelada] y en vez de ello estudiar la Sabiduría de la Verdad porque es más fácil revelar la Luz de la Torá dedicándose a estudiar y poner esfuerzo en la Sabiduría de la Verdad que poner el esfuerzo en la sabiduría de la Torá Revelada.

Y la razón es muy simple: Es porque la sabiduría de la Torá Revelada está cubierta con ropajes externos y materiales, a saber: robar, pillar, herir, etc. Por esta razón, es muy difícil y pesado para toda persona armonizar con el Creador durante su estudio para revelar la Luz de la Torá, [y es] aun más [difícil] entonces para una persona que es lenta y encuentra duro estudiar el *Talmud* mismo. Así, ¿cómo puede esta persona, adicionalmente, recordar al Creador durante su tiempo de estudio? Como el estudio mismo trata con asuntos materiales, estos no pueden, el Cielo no lo permita, estar combinados [en su mente] al mismo tiempo, junto con la intención al Creador [solamente].Por lo tanto, [Rav Vital] aconseja [a tal estudiante] dedicarse a la Sabiduría de la Kabbalah porque esta sabiduría está enteramente vestida con los Nombres del Creador, para que [el estudiante] sea capaz de enfocar su mente y su corazón en el Creador durante su estudio sin esfuerzo alguno, aun si lo encuentra extremadamente duro de estudiar, porque el estudio de las materias de la Sabiduría [de la Verdad] y el [estudio] del Creador son uno y el mismo, y esto es muy simple.

Un comentario sobre un ensayo de nuestros sabios acerca de un estudiante que no vio una señal positiva en sus estudios

23) Y por lo tanto, [para probar su caso, Rav Jayim Vital] trae evidencia apropiada de las palabras de la *Guemará* (ver aquí asunto 19): "De esto aprendemos que un estudiante que no ha visto una señal positiva en sus estudios durante cinco años ya no verá una por consiguiente.". ¿Por qué

יותר להמשיך המאור שבתורה בעסק ויגיעה בחכמת האמת, מביגיעה בתורת הנגלה.

והטעם הוא פשוט מאד, כי חכמת תורת הנגלה לבושה בלבושים חיצונים גשמיים, דהיינו גניבה גזילה ונזיקין וכדומה, אשר משום זה קשה וכבד מאד לכל אדם, לכוין דעתו ולבו להשם יתברך בעת העסק, כדי להמשיך המאור שבתורה, ומכל שכן לאיש כזה, שהוא כבד וקשה בעיון התלמוד עצמו, ואיך יוכל לזכור עוד בשעת הלימוד בהשם יתברך, כי להיות העיון הוא בנושאים גשמיים הם חס ושלום אינם יכולים לבא אצלו עם הכוונה להשם יתברך בבת אחת, ולכן מיעצו לעסוק בחכמת הקבלה, אשר חכמה זו לבושה כולה בשמותיו של הקדוש ברוך הוא, ואז כמובן יוכל לכוין דעתו ולבו להשם יתברך בשעת לימוד בלי טורח, ואפילו הוא קשה העיון ביותר, כי העיון בנושאים של החכמה והשם יתברך, הם אחד, וזה פשוט מאד.

ביאור מאמר רבותינו ז"ל על תלמיד שלא ראה סימן יפה במשנתו

כג) ולפיכך מביא ראיה יפה מדברי הגמרא "מכאן לתלמיד שלא ראה סימן יפה במשנתו חמש שנים, שוב אינו רואה" (ראה כאן, סעיף יט') כי למה לא ראה סימן יפה במשנתו, ודאי אין זה אלא משום חסרון כוונת הלב בלבד, ולא משום חסרון כשרון אליה, כי חכמת התורה אינה צריכה לשום כשרון, אלא כמ"ש כמו שכתוב

no ha visto ese estudiante una intención positiva en sus estudios de la Mishná? Seguramente esto no es sino por falta de intención del corazón y no por falta de talento [para aprenderla]. [Estudiar] la sabiduría de la Torá no necesita ningún talento, sino, como está dicho en el Midrash anteriormente (ver aquí: asunto 21): "El Creador dijo a Israel: '¡Por vida tuya! Toda la Sabiduría y toda la Torá son un asunto fácil; quien quiera que Me teme reverencialmente y cumple con las palabras de la Torá, la Sabiduría entera y la Torá entera están en su corazón'".

Por supuesto, uno necesita tiempo para adaptarse a la Luz de la Torá y los Preceptos, aunque yo no sé cuánto [tiempo]. Uno puede estar esperando una señal aún a sus setenta años [de edad], que es por lo que la *Braitá* (Tratado *Hulín*, 24) nos advierte que uno no debe esperar más de cinco años, y Rav Yosi dice (ver Tratado *Hulín*, 24) que tres años son más que suficientes para ganar la sabiduría de la Torá. Así, si una persona no viera una señal positiva dentro de este tiempo, no se debe engañar a sí mismo con falsas esperanzas y excusas engañosas, sino que más bien debe saber que nunca verá una señal positiva. Por lo tanto, debe encontrar para sí inmediatamente un plan inteligente, uno que le permita alcanzar [el nivel de] Por Ella Misma y merecer la sabiduría de la Torá.

La *Braitá* no especificó cuál debe ser este plan, sino que solamente dio una advertencia de que uno no debe permanecer en la misma situación [insatisfactoria] y esperar más tiempo. Esto es lo que el Rav [Jayim Vital] dice: que el mejor y más seguro plan sería dedicarse al estudio de la Sabiduría de la Kabbalah y retirarse completamente del estudio de la Torá Revelada, porque después de todo él ya ha probado su "suerte" con esta [la Revelada] y no ha tenido éxito. Y [el estudiante] debe dar su tiempo completo a la Sabiduría de la Kabbalah, que garantiza su éxito, por las razones que hemos mencionado antes. Estudie bien eso.

במדרש הנ"ל, (ראה כאן, סעיף כא') "אמר הקדוש ברוך הוא לישראל חייכם, כל החכמה וכל התורה דבר קל הוא, כל מי שמתיירא אותי ועושה ד"ת דברי תורה, כל החכמה וכל התורה בלבו".

אמנם ודאי שצריך זמן, להרגיל את עצמו במאור שבתורה ומצוות, ואיני יודע כמה. ויכול אדם לצפות כן בכל שבעים שנותיו, לפיכך מזהירה אותנו הברייתא (חולין כ"ד) שאין לצפות יותר מחמש שנים, ורבי יוסי אומר רק ג' שנים (עיין שם בחולין דף כ"ד), אשר די ומספיק לגמרי לזכות בחכמת התורה, ואם לא ראה סימן יפה בשיעור זמן כזה, לא ישטה עוד את עצמו בתקות שוא ומפוחי כזב, אלא ידע, שלא יראה עוד סימן יפה לעולם. ולכן יראה תיכף, למצוא לעצמו איזו תחבולה יפה, שיצליח על ידה לבא לשמה ולזכות בחכמת התורה.

והברייתא לא פירשה את התחבולה, אלא שמזהירה, שלא ישב באותו המצב ויחכה עוד. וזהו שאומר הרב, שהתחבולה המוצלחת יותר ובטוחה לו, הוא העסק בחכמת הקבלה, ויניח ידו מעסק חכמת תורת הנגלה לגמרי, שהרי כבר בחן מזלו בה ולא הצליח, ויתן כל זמנו לחכמת הקבלה הבטוחה להצלחתו, מטעם המבואר לעיל, עיין שם היטב.

Es esencial estudiar la aplicación de las reglas

24) Y esto es muy simple. No estamos hablando aquí acerca del estudio de la Torá Revelada con relación a lo que uno necesita saber [para ser capaz] para practicar [los Preceptos] en la manera aprobada (de acuerdo con la *Halajá*). Debido a que un ignorante no puede ser un *Jasid* (persona piadosa), un error no intencionado en el estudio de la Torá es equivalente a un acto malicioso (Tratado Avot), y un pecador al perderse causa mucho bien (Eclesiastés 9:18). Por consiguiente es imperativo [para el estudiante] repasarlas [las reglas prácticas] tan frecuentemente como sea necesario para él, para que no falle cuando se trate de la práctica.

Lo que está siendo discutido aquí se refiere solamente a estudiar la sabiduría de la Torá Revelada para entender y resolver las dificultades que aparecen en el entendimiento simple de la *Halajá*, como Rav Jayim Vital mismo ha concluido (ver aquí, asunto 19), a saber: la parte del estudio de la Torá que no llega a la etapa de la aplicación y no la *Halajá* que es aplicada en la práctica. Verdaderamente, esta [clase de estudio] puede tomarse menos severamente y aprenderse de la versión corta y no de las fuentes.

Y aun esto merece una profunda contemplación porque aquel que conoce la *Halajá* desde la fuente no puede ser comparado a aquel que aprende del estudio somero (lit. a simple vista) o de una versión abreviada. Y para no cometer un error, Rav Jayim Vital empezó (lit. inmeditamente en el comienzo de sus palabras) por declarar que el alma no se puede conectar con el cuerpo a menos que este [el cuerpo] esté completado con los 613 Preceptos y perfeccionado por ellos.

הכרח לימוד הלכה למעשה

כד) וזה פשוט מאד, שאין כאן שום מדובר מלימוד התורה הנגלית בכל מה שמוכרח לידע הלכה למעשה, כי לא עם הארץ חסיד, ושגגת תלמוד עולה זדון (פרקי אבות), וחוטא אחד יאביד טובה הרבה (קהלת ט', יח'), על כן מחויב בהכרח לחזור עליהם, עד כמה שיספיק לו שלא יכשל למעשה.

אלא כל המדובר כאן הוא רק, בעיון בחכמת התורה הנגלית לכוין ולתרץ הקושיות הנופלות בפשטי ההלכות, כמו שמסיק שם הרב חיים ויטאל בעצמו (ראה כאן, סעיף יט'), דהיינו חלק הלימוד שבתורה שאינה באה לכלל מעשה, ולא כלל בהלכות למעשה, אכן אפשר להקל בזה ללמוד מהקיצורים ולא מהמקורות.

וגם זה צע"ג צריך עיון גדול, כי אינו דומה יודע ההלכה מהמקור, ליודע אותה מסקירה אחת ובאיזה קיצור. וכדי שלא לטעות בזה, הביא הרב חיים ויטאל ז"ל תיכף בתחילת דבריו, שאין הנשמה מתקשרת בגוף אלא בהיותו שלם מתוקן במצות התורה בתרי"ג מצות.

Si es posible estudiar y practicar la Torá sin el estudio de la Kabbalah

25) Ahora usted verá cómo todas las interrogantes que mencionamos en el comienzo de la introducción son completa tontería (lit. Vanidad de Vanidades), esto es: son la red de pesca que la inclinación al mal pone para atrapar almas inocentes para hacer que ellas se vayan de este mundo sin pasión. Mire la primera interrogante en la que las personas se imaginan siendo capaces de practicar toda la Torá sin saber nada acerca de la Sabiduría de la Kabbalah. Pero yo aquí les digo: Ciertamente, si ustedes pueden verdaderamente estudiar la Torá y practicar los Preceptos según la *Halajá* Por Ella Misma, esto es: solamente para dar placer al Creador, entonces no necesitan realmente [continuar] el estudio de la Kabbalah, porque de tal persona está dicho: "El alma de la persona le enseñará". En ese caso, todos los secretos de la Torá te serán revelados como una fuente que siempre fluye, como Rav Meir dijo: (en la antedicha *Mishná* del Tratado Avot, [ver aquí asunto 6]), [y] sin que necesites ninguna ayuda de los libros.

Pero si usted permanece en la categoría de dedicarse [a la Torá] No Por Ella Misma con la esperanza de que a través de esto, [finalmente] merezca llegar a Por Ella Misma, entonces he de preguntarle a usted cuántos años ha estado haciendo esto. Si todavía está dentro de los cinco años de acuerdo con *Taná Kamá* (el primer *Taná*), o dentro de los tres años (de acuerdo con Rav Yosi), entonces debe todavía esperar y tener esperanza. Pero si ha estado dedicado a la Torá No Por Ella Misma por más de tres años de acuerdo con Rav Yosi o más de cinco años de acuerdo con *Taná Kamá* (el primer *Taná*), entonces la *Braitá* le advierte que usted no puede alcanzar (lit. ver) éxito alguno en esta senda en la que está caminando.

¿Por qué entonces se engaña usted con falsas esperanzas cuando tiene un plan muy fácil (lit. cerca) y seguro, tal como el estudio de la Sabiduría

אם יכולים לקיים התורה בלי לימוד הקבלה

כה) עתה תראה, איך כל הקושיות שהבאנו בתחילת ההקדמה המה הבלי הבלים אלא המה הם המכמורים שפורש היצר הרע, לצוד נפשות תמימות, כדי לטורדן מהעולם בלי חמדה. ונראה את הקושיא הא', שמדמים את עצמם שיכולים לקיים כל התורה כולה גם בלי ידיעת חכמת הקבלה, הנה אני אומר להם, אדרבא, אם תוכלו לקיים לימוד התורה וקיום המצוות כהלכתן לשמה, דהיינו כדי לעשות נחת רוח ליוצר ברוך הוא בלבד, אז אינכם צריכים באמת ללימוד הקבלה, כי אז נאמר עליכם: נשמת אדם תלמדנו, כי אז מתגלים לכם כל רזי תורה כמעיין המתגבר, כדברי רבי מאיר (במשנה אבות הנ"ל וראה כאן בסעיף ו'), בלי שתצטרכו סיוע מהספרים.

אלא אם עדיין אתם עומדים בבחינת העסק שלא לשמה, אלא שתקותכם לזכות על ידיה לשמה, אם כן יש לי לשאול אתכם, כמה שנים אתם עוסקים כן. אם עדיין אתם נמצאים בתוך חמש השנים לדברי תנא קמא התנא הראשון, או תוך שלש השנים לדברי רבי יוסי, אז יש לכם עוד לחכות ולקוות, אבל אם עבר עליכם העסק בתורה שלא לשמה יותר משלוש שנים לדר"י לדברי רבי יוסי וה' שנים לת"ק וחמש שנים לדברי התנא קמא, הרי הברייתא המשנה מזהירה אתכם, שלא תראו סימן יפה עוד בדרך הזה שאתם דורכים.

ולמה לכם להשלות נפשכם בתקות שוא, בשעה שיש לכם תחבולה כל כך קרובה ובטוחה, כמו הלימוד של חכמת הקבלה, כמו שהוכחתי הטעם לעיל,

de la Kabbalah, como lo demostré anteriormente? Después de todo, el estudio de los varios tópicos en esta Sabiduría [de la Kabbalah] es uno y el mismo como el Creador mismo. Estudie eso bien (ver aquí asunto 19).

26) Examinemos (lit. toquemos) la segunda interrogante que pregunta si uno primero debe estar muy bien versado en (lit. haber llenado su panza con) la *Mishná* y la *Halajá* [antes de estudiar la Kabbalah]. Este es un caso seguro [verdadero] porque toda persona dice así. Pero esto se refiere a [la pregunta] si una persona ya ha alcanzado (lit. merece) aprender la Torá Por Ella Misma o aun No por Ella Misma si ha estudiado por (lit. dentro de los) tres años [de acuerdo con Rav Yosi], o cinco años [de acuerdo con *Taná Kamá*], pero no más (lit. no después de ese tiempo). La *Braitá* advierte que después de ese período [de tres o cinco años], usted nunca tendrá éxito, como fue explicado arriba. Y si este es el caso, usted debe intentar y ver si es capaz de tener éxito en el estudio de la Kabbalah.

להיות העיון בנושאי החכמה דבר אחד עם השם יתברך עצמו, עיין היטב לעיל (סעיף יט').

כו) וכן נמשש את הקושיא השניה במ"ש במה שכתוב, שצריכים תחילה למלאות כריסם בש"ס בששה סדרי [משנה] ופוסקים. הנה בוודאי הוא, שכן הוא לדברי הכל, אמנם ודאי שכל זה אמור, אם כבר זכיתם ללימוד לשמה, או אפילו שלא לשמה אם אתם עומדים בתוך ג' שנים או ה' שנים, מה שאין כן אחר הזמן ההוא, הרי הברייתא מזהירה אתכם, שלא תראו עוד סימן יפה לעולם, וכמו שנתבאר לעיל, ואם כך מוכרחים אתם לנסות הצלחתכם בלימוד הקבלה.

Capítulo Tres

Ahora Lo Ves; Ahora No Lo Ves

Las dos partes de la Sabiduría de la Verdad: los Secretos de la Torá y los Significados (lit. Sabores) de la Torá

27) Además, usted debe saber que hay dos partes para la Sabiduría de la Verdad. La parte uno es esa que es llamada los "Secretos de la Torá", que no pueden ser revelados excepto por vía de una pista de un sabio kabbalista a un receptor que la comprende por sí mismo; también el "estudio de la Carroza Celestial" y el "Proceso de Creación" pertenecen a esta parte. Los sabios del *Zóhar* llaman a esta parte "Las Tres *Sefirot* Superiores (lit. Primeras)": *Kéter* (Corona), *Jojmá* (Sabiduría), *Biná* (Inteligencia). Es también llamada la "Cabeza del *Partsuf*" (una estructura espiritual completa). La segunda parte [de la Sabiduría de la Verdad] es llamada los "Significados (lit. Sabores) de la Torá", los cuales está permitido revelar; de hecho, está considerado de gran importancia revelarla. En el *Zóhar* esto es llamado "Siete *Sefirot* Inferiores del *Partsuf*", que también es llamado el "Cuerpo del Partsuf".

Las Diez *Sefirot* pueden ser encontradas en cada *Partsuf* (estuctura espiritual) de la Santidad, y son llamadas: *Kéter* (Corona), *Jojmá* (Sabiduría), *Biná* (Inteligencia), *Jésed* (Misericordia), *Guevurá* (Juicio), *Tiféret* (Esplendor), *Nétsaj* (Victoria, Eternidad), *Hod* (Gloria), *Yesod* (Fundamento), y *Maljut* (Reino). Las Tres Superiores de estas *Sefirot* son llamadas la Cabeza del *Partsuf* (estructura espiritual), y las Siete *Sefirot* Inferiores son llamadas el Cuerpo del *Partsuf*. Aun en el alma del ser humano terrestre (lit. inferior) hay aspectos de estas Diez *Sefirot* de acuerdo a sus nombres arriba mencionados. Y es [dividido] de ese modo con cada fase, tanto en los Mundos Superiores y los Mundos Inferiores.

פרק שלישי
לרגע זה מופיע... ושוב זה נעלם

ב' חלקים בחכמת האמת: סתרי תורה וטעמי תורה

כז) עוד צריכים לדעת, שישנם ב' חלקים בחכמת האמת: חלק א', הוא הנקרא סתרי תורה, שאסור לגלותם זולת ברמיזה, מפי חכם מקובל, למקבל מבין מדעתו. ומעשה מרכבה ומעשה בראשית שייכים גם כן לחלק הזה. וחכמי הזוהר מכנים החלק הזה, בשם ג' ספירות ראשונות: כתר, חכמה, בינה, ומכונה גם כן בשם ראש הפרצוף. וחלק שני, הוא הנקרא טעמי תורה, שמותר לגלותם, וגם מצוה גדולה לגלותם. ונקרא בזוהר, בשם ז' ספירות תחתוניות של הפרצוף, ומכונה גם כן בשם גוף של הפרצוף.

כי בכל פרצוף ופרצוף דקדושה, יש בו עשר ספירות, הנקראות: כתר, חכמה, בינה, חסד, גבורה, תפארת, נצח, הוד, יסוד, מלכות. שג' ספירות הראשונות מהם, מכונות ראש הפרצוף. וז' ספירות התחתוניות מכונות בשם גוף הפרצוף. ואפילו בנשמה של האדם התחתון, ישנן גם כן בחינות עשר הספירות בשמותיהן הנ"ל,

Con la ayuda del Creador, estos asuntos, junto con su significado, serán clarificados en este libro.

Y la razón de por qué las Siete *Sefirot* Inferiores, que son el Cuerpo del *Partsuf* (estructura espiritual), son llamados *Taaméi Torá* (los Significados o Sabores de la Torá) yace en el secreto del dicho escritural: "El paladar saborea el alimento" (Job 12:11). Las Luces que son reveladas debajo de las Tres [*Sefirot*] Superiores, que son el secreto de la Cabeza, son llamadas "significados" (Heb. *taamim*, una palabra que también significa "sabores"), y el Reino de la Cabeza es llamado "paladar". Por esta razón, son llamados los *taamim* (sabores) de la Torá. Esto significa que ellos [los sabores o significados] son descubiertos por medio del "Paladar de la Cabeza", o la fuente de todos los sabores, que es el Reino de la Cabeza. De allí [el Reino de la Cabeza] hacia abajo, no hay prohibición de revelarlos. Por el contrario, la recompensa para aquel que los revela es grande más allá de la limitación (lit. final) y más allá de medida.

Verdaderamente, estas Tres *Sefirot* Superiores y estas Siete *Sefirot* Inferiores que son mencionadas aquí son interpretadas como sigue: o en la forma general completa o en la forma más particular en que puedan ser posiblemente divididas, significando que aun que las Tres *Sefirot* Superiores, de *Maljut* (Reino) al final del Mundo de Asiyá (Acción), pertenecen a la parte de los "Secretos de la Torá" que no es para ser revelada, [en tanto] que las Siete *Sefirot* Inferiores en el *Kéter* (Corona) en la Cabeza del Mundo de *Atsilut* (Emanación), pertenecen a los "Significados (*Taamim*) de la Torá" que está permitido revelar. Y estas cosas fueron publicadas en muchos libros de Kabbalah.

וכן בכל בחינה ובחינה, הן בעליונים, והן בתחתונים. כמו שיתבארו הדברים בטעמיהם, בפנים הספר בע"ה.

והטעם, שז' ספירות התחתוניות שהן גוף הפרצוף, נקראות בשם טעמי תורה, הוא סוד הכתוב (איוב, יב', יא'), חיך אוכל יטעם. כי האורות המתגלים מתחת לג' הראשונות, שהם סוד ראש, מכונים "טעמים", והמלכות דראש מכונה "חיך". ומשום זה נקראים בשם "טעמי" תורה, כלומר המתגלים מחיך הראש, שהוא בחינת מקור כל הטעמים, שהוא מלכות דראש, אשר משם ולמטה אין שום איסור לגלותם, ואדרבא, שכר המגלה אותם גדול לאין קץ ולאין שיעור.

אכן ג' הספירות הראשונות הללו וז' ספירות התחתוניות הללו, האמורות כאן, מתפרשות: או בכלל כולו, או בפרטי פרטיות שאך אפשר לחלק, באופן, שאפילו ג' הספירות הראשונות, מהמלכות שבסוף עולם העשיה, שייכות לחלק סתרי תורה שאסור לגלותן, וז' הספירות התחתוניות שבכתר דראש האצילות, שייכות לחלק טעמי התורה אשר מותר לגלותן. והדברים האלה מפורסמים בספרי הקבלה.

Una fuente de la *Guemará* para estas dos partes de la Sabiduría de la Verdad

28) Y usted puede localizar la referencia a estas cosas [las dos partes de la Sabiduría de la Verdad] en el Tratado *Pesajim* (página 119b), donde está dicho: "Su mercancía y su alquiler serán dedicados al Creador; no serán almacenadas ni acumuladas, sino que su ganancia llegará a ser suficiente alimento y vestidos finos para aquellos que habiten en la presencia del Creador" (Isaías 23:18). ¿Qué significa "vestidos finos" (*mejasé atik*, lit. ropa antigua)? [Hay dos interpretaciones; la primera] es eso que cubre (*mejasé*) asuntos que el *Atik Yomín* (Anciano de Días) ha ocultado. Y ¿cuáles son [los asuntos]? Son los secretos de la Torá. Y hay aquellos que dicen [esto es: la segunda interpretación]: "Aquel que revela las cosas que fueron ocultadas por el *Atik Yomín* (Anciano de Días). ¿Cuáles son? Son los 'Significados o Sabores de la Torá de *Taaméi Torá*'".

Y Rashbam (Rav Shmuel ben Meir) interpretó esto como sigue: "*Atik Yomín* (El Anciano de Días) es el Creador, como está escrito: '*Atik Yomín*' (El Anciano de Días) se sienta" (Daniel 7:9). *Sitréi Torá* (Los Secretos de la Torá) se refiere al estudio de la Carroza Celestial, y el Proceso de la Creación, y la Revelación de los secretos del Nombre del Creador, como está escrito (Éxodo 3:15): 'Este es Mi Nombre por siempre'. Y 'Aquel que cubre' significa que Él no los pasa a cualquier persona, sino solamente a [la persona] que tiene un corazón preocupado, como está dicho [en el capítulo] 'Ellos no serán comentados' (Tratado *Jaguigá* 13a): 'Aquel que revela asuntos que fueron ocultados por el Anciano de Días' se refiere a una persona que cubre los Secretos de la Torá que estaban cubiertos al principio y el Anciano de Días los descubrió y dio permiso para revelarlos. Y quien los revela gana lo que dijo en este versículo (Isaías 23:18)". Fin de la cita [del Rashbam].

מקור בגמרא לב' החלקים בחכמת האמת

כח) ומקור הדברים הללו תמצא במסכת פסחים (דף קי"ט עמ' ב'), דאמרינן שאומרים שם, כתיב (ישעיהו כ"ג יח') והיה סחרה ואתננה קודש לה' לא יאצר ולא יחסן, כי אם ליושבים לפני ה' יהיה סחרה, לאכול לשבעה, ולמכסה עתיק וכו': מאי מה זה למכסה עתיק, זה המכסה דברים שכיסה עתיק יומין, ומאי נינהו ומה הם, סתרי תורה. ואיכא דאמרי ויש אומרים, זה המגלה דברים שכיסה עתיק יומין, מאי נינהו מה הם, טעמי תורה.

ופירש רשב"ם רבי שמואל בן מאיר ז"ל, וז"ל וזה לשונו: "עתיק יומין": זה הקדוש ברוך הוא, דכתיב (דניאל ז', ט'): ועתיק יומין יתיב יושב, "סתרי תורה": הוא מעשה מרכבה, ומעשה בראשית, ופירושו של שם, כדכתיב (שמות ג', טו') זה שמי לעלם, "והמכסה": היינו שאינו מוסר אותם לכל אדם, אלא למי שלבו דואג, כמ"ש כמו שכתוב בפרק אין דורשין (חגיגה יג', עמ' א'): "זה המגלה דברים שכיסה עתיק יומין": והכי משמע וזה פירושו, למכסה סתרי תורה, שהיו מכוסין מתחילה, ועתיק יומין גילה אותן, ונתן רשות לגלותם, ומי שמגלה אותם זוכה למה שאמר בפסוק זה (ישעיהו כג', יח'), עד כאן לשונו [של הרשב"ם].

29) Y aquí tiene usted la gran diferencia entre *Sitréi Torá* [y *Taaméi Torá*. Por una parte] *Sitréi Torá* (los Secretos de la Torá): quien los entiende recibe el total de esta gran recompensa (explicada en la *Guemará* en el comentario del texto) por ocultarlos y no revelarlos. Y por la otra parte *Taaméi Torá*: quien entiende *Taaméi Torá* (los Significados o Sabores de la Torá) recibe toda esta gran recompensa por revelarlos a los demás. Ahora, "Aquellos que dicen" [mencionado aquí en el asunto 28] no contradice la primera declaración, sino que solamente el significado de las [palabras]: "Ellos no serán comentados" está bajo disputa.

La primera declaración se relaciona con el final del versículo: *mejasé Atik* ("y quien cubre a *Atik*"). Es por esto que [la primera declaración] comenta sobre el logro de la gran recompensa por quien *oculta* los Secretos de la Torá. [Por la otra parte] "aquellos que dicen" se relaciona con el comienzo del versículo: "y comer hasta satisfacerse", que se refiere a los Significados o Sabores de la Torá, de acuerdo con el secreto del dicho escritural: "El paladar saborea el alimento" (Job 12:11) porque las Luces de los Significados o Sabores son llamadas "comer". Y es por esto ellos comentan acerca de quien *revela* los Significados de la Torá alcanzando la gran recompensa mencionada en el versículo. [La conclusión es que] ambos lados creen que los Secretos de la Torá deben ser ocultados y que los Significados y Sabores de la Torá deben ser revelados.

La razón por la que los santos y los más grandes entre los *tsadikim* (justos) revelaron los Secretos de la Torá

30) En el presente usted tiene una respuesta clara a la cuarta y quinta interrogantes que fueron formuladas al comienzo de esta introducción, con respecto a lo que encuentra en las [siguientes] palabras de nuestros sabios, así como en las Escrituras Sagradas: que [esta sabiduría] debe ser pasada solamente a quien tiene un corazón preocupado, etc. (ver aquí asunto

כט) הרי לך במפורש, ההפרש הגדול בין סתרי תורה אשר המשיגם נוטל כל השכר הגדול הזה (המפורש שם בגמרא בפירוש הכתוב) בשביל שמכסה אותם, ואינו מגלה אותם. והיפוכם טעמי התורה, אשר המשיגם נוטל כל השכר הגדול הזה, בשביל שמגלה אותם לאחרים. והאיכא דאמרי וה"יש אומרים" [המוזכר כאן בסעיף כח'] לא פליגי אלישנא קמא לא חולקים על הלשון הראשונה, אלא רק [לגבי] משמעות [המילה] 'דורשין' איכא בינייהו יש בינהם [מחלוקת].

אשר הלישנא קמא אשר הלשון הראשונה דורשין סיפא דקרא דורשים את סוף הפסוק "ולמכסה עתיק" ועל כן מפרשין השג השכר הגדול על מכסה את סתרי התורה, והאיכא דאמרי וה"יש אומרים" דורשין רישא דקרא דורשים ראש הפסוק "ולאכול לשבעה" שמשמעותו "טעמי תורה", בסוד הכתוב וחיך אוכל יטעם (איוב יב', יא'), כי אורות הטעמים מכונים אכילה, ועל כן מפרשים השג השכר הגדול הנאמר בכתוב, על המגלה את טעמי התורה. אבל אידי ואידי אלה ואלה סוברים, שאת סתרי התורה חייבים לכסות ואת טעמי התורה חייבים לגלות.

בטעם שהקדושים וגדולי הצדיקים גילו רזי תורה

ל) הרי לך תשובה ברורה על הקושיות: הרביעית, והחמישית, שבתחילת ההקדמה. שמה שתמצא בדברי חז"ל וגם בספרים הקדושים שאין מוסרים אותה אלא למי שלבו דואג בקרבו וכו' (ראה כאן סעיף כח'), היינו את אותו החלק שנקרא סתרי תורה, שהוא בחינת ג' ספירות ראשונות ובחינת ראש, שאין מוסרין אותה אלא לצנועים, ובתנאים ידועים, שבכל ספרי הקבלה שבכתב ושבדפוס,

28). Esta [sabiduría] se refiere a la parte que es llamada *Sitréi Torá* (los Secretos de la Torá), que es el aspecto de las Tres *Sefirot* Superiores (lit. Primeras), o el aspecto de la Cabeza. Esta sabiduría no es pasada excepto a los [kabbalistas] modestos y bajo condiciones conocidas. Y en todos los libros de Kabbalah, tanto aquellos manuscritos como los impresos, usted no encontrará ni la más leve mención de ellos [*Sitréi Torá*] porque estas son las cosas cubiertas por el *Atik Yomín* (Anciano de Días), como está mencionado en la Guemará (ver aquí el asunto 27).

Y además, decida (lit. diga) usted mismo si es posible imaginar o aun remotamente considerar que todos estos grandes santos y gente justa famosa, quienes son los principales miembros de nuestra nación y los mejores de los mejores, tales como los autores de *Séfer Yetsirá* (Libro de la Formación) y del *Zóhar*, y Rav Yishmael, autor del *Braitá*, y Rav Hai Gaón, y Rav Hamai Gaón, y Rav Eliézer de Worms, y el resto de los Primeros Rabinos hasta Rav Moshé ben Najmán (Najmánides), y [Rav Yaakov ben Asher], autor de *Arbaá Turim*, y [Rav Yosef Karo], autor de *Shuljân Aruj*, hasta el Gaón de Vilna (Rav Eliyahu de Vilnius), y el Gaón de Liadi, y el resto de los justos de bendita memoria de quienes hemos recibido la totalidad de la Torá Revelada y por cuyas palabras (lit. de cuyas bocas) vivimos para saber qué actos debemos hacer para encontrar favor en los ojos del Creador.

Verdaderamente, todos estos [justos] han escrito y han publicado libros acerca de la Sabiduría de la Kabbalah. Después de todo, no hay mayor exposición que esa de escribir un libro, donde la persona que lo escribe no tiene idea de quién puede estar estudiando su libro. Es posible, el Cielo no lo permita, que alguna gente mala pueda abrir (lit. estar mirando en) este. Si es así, no hay mayor revelación de los Secretos de la Torá que esta y, el Cielo no lo permita, que dudáramos de esta gente santa y pura después de su muerte, y sospecháramos que ellos hubieran transgredido siquiera una

לא תמצא אפילו זכר מהם, כי הם הדברים שכיסה עתיק יומין, כנ"ל בגמרא (ראה כאן סעיף כז').

ואדרבא אמור אתה, אם אפשר להרהר ואפילו להעלות על הדעת, שכל אלו הקדושים והצדיקים המפורסמים, שהם גדולי האומה משופרי דשופרי הטובים שבטובים, כגון ספר יצירה, וספר הזוהר, ובריתא דרבי ישמעאל, ורב האי גאון, ור' חמאי גאון, והר"א והרבי אליעזר מגרמיזא, ויתר הראשונים עד לרמב"ן רבי משה בן נחמן, ובעל הטורים, ובעל השו"ע השולחן ערוך, עד לגאון מוילנא, והגאון מלאדי, ויתר הצדיקים, זכר כולם לברכה, שמהם יצאה לנו כל התורה הנגלית ומפיהם אנו חיים, לידע המעשה אשר נעשה למצוא חן בעיני השם יתברך.

והרי, כל אלו כתבו והדפיסו ספרים בחכמת הקבלה, כי אין לך גילוי גדול מכתיבת ספר, אשר הכותב אותו, אינו יודע מי הם המעיינים בספרו, שיכול להיות שחס ושלום רשעים גמורים יסתכלו בו, ואם כן אין לך גילוי רזי תורה יותר מזה, וחס ושלום להרהר אחר מיטתם של קדושים וטהורים הללו, שיעברו אפילו כקוצו

pizca de lo que está escrito y explicado en la *Mishná* y la *Guemará* (en el Tratado Jaguigá) con respecto [al capítulo] "Ellos no deben ser comentados".

Así que definitivamente, todos los libros escritos e impresos son el aspecto de *Taaméi Torá* (Significados de la Torá) que el *Atik Yomín* (Anciano de Días) ocultó al principio y luego reveló, de acuerdo con el secreto de "el paladar saborea el alimento", como fue mencionado anteriormente (aquí, asunto 27). No está prohibido revelar estos secretos, sino que de hecho, es también una gran obligación revelarlos, como está mencionado arriba (Tratado Pesajim, 119). Y quien sabe cómo revelarlos y verdaderamente lo hace así, su recompensa es tremendamente grande porque la llegada de *Goel Tsédek* (el Justo Redentor) depende inequívocamente de revelar esta Luz a las masas. Que suceda esto en nuestros tiempos. Amén.

Las palabras del *Tikunéi HaZóhar* acerca de la Sabiduría de la Kabbalah siendo conectada al *Rúaj* (Espíritu) del Mesías

31) Y es crucial explicar de una vez [por todas] el porqué de la llegada del *Goel Tsédek* (el Justo Redentor) depende de la diseminación de las enseñanzas de la Kabbalah a las masas, que es tan frecuentemente mencionada en el *Zóhar* y en todos los libros de la Kabbalah. Pero las masas han conectado toda clase de tonterías a esta de manera intolerable. La interpretación de este asunto está explicada en el *Tikunéi HaZóhar* (Tikún 30, comenzando con las palabras: Nativ Taniná [Segundo Camino]), que va como sigue:

> "Segundo Camino (*Netiv Taniná*), 'Y el *Rúaj* (Espíritu) del Creador se cierne sobre la faz de las aguas' (Génesis 1:2). ¿Qué significan las palabras: 'y el *Rúaj* (Espíritu)'? Ciertamente, cuando la *Shejiná* (la Presencia Divina) está en el exilio, entonces este *Rúaj* (Espíritu) se cierne sobre aquellos que estudian la Torá, cuando

של יוד על מה שכתוב ומפורש במשניות ובגמרא, שאסור לגלות אותם, כמ"ש כמו שכתוב [בפרק] אין דורשין (במסכת חגיגה).

אלא בהכרח, שכל הספרים הנכתבים והנדפסים, המה בבחינת טעמי תורה, שעתיק יומין כיסה אותם מתחילה, ואחר כך גילה אותם בסוד חיך אוכל יטעם כנ"ל (ראה כאן, סעיף כז'), שסודות אלו, לא רק שאין איסור לגלותם, אלא אדרבא, מצוה גדולה לגלותם (כנ"ל בפסחים קי"ט), ומי שיודע לגלות ומגלה אותם, שכרו הרבה מאד, כי בגילוי האורות הללו לרבים, ולרבים דוקא, תלוי דבר ביאת גואל צדק בב"א במהרה בימנו אמן.

לשון התיקוני זוהר בענין חכמת הקבלה שקשורה עם רוחו של משיח

לא) וצריכים מאד להסביר פעם, למה תלויה ביאת גואל צדק בהתפשטות לימוד הקבלה לרבים, המפורסם כל כך בזוהר ובכל ספרי הקבלה. וההמונים תלו בזה בוקי סריקי דברי סרק, עד לבלי סבול. וביאור ענין זה, מפורש בתיקוני זוהר (תיקון ל' ד"ה דבור המתחיל [במילים] נתיב תנינא) וז"ל וזה לשונו:

"נתיב תנינא נתיב שני, 'ורוח אלקים מרחפת על פני המים' (בראשית א', ב'), מאי ורוח מהו "ורוח", אלא בודאי בזימנא דשכינתא נחתת בגלותא בזמן שהשכינה יורדת בגלות, האי רוח נשיב על אינון דמתעסקי באורייתא הרוח הזה נושב על אלו שמתעסקים בתורה, בגין שכינתא דאשתכחא בינייהו בגלל שהשכינה נמצאת בינהם וכו'. '[מה אקרא], כל הבשר חציר', כלא אינון כבעירן

la Shejiná mora entre ellos, etc. [¿por qué debo llamar?]: 'toda la carne es paja seca', [significa que] ellos son como las bestias en el campo que comen heno y paja. 'Y toda su gracia es como los brotes del campo' (Isaías 40:6) [significa que] toda la bondad que muestran es por ellos mismos, etc.

"Y aun [en el caso de] todos aquellos que están esforzándose en [seguir a] la Torá, toda la bondad que muestran es solamente para su propio beneficio. Y en ese momento 'Él está obligado a recordar que ellos no son sino carne, un viento (*Rúaj*) [*Rúaj* en hebreo significa tanto 'viento' como 'espíritu'] que pasa para nunca retornar (Salmos 78:39) y este es el Rúaj (Espíritu) del Mesías. ¡Ay de aquellos que causan que este abandone el mundo y jamás regrese, porque ellos son los que hacen a la Torá seca ya que no desean estar involucrados en el estudio de la Sabiduría de la Kabbalah! Y causan que la Fuente de la Sabiduría —la letra *Yud*— se aleje de esta, etc. Y este *Rúaj* (Espíritu) que se va es el Espíritu del Mesías; es el 'Espíritu Divino (lit. de la Santidad); el Espíritu de la sabiduría y el entendimiento; el Espíritu del consejo y el poder; el Espíritu del conocimiento y el temor del Creador' (Isaías 11:2).

"Segundo Precepto: 'Y el Creador dijo: haya Luz, y hubo Luz' (Génesis 1:3). Esta es amor, que es amor por la bondad, como está escrito: 'Te he amado con amor sempiterno; en consecuencia, he extendido bondad sobre ti' (Jeremías 31:3). Y con referencia a esto, está dicho: 'No levantes o despiertes al amor hasta que este así lo desee…' (Cantar de los Cantares 2:7). Mostrar bondad y amor es el asunto principal, ya sea para bien o para mal, y debido a esto es llamado temor y amor, por el deseo de recibir una recompensa. Y debido a esto, el Creador dijo 'Yo les encargo, hijas de Jerusalén, por las gacelas y el venado de los campos; no agiten ni despierten al

דאכלין חציר כלם הם כבהמות אוכלי עשב וחציר. וכל חסדו כציץ השדה (ישעיהו מ׳, ו׳), כל חסד דעבדין לגרמייהו עבדין כל החסדים שעושים לעצמם הם עושים. וכו׳.

ואפילו כל אינון דמשתדלין באורייתא ואפילו כל אלו שמתאמצים להתעסק בתורה כל חסד דעבדין לגרמייהו עבדין [לא עשו זה] אלא לתועלת גופם עצמם. בההוא זימנא בזמן ההוא, ׳ויזכור כי בשר המה רוח הולך ולא ישוב לעלמא׳ לעולם [הזה] (תהלים ע״ח, לט), ודא איהו רוחא דמשיח וזה הוא רוח של המשיח. וי לון מאן דגרמין, אוי להם לאלו האנשים שגורמים דיזיל מן עלמא [שרוחו של משיח] ילך מן העולם, ולא יתוב לעלמא ולא ישוב לעולם, דאלין אינון דעבדי לאורייתא יבשה שהמה הם העושים את התורה ליבשה, ולא בעאן לאשתדלא בחכמה דקבלה ולא רוצים להשתדל [ללמוד] את חכמת הקבלה, דגרמין דאסתלק נביעו דחכמה שגורמים שיסתלק מעיין החוכמה, דאיהו י׳ מינה שהוא [האות] י׳ ממנה וכו׳. והאי רוח דאסתלק איהו רוח דמשיח ואיהו רוח הקודש והרוח הזה שהסתלק הוא רוחו של משיח ורוח הקודש, ואיהו רוח חכמה ובינה, רוח עצה וגבורה, רוח דעת ויראת ה׳ (ישעיהו יא׳, ב׳).

פקודא תנינא מצווה שנייה, ׳ויאמר אלקים יהי אור ויהי אור׳ (בראשית א׳, ג׳), דא אהבה, דאיהי שהיא אהבת חסד, הה״ד וזה מה שכתוב ׳ואהבת עולם אהבתיך על כן משכתיך חסד׳ (ירמיהו לא׳, ב׳). ועלה אתמר ועליו נאמר, ׳אם תעירו ואם תעוררו את האהבה עד שתחפץ׳ וכו׳ (שיר השירים ב׳, ז׳), רחימו ודחילו אהבה ויראה, עיקרא דיליה שהם העיקר, בין טב ובין ביש בין טוב ובין רע, ובגין דא אתקריאת האי ומשום זה היא נקראת יראה ואהבה, על מנת לקבל פרס. ובגין דא ומשום כך, אמר קדוש ברוך הוא, ׳השבעתי אתכם בנות ירושלים בצבאות או באילות השדה אם תעירו ואם תעוררו את האהבה עד שתחפץ׳, דאיהו רחימו בלאו פרס שהיא אהבה בלא פרס, ולא על מנת לקבל פרס, דיראה ואהבה על מנת לקבל פרס, איהי היא של

amor hasta que este es deseado' [Cantar de los Cantares 2:7] refiriéndose a mostrar bondad sin [el pensamiento de la] recompensa, [y] no por recibir una recompensa porque el temor y el amor por el deseo de recibir una recompensa pertenece a la *Shifjá* (sirvienta). 'Y bajo tres cosas la Tierra tiembla con furia, etc.' (Proverbios 30:21): bajo 'un esclavo cuando él gobierna' y 'una sirvienta, cuando hereda a su señora' (Proverbios 30:22-23)" [Fin de la cita del *Zóhar*].

Aquellos que se dedican a la Torá No Por Ella Misma son el secreto de: "Una sirvienta que hereda de su señora"

32) Y empezaremos interpretando el *Tikunéi HaZóhar* [hacia atrás] del final al principio. Está dicho con respecto al temor y el amor que uno tiene para dedicarse a la Torá y los Preceptos para recibir una recompensa, —significando su esperanza de que ganará algún beneficio dedicándose a la Torá y al trabajo [espiritual]— que [este amor] es como una *shifjá* (sirvienta), de quien está escrito: "cuando una sirvienta hereda de su señora". [Este concepto] es aparentemente difícil [confuso] porque ha sido establecido que uno debe dedicarse siempre a la Torá y los Preceptos, aun si No Por Ella Misma (ver aquí, asunto 11), así que ¿por qué la Tierra tiembla con ira? También hemos de entender la relación entre No Por Ella Misma y la palabra "*shifjá*" (sirvienta), así como la expresión: "hereda de su señora". ¿Qué clase herencia es [implicada] aquí?

33) Y usted debe entender, a la luz de todo lo que se ha vuelto claro en esta introducción, que el asunto de No Por Ella Misma fue permitido solamente porque "por este [dedicarse a la Torá] No Por Ella Misma, la persona alcanzará [el nivel de] Por Ella Misma, ya que la Luz dentro [de la Torá] redirige a una persona al camino correcto". Y por lo tanto, dedicarse a No Por Ella Misma es considerado ser la *shifjá* (sirvienta), quien asiste y hace las tareas domésticas inferiores para su señora, quien

שפחה, (משלי ל', כא'-כג') 'ותחת שלש רגזה הארץ וגו' תחת עבד כי ימלוך, ושפחה כי תירש גברתה" [סוף ציטוט מהזוהר].

העוסקים בתורה שלא לשמה, בסוד: שפחה כי תירש גבירתה

לב) ונתחיל לבאר את תיקוני הזוהר מסיפא לרישא מהסוף להתחלה, כי אומר, שהיראה והאהבה, שיש לאדם בעסק התורה והמצות על מנת לקבל פרס, דהיינו שמקוה שתצמח לו איזו טובה מחמת התורה והעבודה, הרי זו בחינת שפחה, שעליה כתיב, 'ושפחה כי תירש גברתה', שלכאורה קשה, הרי קיימא לן ברור לנו 'לעולם יעסוק אדם בתורה ובמצוות אף על פי שלא לשמה' (ראה כאן, סעיף יא'), ולמה רגזה הארץ. ועוד יש להבין, דבר היחס של העסק שלא לשמה, לבחינת שפחה דוקא, גם המליצה "שיורשת את גבירתה" איזו ירושה ישנה כאן.

לג) והענין תבין, עם כל המתבאר לעיל בהקדמה זאת, כי לא התירו את העסק של לא לשמה, אלא משום, 'שמתוך שלא לשמה בא לשמה' בהיות המאור שבה מחזירו למוטב', ולפיכך, יחשב העסק שלא לשמה, לבחינת שפחה המסייעת, ועובדת את העבודות הנמוכות, בעד גבירתה, שהיא השכינה הקדושה, שהרי סופו לבא לבחינת לשמה, ויזכה להשראת השכינה. ואז נחשבת גם השפחה,

es la *Shejiná* Santa. Esto es porque finalmente, uno está destinado a llegar a Por Ella Misma y ganará la Inspiración Divina de la Shejiná. Entonces la sirvienta que está para dedicarse a la Torá No Por Ella Misma se volverá la *shifjá* (sirvienta) de la Santidad porque ella es la única que asiste a la Santidad y la prepara, aunque es llamada el aspecto del Mundo de la Acción de la Santidad.

Obviamente, si, el Cielo no lo permita, la confianza [de una persona] no está completa y si se dedica a la Torá y a actos de trabajo [espiritual] pero solamente porque le fue ordenado estudiar por el Creador, entonces, como ya ha sido puesto en claro, en el caso de dicho [estudio] de la Torá y actos de trabajo espiritual, la Luz de la Torá no sería revelada de plano [a él]. Esto es porque sus ojos son defectuosos, causando que la Luz se torne en oscuridad, similar a [los ojos] de un murciélago, como hemos dicho anteriormente (ver aquí asunto 11).

Y tal aspecto de estudio ya ha dejado el dominio de la *shifjá* (sirvienta) de la Santidad porque en este caso, el Cielo no lo permita, él no merecerá por este [su estudio defectuoso] venir y dedicarse a la Torá Por Ella Misma. Y es por esto que se mueve al interior del dominio de la *shifjá* (sirvienta) de las *Klipot* (cáscaras), quien hereda esa Torá y el trabajo espiritual y lo usurpa para su propio beneficio. Y es por esto que la Tierra tiembla con ira —siendo *érets* (tierra) un nombre comúnmente conocido para la *Shejiná* Santa (la Presencia Divina)— porque estaba previsto que la Torá y el trabajo espiritual lleguen y estén en la posesión de la *Shejiná* Santa, pero la modesta sirvienta los usurpa y los degrada para que se vuelvan la posesión de las *Klipot* (cáscaras). Y así, es de esta manera que la *shifjá* (sirvienta) hereda de su señora, el Cielo no lo permita.

שהיא בחינת העסק שלא לשמה, לבחינת שפחה דקדושה, שהרי היא המסייעת ומכינה את הקדושה, אך נקראת בבחינת עולם עשיה של הקדושה.

אמנם, אם אין אמונתו שלימה חס ושלום, ואינו עוסק בתורה ובעבודה אלא רק מטעם שהשם יתברך צוה אותו ללמוד, כבר נתבאר לעיל, שבתורה ועבודה כאלה, לא יתגלה כלל המאור שבה, כי עיניו פגומות, ומהפכות האור לחושך, בדומה לעטלף כנ"ל (ראה כאן בסעיף יא').

ובחינת עסק כזה, כבר יצאה מרשות שפחה דקדושה, כי לא יזכה חס ושלום על ידיה לבוא לשמה, ועל כן באה לרשות השפחה דקליפה, שהיא יורשת את התורה והעבודה האלו, ועושקתן לעצמה. לפיכך רגזה הארץ, דהיינו השכינה הק' הקדושה שנקראת ארץ, כנודע, כי אותן התורה והעבודה שהיו צריכות לבא אליה, לרכושה של השכינה הקדושה, עושקת אותן השפחה בישא הרעה, ומורידה אותן לרכושן של הקליפות. ונמצאת השפחה, יורשת חס ושלום את הגבירה.

Capítulo Cuatro

Una Vida de Libertad Verdadera

Por medio de dedicarse a la Torá Por Ella Misma uno acerca la Redención

34) Y el *Tikunéi HaZóhar* explicó el secreto del juramento [con referencia al pasaje]: "No levantes o despiertes al amor hasta que este lo desee". El énfasis particular es que los israelitas atraerán la Luz Celestial, que es llamada el Amor de la Bondad, porque eso es lo que es deseado. Y [esta Luz Celestial] es atraída en particular [a una persona] a través de su dedicación a la Torá y los Preceptos con ninguna intención de recibir una recompensa. Y la razón para esto es que por medio de esta Luz de la Bondad, los israelitas reciben la Luz de Sabiduría Celestial, que es revelada y se envuelve con esta Luz de la Bondad que los israelitas han atraído.

Y esta Luz de la Sabiduría es el significado oculto del pasaje: "Y el *Rúaj* (Espíritu) del Creador descansará sobre él, el Espíritu de la sabiduría y el entendimiento, el Espíritu del consejo y el poder, el Espíritu del conocimiento, y el temor del Creador" (Isaías 11:2). Esto está dicho acerca del Rey Mesías. Y como está dicho más adelante: "Él [el Mesías] levantará una insignia para las naciones, y congregará a los exiliados de Israel y reunirá a los dispersos de Yehuda de los cuatro lados de la Tierra" (Isaías 11:12).

Después de que los israelitas atraen la Luz de la Sabiduría por medio de la Luz de la Bondad —[esto es] por medio del secreto del "Espíritu de la sabiduría y el entendimiento, etc."— entonces el Mesías es revelado y "congrega a los dispersos de Israel, etc." (Isaías 56:8). Después de todo, todo depende de la dedicación a la Torá y la adoración Por Ella Misma,

פרק רביעי
חיים של חופש אמיתי

על ידי העסק לשמה ממשיך הגאולה

לד) ופירשו תיקוני הזוהר סוד השבועה, 'דאם תעירו ואם תעוררו את האהבה עד שתחפץ' שההקפדה היא, שישראל ימשיכו אור החסד העליון, שנקרא אהבת חסד, כי זהו הנחפץ, שהוא נמשך דוקא, על ידי העסק בתורה ובמצוות שלא על מנת לקבל פרס, והטעם כי על ידי אור החסד הזה, נמשך לישראל אור החכמה העליונה, המתגלה ומתלבש, באור החסד הזה שהמשיכו ישראל.

ואור החכמה הזה, הוא סוד הכתוב, 'ונחה עליו רוח ה', רוח חכמה ובינה, רוח עצה וגבורה, רוח דעת ויראת ה' (ישעיה יא'), הנאמר על מלך המשיח, כמו שנאמר שם להלן (פסוק יב'), 'ונשא נס לגוים, ואסף נדחי ישראל, ונפוצות יהודה יקבץ מארבע כנפות הארץ'.

כי אחר שישראל ממשיכין על ידי אור החסד, את אור החכמה, בסוד 'רוח חכמה ובינה' וכו', אז מתגלה המשיח, ו'מקבץ נדחי ישראל' וכו' (ישעיהו נו', ח'). הרי, שהכל תלוי בעסק התורה והעבודה לשמה, המסוגל להמשיך אור החסד הגדול, שבו מתלבש ונמשך אור החכמה. שזה סוד השבועה, 'אם תעירו ואם תעוררו'

lo que tiene la capacidad para atraer la gran Luz de la Misericordia, a la que la Luz de la Sabiduría es atraída cuando se envuelve con esta. Este es el secreto del juramento de "No levantes o despiertes al amor, etc.". Esto es porque la redención completa y el regreso del Exilio (lit. reunión de los Exilios) no puede suceder sin esto, ya que los canales de la Santidad están arreglados así.

Si el Espíritu del Creador se cierne sobre aquellos que se dedican a la Torá No Por Ella Misma

35) Y hay más interpretaciones [de la frase]: "Y el *Rúaj* (Espíritu) del Creador se cierne sobre la faz de las aguas". ¿Cuál es [el significado de] el Espíritu del Creador? Ciertamente, cuando la *Shejiná* (la Divina Presencia) está en el exilio, entonces este *Rúaj* (Espíritu) se cierne sobre aquellos que estudian la Torá, cuando la *Shejiná* mora entre ellos". Esto significa que durante el Exilio, en tanto (lit. mientras) los israelitas se dediquen todavía a la Torá y los Preceptos No Por Ella Misma —si están verdaderamente en la etapa de "de No Por Ella Misma vendrán a Por Ella Misma"— entonces la *Shejiná* está entre ellos, aunque del aspecto del exilio porque ellos no han alcanzado todavía [la etapa de] Por Ella Misma, como está mencionado anteriormente en el secreto de "la sirvienta de la Santidad".

Esto es lo que se quiso decir con "porque la *Shejiná* mora entre ellos", pero en ocultamiento. Pero al final, están destinados a merecer la revelación de la *Shejiná*. Y entonces el Espíritu del Rey Mesías se cierne por encima de aquellos que así se dedican y los despierta para llegar a la dedicación Por Ella Misma. Este es el significado oculto detrás de "la Luz de la Torá los devuelve al camino correcto": este [el Espíritu del Mesías] ayuda y prepara la emanación de la *Shejiná*, que es "Su Señora". Al mismo tiempo, si, el Cielo no lo permita, este asunto de la dedicación No Por Ella Misma no es apropiada para traerlos a la dedicación Por Ella Misma por las razones

וכו', כי הגאולה השלימה וקיבוץ הגלויות אי אפשר זולתה, היות סדרי צינורות הקדושה מסודרים כן.

אם רוח אלקים מרחפת על העוסקים שלא לשמה

לה) וזה שפירשו עוד: ורוח אלקים מרחפת על פני המים, מאי מהו ורוח אלקים, אלא בודאי, בזמנא דשכינתא נחתת בגלותא בזמן שהשכינה יורדת בגלות, האי רוח הרוח הזה, נשיב על אינון דמתעסקי באורייתא נושב על אלו שמתעסקים בתורה, בגין שכינתא דאשתכחת בינייהו בגלל השכינה שנמצאת בינהם (ראה כאן סעיף לא'). פירוש הדברים, שבזמן גלות, בעת שישראל עדיין עוסקים בתורה ומצוות שלא לשמה, אמנם אם הם בבחינה זו, ש'מתוך שלא לשמה בא לשמה', הרי השכינה ביניהם, אלא בבחינת גלות, מטעם שעדיין לא בא לשמה, וכנ"ל, בסוד השפחה דקדושה.

וז"ש וזה שכתוב בגין שכינתא דאשתכחת בינייהו בגלל השכינה שנמצאת בינהם, כלומר בהסתר, אבל סופם לזכות לגילוי שכינה. ואז הרוח דמלך המשיח מרחפת על העוסקים, ומעוררת אותם לבא לשמה, בסוד המאור שבה מחזירם למוטב, שמסייעת ומכינה להשראת השכינה שהיא גבירתה. אמנם, אם חס ושלום אין העסק הזה דשלא לשמה ראוי להביאם לשמה, מטעמים הנ"ל, אז מצטערת

que mencionamos anteriormente, entonces la Shejiná está angustiada y dice: "Toda carne es como paja seca", [significando] que ellos son como bestias que se alimentan de heno y paja.

Esto significa que el espíritu humano elevándose no puede ser encontrado entre la gente que se dedica a la Torá, sino que están satisfechos con el espíritu animal que se mueve hacia abajo. Y explican la razón: porque "toda su bondad es como los brotes del campo", y toda la bondad que muestran —aun todos aquellos que están dedicados a la Torá— es solamente para su propio beneficio. Esto significa que toda su dedicación a la Torá y los Preceptos es para su propio beneficio y su placer personal, y así, su dedicación a la Torá [No Por Ella Misma] no los puede traer, el Cielo no lo permita, a [la dedicación] Por Ella Misma.

Y estas son las palabras que están escritas allí: "Y en ese tiempo, 'Él debe recordar que ellos no son sino carne', una ráfaga de viento (heb. también *Rúaj*) que pasa y nunca regresará", y este es el *Rúaj* (Espíritu) del Mesías. Esto significa que el Espíritu del Mesías no se cierne sobre ellos, sino que se va de ellos y no regresa porque la sirvienta impura explota su Torá y hereda de la señora, como mencionamos antes. [Y esto ocurre] porque no están en el camino de moverse de [dedicarse a la Torá] No Por Ella Misma a [dedicarse a ella] Por Ella Misma, como fue discutido antes (ver aquí, asuntos 11, 17).

El Espíritu del Creador se cierne sobre aquellos que estudian la Kabbalah

Por lo tanto, la conclusión allí es que estas [personas] son la que secan a la Torá, ya que no desean estudiar la Sabiduría de la Kabbalah. Esto significa que aunque no tengan éxito a través de estudiar la Torá Revelada porque esta no tiene Luz [para ellos] y se seca debido a su pequeñez mental (como

השכינה ואומרת, 'כל הבשר חציר, כלא אינון כבעירין דאכלין חציר כלם הם כבהמות אוכלי עשב וחציר.

פירוש, שלא נמצא בעוסקים בתורה, אותו רוח האדם העולה למעלה, אלא שמסתפקין ברוח הבהמה היורד למטה. ומפרשים שם הטעם, משום דכל חסדו כציץ השדה, ואפילו כל אינון דמשתדלין באורייתא ואפילו כל אלו שמשתדלים בתורה, כל חסד דעבדין לגרמייהו הוא דעבדין כל חסד שעושים - לשם עצמם הם עושים, כלומר, שכל עסקם בתורה ומצות הוא לתועלתם ולהנאתם עצמם, ואין העסק בתורה מסוגל להביאם לשמה חס ושלום.

וז"ש וזה שכתוב שם בההוא זמנא בזמן ההוא, ויזכור כי בשר המה, רוח הולך ולא ישוב לעלמא ולא שוב לעולם, ודא איהו רוחא דמשיח וזה הוא רוח של המשיח. פירוש, שעליהם אין רוחא דמשיח מרחפת, אלא, הולכת מהם ולא תשוב, כי השפחה הטמאה עושקת תורתם ויורשת את הגבירה כנ"ל, משום שאינם בדרך לבא מתוך שלא לשמה לבחינת לשמה, כנ"ל (ראה כאן סעיפים יא', טז').

רוח אלקים מרחפת בלומדי הקבלה

ועל כן מסיק שם, דאלין אינון דעבדין לאורייתא יבשה, ולא בעאן לאשתדלא בחכמת הקבלה אלו הם שעושים התורה יבשה ולא רוצים להשתדל בחכמת הקבלה. פירוש הדברים: כי אף על פי שאינם מצליחים על ידי העסק בתורה הנגלית משום שאין בה מאור, והוי יבשה, מסיבת קטנות דעתם (כנ"ל אות ט"ו ד"ה דבר הכתוב

fue mencionado anteriormente, carta 15, empezando con las palabras del Rav: "Y así..."), de todos modos, ellos pueden tener éxito por medio de dedicarse al estudio de la Kabbalah porque la Luz [en la Sabiduría de la Kabbalah] está vestida con las Ropas del Creador significando los Nombres Santos y las *Sefirot*.

Y por medio [de estudiar la Kabbalah] ellos podrían muy fácilmente quedar bajo la categoría de [dedicarse a] No Por Ella Misma, lo cual conduce a [dedicarse a] Por Ella Misma. Y en este caso, el *Rúaj* (Espíritu) del Creador se cerniría sobre ellos, lo cual es el secreto de "la Luz de la Torá trayendo [a la gente] de regreso al camino correcto". Pero ellos no desean estudiar la Kabbalah de todas formas. Y es por esto que está dicho: "¡Ay de ellos, porque traen miseria, destrucción, pillaje, derramamiento de sangre y desaliento al mundo, y el *Rúaj* (Espíritu) que se va es el *Rúaj* del Mesías, como está dicho: 'Este es el *Rúaj* (Espíritu) de la Santidad, que es el Espíritu de la Sabiduría y el Entendimiento, etc.'".

La razón para la largura del Exilio y el dolor, así como su corrección a través del estudio de la Kabbalah

36) Lo que se ha vuelto claro de los escritos del *Tikunéi HaZóhar* es que hay un juramento de que la Luz de la misericordia y el amor no debe ser despertada en el mundo hasta que las acciones de los israelitas para seguir la Torá y los Preceptos sean con la intención solamente de dar placer al Creador y no de recibir alguna recompensa. Este es el significado oculto del juramento: "Les encargo a ustedes, hijas de Jerusalén" (Cantar de los Cantares 2:7) que significa que la largura del Exilio y el dolor que sufrimos están pendientes y nos esperan hasta que merezcamos dedicarnos a la Torá y los Preceptos Por Ella Misma. Pero si merecemos esto, entonces inmediatamente esta Luz de amor y misericordia será despertada. Esta Luz tiene la capacidad de atraer sobre nosotros el significado secreto

והנה), מ"מ מכל מקום הרי יכולים להצליח על ידי העסק בלימוד הקבלה, משום שהמאור שבה מלובש בלבושין דהקדוש ברוך הוא, דהיינו השמות הקדושים והספירות.

אשר בנקל היו יכולים לבא [באמצעות לימוד הקבלה] באותה הבחינה של שלא לשמה המביאתם לשמה, שאז היתה רוח אלקים מרחפת עליהם, בסוד המאור שבה המחזירם למוטב, אמנם בשום אופן אינם חפצים בלימוד הקבלה, וז"ש וזה שכתוב וי לון דגרמין עניותא וחרבא וביזה והרג ואבדן בעלמא אוי להם שגורמים עניות וחרב וביזה והרג ואובדן בעולם, והאי רוח דאסתלק ורוח ההיא מסתלקת, איהו רוח דמשיח, כמא דאתמר דאיהו כמו שנאמר שהיא רוח הקדש, ואיהו רוח חכמה ובינה וכו'.

בטעם אריכות הגלות והיסורים, ותיקונו בלימוד הקבלה

לו) המתבאר מדברי תיקוני הזוהר הוא שישנה שבועה, שלא יתעורר אור החסד והאהבה בעולם, עד שמעשיהם של ישראל בתורה ומצוות, יהיו על הכונה שלא לקבל פרס, אלא רק להשפיע נחת רוח ליוצר ב"ה (ברוך הוא), שזה סוד השבועה: השבעתי אתכם בנות ירושלים וכו' (שיר השירים ב', ז'). באופן, שכל אריכות הגלות והיסורים שאנו סובלים, תלויים ומחכים לנו, עד שנזכה לעסק התורה ומצוות לשמה, ואם רק נזכה לזה, תיכף יתעורר אור האהבה והחסד הזה, שסגולתו

del pasaje: "Y el Espíritu del Creador reposará sobre él, el Espíritu de la sabiduría y el entendimiento, el Espíritu del consejo y el poder etc." (Isaías 11:2). Y entonces mereceremos la redención completa.

Y también se hizo claro que es imposible para la totalidad de los israelitas llegar a esta gran pureza excepto a través del estudio de la Kabbalah, que es el camino más fácil y es suficientemente bueno aun para la gente de poco entendimiento. Esto está en oposición al camino de dedicarse únicamente a los aspectos revelados de la Torá. [El Entendimiento Divino] no puede ser alcanzado excepto por muy pocos individuos selectos y privilegiados, y [solamente] a través de un esfuerzo extenso. [Sin embargo, esta dedicación a la Torá Revelada] no es apropiada para la mayor parte de la población, por las razones explicadas arriba (ver asunto 22). Y esto ha demostrado muy claramente la insignificancia de la cuarta y quinta interrogantes al principio de esta introducción.

La razón de por qué algunos de los que estudian la Kabbalah se han extraviado

37) Y [por lo que toca a] la tercera interrogante, la cual [pertenece] al temor de extraviarse, aquí no [debería] haber miedo para nada porque la desviación del camino del Creador, el Cielo no lo permita, la cual una vez sucedía, ocurría por dos razones: o las personas transgredían las instrucciones de los sabios con respecto a los asuntos que no debían ser revelados, o tomaban las palabras de la Kabbalah en su significado externo, esto es: en las indicaciones físicas y [por eso] transgredían el mandamiento de "No harás para ti un ídolo o semejanza alguna..." (Éxodo 20:3).

Por esta razón, una barrera (lit. pared sólida) ha estado rodeando a esta sabiduría [de la Kabbalah] hasta este día. Verdaderamente, muchos han

להמשיך סוד הכתוב ונחה עליו רוח חכמה ובינה וכו' (ישעיהו יא, ב'), ואז נזכה לגאולה השלימה.

גם נתבאר, שאי אפשר שכל כלל ישראל יבואו לטהרה הגדולה הזו, זולת על ידי לימוד הקבלה, שהיא הדרך הקלה ביותר, המספיקה גם לקטני הדעת, מה שאין כן בדרך העסק בתורת הנגלה בלבד, אי אפשר לזכות על ידה, זולת ליחידי סגולה, ועל ידי יגיעה רבה, אבל לא למרבית העם, מטעם המבואר לעיל (אות כ"ב ד"ה דבור מתחיל [במילה] אכן). ובזה נתבארה היטב האפסיות שבקושיא הרביעית והחמישית שבתחילת ההקדמה.

הטעם על שכמה מלומדי הקבלה החמיצו

לז) והקושיא השלישית, שהיא הפחד שלא יחמיץ, הנה אין כאן פחד ולא כלום, כי ענין הנטיה מדרך ה' חס ושלום שקרתה פעם, היתה מב' סיבות: או שעברו על דברי חז"ל בדברים האסורים לגלות, או משום שתפסו דברי הקבלה במשמעותם החיצונית, דהיינו בהוראות גשמיות, ועברו על לא תעשה לך פסל וכל תמונה (שמות כ', ג').

ועל כן באמת היתה חומה בצורה מסביב החכמה הזו עד היום, אשר רבים ניסו והתחילו בלימוד ולא יכלו להמשיך בו מחסרון הבנה, ומחמת הכינויים הגשמיים,

tratado y empezaron el estudio de esta sabiduría y no fueron capaces de continuar con este a causa de su falta de entendimiento y debido al [lenguaje y] los nombres [usando] terminología mundana. Es por esto que he puesto mucho esfuerzo en la creación de un comentario [llamado] "Rostro Iluminado y Rostro de Bienvenida" para interpretar el gran libro *El Árbol de la Vida*, [escrito] por el Arí. Mi propósito era desnudar [clarificar] las formas físicas [terminología] y colocarlas de acuerdo a sus leyes espirituales más allá del espacio y el tiempo, de una manera que cada principiante sea capaz de entender las cosas junto con su significado y y su razonamiento, con argumentos muy claros y con simplicidad, de modo que [este libro] sea tan comprensible como la Guemará cuando es aumentada con el comentario de Rashí.

Dedicarse a la Torá Por Ella Misma: por amor a la Torá

38) And we will continue con la exposición de la necesidad de dedicarse a la Torá y los Preceptos Por Ella Misma, de lo cual comencé hablando [anteriormente]. Debemos por lo tanto entender este término: "*Torá Lishmá*", esto es: "La Torá Por Ella Misma (lit. Su Nombre)". ¿Por qué está la forma completa y deseada del trabajo [espiritual] mencionada como Por Ella Misma, mientras que la forma no deseada de trabajo [espiritual] es mencionada como No Por Ella Misma? Después de todo, si vamos por el muy simple significado —que una persona que se dedique a la Torá y los Preceptos tiene el deber de enfocar su corazón en dar placer a su Hacedor en lugar de para su propio beneficio— entonces [este trabajo] debió haber sido llamado y mencionado como "la Torá por Él Mismo (lit. Su Nombre)" y "la Torá No Por Él Mismo (lit. Su Nombre)", esto es: por amor al Creador (lit. Cielo). Así que ¿por qué es mencionado como Por Ella Misma y No Por Ella Misma, lo que significa por amor a la Torá [como opuesta a por amor al Creador]?

אשר על כן טרחתי בביאור פנים מאירות ופנים מסבירות לפרש את הספר הגדול עץ החיים מהאר"י ז"ל ולהפשיט הצורות הגשמיות ולהעמידן בחוקי הרוחניים, למעלה ממקום ומזמן, באופן שיוכל כל מתחיל להבין הדברים בטעמם ונימוקם, בשכל בהיר ובפשטות גדולה, לא פחות כמו שמבינים גמרא על ידי פירוש רש"י ז"ל.

עסק התורה לשמה: לשם התורה

לח) ונמשיך להרחיב את החיוב של העסק בתורה ומצוות לשמה שהתחלתי לדבר בו. הנה יש להבין את השם הזה של "תורה לשמה", למה מוגדרת העבודה השלימה הרצויה בשם הזה "לשמה", והעבודה שאינה רצויה בשם של "לא לשמה", כי לפי המובן הפשוט, שהעוסק בתורה ומצוות מחוייב לכוון לבו לעשות נחת רוח ליוצרו, ולא לשם טובת עצמו, היה צריך לכנות זה ולהגדירו, בשם "תורה לשמו" ו"תורה שלא לשמו", שפירושו לשם שמים, ולמה מגדירים זה בשם "לשמה" ו"שלא לשמה", שפירושו לשם התורה.

Seguramente hay algún entendimiento más profundo que el que hemos justamente discutido porque el uso del lenguaje aquí prueba que [estudiar] la Torá por amor al Creador —esto es: para dar placer a su Hacedor— no es suficiente; más bien, [estudiar la Torá] necesita ser Por Ella [Misma] (lit. por Su Nombre), lo que significa por Ella [o el Nombre] de la Torá. Esto necesita una explicación.

Vida para aquellos que se dedican [a la Torá] Por Ella Misma; y lo opuesto de la vida para aquellos que se dedican a la Torá No Por Ella Misma.

39) Y el resultado del asunto es que es sabido que el nombre de la Torá es: *Torat Jayim* (Torá de la Vida), como está dicho: “Porque esta [la Torá] es la vida para aquellos que la encuentran” (Proverbios 4:22). Y las Escrituras dicen también: “Esta no es una fruslería sino que es tu vida, etc.” (Deuteronomio 32:47). Y siendo este el caso, entonces el significado de Torá y los Preceptos Por Ella Misma (Su Nombre) es que dedicarse a la Torá y los Preceptos provee [a una persona] con muchos años de vida, y [al hacerlo] entonces la Torá es realmente [la misma] como su nombre [Torá de la Vida]. Sucede, el Cielo no lo permita, para quien no enfoca su corazón y mente en esto, que [su] dedicación a la Torá y los Preceptos le trae lo opuesto de la vida y largura de años, esto es: completamente No Por Su Nombre [*Lo Lishmá*], dado que su nombre es: “Torá de la Vida”. Entienda esto.

Estos asuntos aparecen explícitamente en las palabras de los sabios (Tratado *Taanit* 7a): “Quien está dedicado a la Torá No Por Ella Misma, su Torá se vuelve para él una poción de muerte (aquí, asunto 17); pero quien se dedica a la Torá Por Ella Misma, su Torá se vuelve para él una poción de vida”. Verdaderamente, sus palabras requieren clarificación [para nosotros] para entender cómo y de qué manera la Santa Torá se vuelve ¡una “poción de muerte” [para alguien]! Por lo menos, el esfuerzo de esta persona sería

אלא ודאי, שיש כאן הבנה יתירה מהאמור, שהרי הלשון מוכיחה, שתורה לשמו, שפירושו לעשות נחת רוח ליוצרו, אינו מספיק עדיין, אלא שצריך עוד שיהיה העסק לשמה, שפירושו לשם התורה, וזה צריך ביאור.

חיים לעוסקים לשמה, והיפך החיים לעוסקים שלא לשמה

לט) והענין הוא, כי נודע, ששם התורה הוא "תורת חיים", כאמור כי "חיים" הם למוצאיהם וגו' (משלי ד' כ"ב). וכן הוא אומר, כי לא דבר ריק הוא מכם, כי הוא חייכם וגו' (דברים ל"ב מ"ז), וכיון שכן, הרי פירושה של תורה לשמה, אשר העסק בתורה ומצוות מביא לו חיים ואריכות ימים, כי אז, התורה היא כשמה. ומי שאינו מכוון את לבו ודעתו לנאמר, נמצא שהעסק בתורה ומצוות, מביא לו את ההיפך מהחיים ואריכות הימים חס ושלום, דהיינו לגמרי ש"לא לשמה", שהרי שמה הוא "תורת חיים", והבן.

ודברים אלו, באים מפורשים בדברי חז"ל (תענית ז' עמ' א'), כל העוסק בתורה שלא לשמה, תורתו נעשית לו סם המות (ראה כאן, סעיף טז'). וכל העוסק בתורה לשמה, תורתו נעשית לו סם חיים. אמנם דבריהם אלו צריכים ביאור, להבין, איך, ובמה, נעשית לו התורה הקדושה לסם המות. המעט הוא, שמתיגע לריק

en vano y sin propósito, y no ganaría beneficio alguno de su esfuerzo y trabajo duro, el Cielo no lo permita. Pero añadir todavía que la misma "Torá y trabajo [espiritual]" se invierte y se vuelve una "poción de muerte"; este punto es muy sorprendente.

Interpretar el lenguaje de los sabios: "He trabajado duro y he encontrado, ¡deben creerme!"

40) Y debemos primero entender las palabras de nuestros sabios, quienes dijeron: "He trabajado duro y he encontrado; deben creerme. No he trabajado duro y he encontrado; no deben creerme" (Tratado *Meguilá* 6b). Debemos hacer preguntas acerca de esta terminología: "He trabajado duro y he encontrado", [dos conceptos] que parecen contradecir uno al otro. Después de todo, "trabajar duro" es un asunto de labor e inconveniencia, que es dado por un precio a cambio de un objeto deseado. También, para adquirir un objeto importante, se requiere más esfuerzo, en tanto que para comprar un objeto de menor valor se requiere menos esfuerzo.

Y esto es exactamente lo opuesto de "encontrar", que normalmente sucede (lit. llega) a una persona completamente sin anticipación y sin los prerrequisitos de trabajo duro, esfuerzo excesivo, o un precio. Si es así, ¿por qué decimos aquí: "He trabajado duro y he encontrado"? Si trabajar duro es de lo que se ha hablado aquí, entonces debíamos haber dicho: "He trabajado duro y he adquirido" o: "He trabajado duro y he ganado", o algo de esa naturaleza, en lugar de: "He trabajado duro y he encontrado".

El tema de buscar al Creador Quien se oculta en la Santa Torá

41) And we have aprendido en el Zóhar, con relación al pasaje: "… aquellos que Me buscan diligentemente Me encuentran" (Proverbios 8:17)

ולבטלה, ואין לו שום תועלת מטרחתו ויגיעתו, חס ושלום, אלא עוד, שהתורה והעבודה עצמה, נהפכת לו לסם המות, שדבר זה מתמיה מאד.

ביאור לשון חז"ל: יגעתי ומצאתי תאמין

מ) ונבין מתחילה את דברי חז"ל (מגילה ו' עמ' ב'), שאמרו, יגעתי ומצאתי תאמן, לא יגעתי ומצאתי אל תאמן. שיש להקשות על הלשון יגעתי ומצאתי, שנראים כתרתי דסתרי אהדדי שנראים כשניים הסותרים אחד את השני, שהרי "יגיעה" היא ענין עבודה וטורח, שנותנים במחיר כל קנין רצוי, שבעד קנין חשוב נותנים יגיעה מרובה, ובעד קנין פחות נותנים יגיעה מועטת.

והיפוכה היא "מציאה", אשר דרכה לבא אל האדם בהסח הדעת לגמרי, בלי שום הכנה של טורח ויגיעה ומחיר. ואם כך איך תאמר יגעתי ומצאתי, ואם יגיעה יש כאן היה צריך לומר יגעתי וקניתי או יגעתי וזכיתי, וכדומה, ולא "יגעתי ומצאתי".

ענין הביקוש את השי"ת המסתיר עצמו בתורה הקדושה

מא) והנה איתא מובא בזוהר, על הכתוב ומשחרי ימצאונני (משלי ח', יז'), שאלו ע"ז על זה היכן מוצאים את השם יתברך, ואמרו שאין מוצאים אותו יתברך, אלא בתורה.

que fue preguntado: ¿Dónde encuentra uno al Creador? Y respondieron que el único lugar en el que puede uno encontrarlo es en la Torá. Y comentaron de manera similar sobre el pasaje: "Verdaderamente, Tú eres un Dios que se oculta..." (Isaías 45:15) que el Creador se oculta en Su Santa Torá. Y las palabras de los sabios deben ser entendidas apropiadamente, porque aparentemente el Creador está ocultado solamente en las cosas y las maneras materiales y en todas las vanidades del mundo que están fuera de la Torá. Así que ¿cómo puede uno decir lo opuesto: que Él se oculta solamente en la Torá?

También, con respecto a la idea general que el Creador se oculta de tal forma que tiene que ser buscado, ¿por qué necesita Él este ocultamiento [de Sí Mismo]? Y con respecto [a la idea] "que todos aquellos que Lo buscan Lo encontrarán", el significado de las palabras [de Proverbios]: "aquellos que Me buscan con diligencia Me encontrarán" esto debe ser entendido bien. ¿De qué se trata este "buscar" y "encontrar"? ¿Qué son [buscar y encontrar], y cuál es su propósito?

La razón de todo el dolor y los fracasos es nuestro entendimiento mínimo con respecto a Su Providencia

42) Usted debe saber que la razón para toda esta distancia —por qué estamos tan lejos del Creador y por qué somos tan propensos a violar Su Voluntad— es todo debido a una causa, la cual se ha vuelto la fuente de todo el dolor y agonía que sufrimos, y de todos los pecados intencionales y no intencionales con los que fallamos, el Cielo no lo permita, cuando nos cruzamos con ellos. Al mismo tiempo, es obvio que por eliminar esta causa, inmediatamente nos deshacemos de toda pena y todo dolor, y somos recompensados inmediatamente con adherirnos a Él con todo nuestro corazón, alma y fuerza. Y déjeme decirle que la causa original no es otra que esta: [estamos distantes del Creador debido a] nuestro

וכן אמרו על הכתוב (ישעיהו מה', טו'), אכן אתה אל מסתתר, אשר הקדוש ברוך הוא מסתיר את עצמו בתורה הקדושה. ויש להבין דבריהם ז"ל כראוי, כי לכאורה הקדוש ברוך הוא מוסתר רק בדברים ודרכים הגשמיים, ובכל הבלי העולם הזה שהם מחוץ לתורה, ואיך תאמר את ההיפך אשר רק בתורה הוא מסתיר את עצמו.

גם המובן הכללי, שהקדוש ברוך הוא מסתיר את עצמו באופן שצריכים לבקשו, הסתר זה למה לו. וכן "שכל מבקשי אותו ימצאוהו", המובן בכתוב, ומשחרי ימצאונני, צריך להבין היטב, דבר הביקוש הזה, ודבר המציאה הזו, מה הם, ולמה הם.

סיבת כל המכאובים והכשלונות היא מיעוט הבנתינו בהשגחתו יתברך

מב) וצריך שתדע אמנם, אשר סיבת כל הריחוק הזה, שאנו רחוקים כל כך מהשם יתברך, ומה שאנו עלולים כל כך לעבור על רצונו יתברך, אין כל זה, אלא משום סיבה אחת, שנעשתה למקור, לכל המכאובים והיסורים שאנו סובלים, ולכל הזדונות והשגגות שאנו נכשלים ובאים בהם חס ושלום. שיחד עם זה מובן, שבהסרת הסיבה ההיא, נפטרים תיכף, מכל צער ומכל מכאוב, וזוכים תיכף להדבק בו יתברך בכל לב, נפש ומאד. ואומר לך, שהסיבה המקורית ההיא

entendimiento mínimo de Su Providencia sobre Sus seres creados, porque no Lo entendemos apropiadamente.

43) Asumamos que el Creador interactuara con Sus seres creados a través de clara y visible Providencia. Por ejemplo: todo aquel que come algo prohibido [no *kósher*] se ahogaría inmediatamente, y todo aquel que cumple un Precepto encontraría en este un placer maravilloso, similar a los más maravillosos placeres de este mundo material. En este caso, ¿quién sería tan necio para siquiera considerar probar algo que está prohibido sabiendo que su vida estaría inmediatamente perdida como resultado, tal como [por la misma razón que] la persona no consideraría saltar a un fuego? Y ¿quién sería tan necio de dejar algún Precepto sin cumplirlo con la mayor velocidad, tal como no dejaría o retardaría alguna delicia material que llegara a su camino y más bien la aceptaría con toda la rapidez posible? Esto significa que donde tenemos una Providencia Revelada todas las personas en el mundo serían *tsadikim* (gente justa).

44) Esta es evidencia clara de que nada nos falta en nuestro mundo excepto una Providencia visible, porque si hubiéramos tenido una Providencia visible, todas las personas del mundo habrían sido *tsadikim* (gente justa) completos. Y se habrían adherido completamente a Él con amor total porque habría sido un gran honor para todas y cada una de las personas hacerse amigo de, y amar a Él con todo su corazón y su alma, y adherirse a Él siempre, sin siquiera perder un minuto. Pero este no es el caso: En vez de eso, la recompensa por cumplir un Precepto no está en este mundo. Más aún: no solamente no son castigados frente a nuestros ojos aquellos que transgreden Su Voluntad, sino que el Creador es muy paciente con ellos.

Además, algunas veces lo opuesto nos parece que es verdad, el Cielo no lo permita. Como está dicho: "He aquí: estos son los perversos; siempre a gusto, aumentan en riqueza…" (Salmos 73:12). Por lo tanto, no es que todo

אינה אחרת, אלא "מיעוט ההבנה שלנו בהשגחתו יתברך על בריותיו", שאין אנו מבינים אותו יתברך כראוי.

מג) ונניח למשל, אם היה הקדוש ברוך הוא נוהג עם בריותיו בהשגחה גלויה באופן, אשר למשל, כל האוכל דבר איסור, יחנק תיכף על מקומו, וכל העושה מצוה, ימצא בה התענוג הנפלא בדומה לתענוגות המצוינים ביותר שבעולם הזה, הגשמי, כי אז, מי פתי היה מהרהר אפילו לטעום דבר איסור, בשעה שהיה יודע שתיכף יאבד מחמתו את חייו, כמו שאינו מהרהר לקפוץ לתוך הדליקה. וכן מי פתי היה עוזב איזו מצוה מבלי לקיימה תיכף בכל הזריזות, כמו שאינו יכול לפרוש, או להתמהמה על תענוג גדול גשמי הבא לידו, מבלי לקבלו מיד בכל הזריזות שביכלתו. הרי, שאם היתה לפנינו השגחה גלויה, היו כל באי העולם צדיקים גמורים.

מד) הרי לעיניך, שבעולמנו לא חסר לנו, אלא השגחה גלויה. כי אם היתה לנו השגחה גלויה היו כל באי עולם צדיקים גמורים. וגם היו דבקים בו ית' בתכלית האהבה, כי ודאי לכבוד גדול היה זה לכל אחד ממנו, להתידד ולהתאהב בו יתברך בכל לב ונפש, ולהדבק בו תמיד, בלי אפילו הפסד רגע. אלא מתוך שאינו כן, אלא שכר מצוה בהאי עלמא ליכא שכר מצווה אינו בעולם הזה, גם אין עוברי רצונו נענשים כלל לעינינו, אלא השם יתברך מאריך אפים להם.

ולא עוד אלא שלפעמים נדמה לנו ההיפך חס ושלום, כמ"ש כמו שכתוב (תהלים ע"ג, יב') הנה אלה רשעים ושלוי עולם השגו חיל וגו', ולפיכך לא כל הרוצה ליטול את השם יבא ויטול, אלא שאנו נתקלים בכל פסיעה ופסיעה חס ושלום,

aquel que desea tomar el Nombre puede así nada más venir y tomarlo; más bien, somos obstaculizados en todos y cada uno de los pasos, el Cielo no lo permita. Como los sabios dijeron (*Vayikrá Rabá*, 2) con respecto al pasaje: "Un hombre entre mil he encontrado" (Eclesiastés 7:28), un millar de personas entran al estudio (lit. cuarto) de la Torá y [solamente] uno de ellos sale para ser un maestro. Por lo tanto, el entendimiento de Su Providencia es la Razón para todo bien, y el malentendido de esto es la razón para todo lo malo. Y resulta que esta es la polaridad entre la cual todos los seres humanos fluctúan: para bien o para mal.

Cuatro tipos de entendimiento de Su Providencia

45) Cuando miramos bien en [el proceso] de entender a la Providencia como es experimentada (lit. sentida) por los humanos, encontramos cuatro clases [de personas], donde cada clase recibe la Divina Providencia de manera especial. Así, hay cuatro aspectos para comprender la Providencia, aunque, de hecho, hay solamente dos, los cuales son: Ocultamiento del Rostro y Revelación del Rostro. [Estos dos aspectos] están divididos además en cuatro porque hay dos aspectos de la Providencia en el contexto del Ocultamiento del Rostro, a saber: Un [único] Ocultamiento y Ocultamiento dentro del Ocultamiento. Y [de la misma manera] hay dos aspectos de la Providencia en el contexto de la Revelación del Rostro: Providencia de recompensa y de castigo, y Providencia de eternidad, como será explicado más adelante con la ayuda del Creador.

עד כמ"ש כמו שכתוב חז"ל (וי"ר פ"ב ויקרא רבה, פרק ב') על הכתוב אדם אחד מאלף מצאתי (קהלת ז', כח'), אשר אלף נכנסים לחדר ואחד יוצא להוראה. הרי שהבנת השגחתו יתברך, היא הסיבה לכל טוב, ואי ההבנה, היא הסיבה לכל רע, ונמצא, שהיא הקוטב אשר כל באי עולם מתגלגלים עליו, אם לשבט ואם לחסד.

ארבע סוגים בהבנת השגחתו יתברך

מה) וכשנתבונן היטב בהשגת השגחה, הבאה להרגשת בני אדם, אנו מוצאים בהם ד' סוגים, שכל סוג וסוג מקבל השגחת השם יתברך עליו במיוחד, באופן, שיש כאן ד' בחינות של השגת ההשגחה, ובאמת הן רק שתים, דהיינו: הסתר פנים וגילוי פנים. אלא שנחלקים לארבע, כי יש ב' בחינות בהשגחה של הסתר פנים, שהם: הסתר אחד, והסתר בתוך הסתר. וב' בחינות בהשגחה של גילוי פנים, שהן: השגחה של שכר ועונש, והשגחת הנצחיות. כמו שיתבארו לפנינו בעזרת השם.

Capítulo Cinco

La Providencia del Creador – Revelada y Oculta

Y encubriré y ocultaré Mi Rostro [Haster Astir]: Ocultamiento Doble

46) Y aquí las Escrituras dicen: "Entonces Mi ira será encendida contra ellos en ese día, y los abandonaré y 'ocultaré Mi rostro de ellos', y serán devorados; y muchos males y problemas vendrán sobre ellos; y dirán en ese día '¿No han venido estos males sobre mí porque mi Creador no está dentro de mí?'. Y Yo 'encubriré y ocultaré' Mi Rostro en ese día debido a todo el mal que ellos han hecho porque se han vuelto a otros dioses" (Deuteronomio 31:17-18).

Y si usted mira atentamente, verá que al principio dice: "Mi ira será encendida, etc. [...] Y ocultaré Mi rostro" [*vehistarti Panai*], a saber: Un [Único] Ocultamiento; y luego dice: "y muchos males y problemas vendrán sobre ellos, etc. [...] Y Yo encubriré y ocultaré Mi Rostro" [*Haster Astir*], lo cual significa un Ocultamiento Doble. Debemos entender lo que significa este Ocultamiento Doble.

Aspectos del Frente (lit. Rostro) y la Espalda del Creador

47) Primero, debemos entender lo que el Rostro del Creador significa cuando las Escrituras dicen: "Ocultaré Mi rostro". Tiene usted que entender que esto es similar a [una situación donde] una persona ve el rostro de su amigo e inmediatamente lo reconoce. Sin embargo, este no

פרק חמישי
השגחת הבורא - גלויה ונסתרת

ואנכי הסתר אסתיר: הסתר כפול

מו) והנה הכתוב אומר (דברים לא' יז'), וחרה אפי בו ביום ההוא ועזבתים "והסתרתי פני" מהם והיה לאכל ומצאהו רעות רבות וצרות, ואמר ביום ההוא, הלא על כי אין אלקי בקרבי, מצאוני הרעות האלה. ואנכי הסתר אסתיר פני ביום ההוא, על כל הרעה אשר עשה, כי פנה אל אלהים אחרים.

וכשתסתכל בדברים תמצא, שמתחילה כתוב וחרה אפי וגו' והסתרתי פני וגו', דהיינו הסתר אחד, ואחר כך כתוב, ומצאוהו רעות רבות וצרות וגו' ואנכי הסתר אסתיר פני וגו', דהיינו הסתר כפול, וצריכים להבין הסתר כפול זה מהו.

בחינות פנים ואחור אצל השם יתברך

מז) ומתחילה נבין, מה הפירוש של הפנים של השם יתברך, שהכתוב אומר עליו והסתרתי פני. ותבין זה, בדומה לאדם, בשעה שרואה הפנים של חברו מכירו

es el caso cuando ve [a su amigo] por la espalda porque entonces no está seguro con respecto a la identificación y puede tener dudas, pensando que puede tratarse de alguien distinto de su amigo.

Este es también el caso con lo que está frente a nosotros aquí. Debido a que cada uno sabe y siente que el Creador es bueno y que es la naturaleza del bien otorgar bondad, por lo tanto cuando el Creador se mantiene repartiendo bondad a Sus seres creados, a quienes Él ha creado con generosidad, está considerado como si Su Rostro está expuesto a Sus seres creados. Y entonces cada uno Lo conoce y es familiar con Él, considerando que Él se comporta de una manera que es apropiada a Su Nombre y estatura, como se dejó claro anteriormente con respecto a la Providencia visible. (Estudie eso bien, asuntos 54-55; 97-98).

48) Verdaderamente, cuando Él se comporta con Sus seres creados de una manera opuesta a la mencionada arriba —cuando [Sus seres] reciben dolor y sufrimiento en Su mundo— esto es equivalente a la Espalda del Creador porque Su Rostro, esto es: el grado de Su completa bondad, está completamente oculta de ellos porque este tipo de conducta no encaja en Su Nombre. Esto es similar a ver al amigo de uno desde atrás y tener dudas con respecto a su identidad; pensar que puede ser alguien más.

Y este es el significado del pasaje: "Entonces Mi ira será encendida contra ellos… y ocultaré Mi Rostro de ellos" (Deuteronomio 31:17). Cuando el Creador está enojado (lit. Durante la ira) y las personas son afligidas con problemas y dolores, resulta que el Creador oculta Su Rostro, Su completa benevolencia, y solo su espalda es aparente. En este estado, se requiere gran fortalecimiento en nuestra confianza en Él para que tengamos cuidado de [cualesquiera] pensamientos de transgresión dado que es difícil conocerlo a Él por detrás. Y este [Ocultamiento del Rostro] es llamado Un [solo] Ocultamiento.

תיכף, מה שאין כן ברואהו דרך אחוריו, כי אז אינו בטוח בהכרתו, ועלול להיות בספק אולי אחר הוא, ואינו חברו.

וכן הדבר שלפנינו, כי הכל יודעים ומרגישים את השם יתברך כי טוב הוא, ומדרך הטוב להיטיב, ולפיכך בשעה שהשם יתברך הולך ומטיב עם בריותיו אשר ברא כמתנת ידו הרחבה, נבחן זה, שפניו יתברך מגולות לבריותיו, כי אז הכל יודעים ומכירים אותו בהיותו מתנהג כראוי לשמו יתברך, כמו שנתבאר לעיל בדבר ההשגחה הגלויה, (עש"ה עיין שם היטב סעיפים נד'-נה'; צז'-צח').

מח) אמנם בשעה שמתנהג עם בריותיו להיפך מהאמור, דהיינו בעת שמקבלים יסורים ומכאובים בעולמו יתברך, הרי נבחן זה לאחורים של השם יתברך, כי הפנים שלו, דהיינו מידת טובו השלמה, נסתרה מהם לגמרי, שאין מנהג זה מתאים לשמו יתברך. ודומה, לרואה את רעהו מאחוריו, שהוא עלול להטיל ספק ולחשוב אולי אחר הוא.

וזש"ה וזה שאומר הכתוב, וחרה אפי וגו' והסתרתי פני מהם וגו', כי בעת חרון האף, שהבריות מקבלים צרות ומכאובים, נמצא שהקדוש ברוך הוא מסתיר פניו יתברך, שהם מידת טובו השלמה, ורק אחוריו מגולים. ואז, צריכים להתחזקות גדולה באמונתו יתברך כדי להזהר מהרהורי עבירה חס ושלום, משום שקשה להכירו מאחוריו, כמבואר. וזהו הנקרא הסתר אחד.

Interpretación del Ocultamiento del Rostro solo, y el Ocultamiento del Rostro y la Espalda juntos

49) Verdaderamente, cuando los problemas y el dolor son incrementados a un grado excepcional, el Cielo no lo permita, esto causa un doble ocultamiento, que es llamado en los libros [kabbalísticos] Ocultamiento dentro del Ocultamiento, lo que significa que ni siquiera Su Espalda no puede ser vista más, el Cielo no lo permita. Esto significa que la gente no cree que el Creador está enojado con ellos y los está castigando, sino que, el Cielo no lo permita, culpan todo a la casualidad y a la naturaleza, y a través de este [pensamiento, ellos] llegan a una negación herética de Su Providencia de recompensa y castigo. Y esto es lo que se quiso decir con "y encubriré y ocultaré Mi Rostro [*Haster Astir*]... porque uno se ha vuelto a otros dioses". En otras palabras, uno ha llegado a la herejía y, el Cielo no lo permita, se ha vuelto a la idolatría.

50) Este no era el caso preestablecido, donde las Escrituras hablan acerca de solamente un ocultamiento y terminan por decir: "¿No es porque mi Creador no está dentro de mí que estos males han caído sobre mí?" (Deuteronomio 31:17). Esto significa que [aquí] la gente todavía cree en la Providencia de recompensa y castigo, y dicen que merecen la pena y el dolor porque no se adhieren al Creador, como está dicho: "Es porque mi Creador no está dentro de mí que todos estos problemas han caído sobre mí". Aquí está considerado que ellos todavía ven al Creador, pero solamente por Su Espalda. Es por esto que es llamado Un Ocultamiento: esto es: el Ocultamiento del Rostro solo.

ביאור הסתר הפנים בלבד, והסתר הפנים ואחור יחד

מט) אמנם ברבות חס ושלום הצרות והמכאובים במידה מרובה ביותר, הנה גורם זה להסתר כפול, שנקרא בספרים, הסתר תוך הסתר, שפירושו שאפילו אחוריו יתברך אינם נראים חס ושלום, כלומר, שאינם מאמינים שהשם יתברך כועס עליהם ומענישם, אלא תולים חס ושלום זאת במקרה ובטבע ובאים לידי כפירה בהשגחתו יתברך בשכר ועונש. וזש"ה וזה שאומר הכתוב ואנכי הסתר אסתיר פני וגו', כי פנה אל אלהים אחרים, דהיינו שבאים לידי כפירה, ופונים לעבודה זרה חס ושלום.

נ) מה שאין כן לפני זה, שהכתוב מדבר רק מבחינת הסתר אחד, מסיים הכתוב, "ואמר ביום ההוא, הלא על כי אין אלקי בקרבי מצאוני הרעות האלה" (דברים לא', יז'). כלומר, שמאמינים עוד בהשגחת שכר ועונש, ואומרים שהצרות והיסורים מגיעים להם מחמת שאינם דבוקים בהשם יתברך, ככתוב, על כי אין אלקי בקרבי מצאוני הרעות האלה, שזה נבחן שרואים עוד את השם יתברך, אבל רק דרך אחוריו. ועל כן נקרא הסתר אחד, דהיינו הסתר הפנים בלבד.

Un hombre malo que no es totalmente malo, y un hombre malo que es totalmente malo

51) Esto explica los dos aspectos de la Providencia Oculta que perciben los seres creados, esto es: el Ocultamiento Único [solo] y el Ocultamiento dentro del Ocultamiento. Un Ocultamiento significa solamente el Ocultamiento del Rostro, pero la Espalda todavía es vista. Esto significa que ellos creen que el Creador les ha causado sufrir como un castigo, y aunque son llevados a la transgresión porque es más difícil reconocer siempre al Creador por Su Espalda, como hemos explicado ya que son mencionados como un "[hombre] malo que no es completamente [malo]". Esto significa que sus transgresiones son similares a ofensas no intencionales porque transgredieron (lit. las hicieron) debido a su grado alto de sufrimiento. Pero en general, [tales personas] todavía creen en la recompensa y el castigo, como hemos discutido.

52) Y Ocultamiento dentro del Ocultamiento significa que hasta la Espalda del Creador está oculta de [la gente] porque no creen en la recompensa y el castigo, como se mencionó anteriormente. En este caso, sus transgresiones son consideradas como acciones intencionales, y son llamados "completamente malos" porque son herejes que dicen que el Creador no supervisa a Sus seres creados. Y así, se vuelven a la idolatría, como está escrito: "… se volvió hacia otros dioses", el Cielo no lo permita.

Una vez que uno ha terminado de hacer un esfuerzo, entonces el Creador lo ayuda

53) Debemos saber que cuando se llega al trabajo [espiritual] que hace uno para cumplir con la Torá y los Preceptos a través del libre albedrío, que esto, como se explicó antes, es a través de los dos aspectos de la Providencia Oculta. Y acerca de tal tiempo, Ben Ha-Ha dice: "La

דרגות: רשע שאינו גמור ורשע גמור

נא) והנה נתבארו ב' הבחינות של תפיסת ההשגחה הנסתרת המורגשות לבריות, דהיינו הסתר א', והסתר תוך הסתר. ההסתר הא' פירושו, הסתר פנים בלבד, והאחוריים מגולים להם, כלומר שמאמינים, שהשם יתברך סיבב להם היסורים מחמת עונש, ואף על פי שקשה להם להכיר את השם יתברך תמיד דרך אחוריו, כמבואר לעיל, שבאים מחמת זה לידי עבירה עם כל זה, אפילו אז, נקראים בבחינת רשע שאינו גמור, כלומר, שהעבירות הללו דומות לשגגות, כי הגיעו להם מחמת ריבוי היסורים, שהרי בכללות המה מאמינים בשכר ועונש כאמור.

נב) והסתר תוך הסתר, שפירושו שאפילו אחוריו של הקדוש ברוך הוא נסתרו מהם, כי אינם מאמינים בשכר ועונש כנזכר לעיל, הנה העבירות שבידיהם נבחנות לזדונות, ונקראים רשעים גמורים, משום שהם פוקרים ואומרים שהשם יתברך אינו משגיח כלל על בריותיו, ופונים לעבודה זרה, כמ"ש כמו שאומר הכתוב, כי פנה אל אלהים אחרים, חס ושלום.

אחרי שהאדם משלים יגיעתו אז עוזר לו השי"ת

נג) וצריכים לדעת, שכל ענין העבודה, הנוהגת בקיום התורה והמצוות בדרך הבחירה, נוהגת בעיקר בב' הבחינות של ההשגחה המוסתרת האמורות. ועל הזמן ההוא, אומר בן הא הא, לפום צערא אגרא לפי המאמץ - השכר (פרקי אבות ה', כב'). שהיות שהשגחתו יתברך אינה גלויה, ואי

recompensa es [siempre] de acuerdo al esfuerzo" (Tratado *Avot* 5:22). Esto es porque Su Providencia no es una Revelada y es imposible verlo excepto a través del Ocultamiento del Rostro, esto es: solamente por la Espalda. Esto es similar a una persona que ve a su amigo por la espalda y puede dudar y pensar que [el amigo] es alguien más.

Así, de esta manera, el libre albedrío [para decidir] si cumplir la Voluntad del Creador o, el Cielo no lo permita, transgredirla, está siempre en las manos del individuo debido a que el problema y el dolor que experimenta le causa dudar de la realidad de la supervisión del Creador sobre Sus seres creados, como se explicó antes. Ya sea que esta [transgresión] tome la primera forma, que es los pecados no intencionales o, el Cielo no lo permita, la segunda forma, que es intencional.

Si es la una o la otra, él está en gran pena y pasa a través de mucho trabajo duro y esfuerzo. Y acerca de dicho tiempo, las Escrituras dicen: "Lo que sea que esté en tu capacidad hacer, hazlo con tu fuerza, etc." (Eclesiastés 9:10). Esto es porque una persona no merecerá la revelación del [Rostro del] Creador, lo cual significa la medida completa de Su bondad, antes de que él haga un esfuerzo y haga algo y todo lo que está dentro de su poder hacer, y [ganará] la recompensa de acuerdo a su esfuerzo.

54) Y verdaderamente, después de que el Creador ve que esta persona ha completado su labor y ha terminado todo lo que necesitaba hacer con el poder de su libre albedrío y una fuerza creciente en su confianza en el Creador, entonces el Creador lo ayuda y él merece alcanzar la Providencia visible, esto es: la Revelación del Rostro. Y luego él gana arrepentimiento completo (*teshuvá*), lo que significa que él "regresa" (*shav*) y una vez más se adhiere al Creador con todo su corazón, su alma y su fuerza. Es como si él es atraído del lado de estar consciente de la Providencia visible.

אפשר לראותו יתברך אלא בהסתר פנים, דהיינו רק דרך אחוריו, בדומה לאדם הרואה רעהו מאחוריו שעלול להטיל ספק ולחשוב אולי אחר הוא.

הנה בדרך זאת, נמצאת תמיד הבחירה בידי האדם, אם לקיים רצונו יתברך או חס ושלום לעבור על רצונו, כי הצרות והמכאובים שמקבל, מביאים לו את הספק במציאות השגחתו יתברך על בריותיו, כנ"ל, אם כבחינה א', שהמה שגגות, אם חס ושלום כבחינה ב' שהמה זדונות, עש"ה.

ובין כך ובין כך, הוא נמצא בצער רב ויגיעה מרובה, ועל הזמן ההוא אומר הכתוב, כל אשר תמצא ידך לעשות בכחך עשה וגו' (קהלת ט', י'), כי לא יזכה לגילוי הפנים, שפירושו המידה השלימה של טובו יתברך בטרם שישתדל ויעשה, כל מה, שאך בידו ובכחו לעשות, ולפום צערא אגרא ולפי היגיעה - השכר.

נד) אמנם אחר שרואה השם יתברך, שהאדם השלים מידת יגיעתו, וגמר כל מה שהיה עליו לעשות בכח בחירתו והתחזקותו באמונת השם יתברך, אז עוזר לו השם יתברך, וזוכה להשגת ההשגחה הגלויה, דהיינו לגילוי פנים, ואז זוכה לתשובה שלימה, שפירושה ש"שב" ומתדבק בהשם יתברך בכל לב, נפש ומאד, כמו שנמשך מאליו מצד ההשגה של ההשגחה הגלויה.

Por medio de percibir la Providencia la persona se vuelve confiada en que no pecará

55) La conciencia antes mencionada y el arrepentimiento vienen a una persona en dos etapas. La primera [etapa] es una percepción absoluta de la Providencia de recompensa y castigo. Además de percibir muy claramente que la recompensa de cada Precepto es para el Mundo por Venir, él también es dotado con delicia maravillosa inmediatamente en este mundo durante el cumplimiento del Precepto. Y más aún, además de recibir el castigo amargo, el cual llegará (lit. será atraído) después de su muerte por cada transgresión [que él hizo durante su vida], también gana la capacidad de sentir el sabor amargo de cada transgresión aún mientras está vivo.

Y por supuesto, una persona que merece esta Providencia visible está muy segura de que nunca cometerá otra vez algún pecado, tal como una persona que seguramente no cortará sus propios miembros y se causará una agonía tremenda. Y él también se vuelve muy seguro de que no dejará Precepto alguno sin cumplir inmediatamente que este aparezca en su camino, tal como una persona que ciertamente no dejará [de hacer uso de] algún placer o algún provecho grande que se atraviese en su camino en este mundo.

El Arrepentimiento (*Teshuvá*): Testimonio del Creador y la revelación del aspecto del Rostro

56) Con esto, usted entenderá lo que nuestros sabios dijeron: "¿Cómo sabemos que el arrepentimiento (*teshuvá*) [ha sido hecho]?", "Cuando Aquel Quien conoce todos los misterios testifica que [un pecador] no regresará a su necedad" (de acuerdo con Salmos 85:9). Estas parecen ser palabras sorprendentes porque si [son verdad], ¿quién puede ascender al Cielo a

בהשגת ההשגחה האדם בטוח בעצמו שלא יחטא

נה) והנה השגה זאת ותשובה זו האמורות, באות לו לאדם בב׳ מדרגות, שהראשונה היא, השגת השגחת שכר ועונש בהחלט, ומלבד שמשיג בהשגה ברורה את שכרה של כל מצוה לעולם הבא, זוכה גם כן להשיג התענוג הנפלא שבעת קיום המצוה, תיכף בעולם הזה. וכן מלבד שמשיג העונש המר, הנמשך מכל עבירה לאחר מיתתו, זוכה גם כן להרגיש את טעמה המר של כל עבירה, גם כן בעוד בחיים חיתו.

ומובן מאליו, שהזוכה להשגחה הגלויה הזאת, בטוח בעצמו שלא יחטא עוד, כמו שאדם בטוח שלא יחתוך באבריו ויגרום לעצמו יסורים נוראים. וכן בטוח בעצמו, שלא יעזוב המצוה מלקיימה תיכף כשבאה לידו, כמו שהאדם בטוח, שלא יעזוב שום תענוג העולם הזה או ריוח גדול הבא לידו.

תשובה: עדות השי״ת וגילוי בחינת פנים

נו) ובזה תבין מ״ש ז״ל מה שאמרו חכמינו זכרונם לברכה, היכי דמי מה היא תשובה, עד שיעיד עליו יודע תעלומות שלא ישוב לכסלו עוד (לפי תהילים, פה׳, ט׳). שלכאורה הדברים מתמיהים, שאם כן, מי יעלה השמימה לשמוע עדותו של השם יתברך,

oír el testimonio del Creador, y ante quién ha de dar el Creador este testimonio? ¿No es suficiente que el Creador Mismo sepa que esta persona verdaderamente se ha arrepentido con todo su corazón y no pecará otra vez?

De lo que ha sido explicado, resulta que esta [la respuesta] es muy simple. En realidad, antes de alcanzar la conciencia de la Providencia de recompensa y castigo que hemos comentado, a saber: la Revelación del Rostro, como se mencionó antes, uno nunca está seguro de que no volverá a pecar. Y esta Revelación del Rostro que llega como salvación del Creador es llamada 'testimonio', porque es la salvación del Creador Mismo la que ha originado la percepción de la recompensa y el castigo, lo que garantiza que una persona nunca vuelva a pecar, como se explicó antes.

Esto es equivalente al Creador dando testimonio [en nombre del pecador]. Y esto es lo que se quiso decir con: "¿Cómo sabemos que el arrepentimiento ha sido hecho?" o puesto en forma diferente: "¿Cómo se asegura uno que se ha hecho el arrepentimiento completo?". Por lo tanto, una señal muy clara ha sido dada, a saber: "Cuando Aquel Quien conoce todos los misterios atestigua que él no regresará a su necedad", a saber: que él merecerá esta Revelación del Rostro, y entonces la salvación del Creador Mismo testificará "que él no regresará a su necedad", como hemos explicado.

Comentario de los Sabios que para aquel que se arrepiente por temor, sus pecados maliciosos son transformados en errores

57) Este mencionado arrepentimiento es llamado Arrepentimiento Por Temor (lit. temor reverencial). Porque [una persona puede] retornar (lit. arrepentirse) al Creador con todo su corazón y alma, al grado que Él, quien conoce todos los misterios atestigua en su favor que él no regresará

גם לפני מי צריך השם יתברך להעיד עדותו זאת, וכי לא מספיק שהשם יתברך בעצמו יודע, שהאדם שב בכל לבו ולא יחטא עוד.

ומהמתבאר הדבר פשוט לגמרי, כי באמת אין האדם בטוח לחלוטין שלא יחטא עוד, בטרם שיזכה להשגת ההשגחה של שכר ועונש המבוארת, דהיינו גילוי פנים כנ"ל. וגילוי פנים זה שמצד ישועת השם יתברך, מכונה בשם עדות, שהרי ישועתו יתברך בעצמו, להשגה הזו של שכר ועונש, היא המבטיחה לו שלא יחטא עוד, כמבואר לעיל.

ונבחן על כן, שהשם יתברך מעיד עליו. וז"ש, היכי דמי מה היא תשובה, כלומר, מתי יהיה אדם בטוח שזכה לתשובה שלמה. ועל כן נתנו לו אות ברור, דהיינו, עד שיעיד עליו יודע תעלומות שלא ישוב לכסלו עוד, כלומר שיזכה לגילוי פנים, שאז ישועתו יתברך עצמו מעידה עליו שלא ישוב לכסלו עוד, כמבואר.

ביאור מאמר חז"ל שהעושה תשובה מיראה זדונות נעשין לו כשגגות

נז) והנה תשובה זו האמורה נקראת בשם תשובה מיראה, כי הגם ששב אל השם יתברך בכל לב ונפש, עד שמעיד עליו יודע תעלומות שלא ישוב לכסלו עוד, כמבואר, עם כל זה הרי כל הבטחון הזה, שלא יחטא עוד, הוא מטעם השגתו והרגשתו, את העונש והיסורים הרעים הנמשכים

más a su necedad, como se explicó anteriormente. Al mismo tiempo, sin embargo, toda esta certeza de que no pecará otra vez es debida a su conciencia y temor del castigo terrible y las tremendas torturas que son causadas (lit. atraídas) por sus transgresiones. Es por esto que él está tan confiado en que no pecará otra vez, como se mencionó anteriormente, de la misma manera que está seguro de que no se causará tortura terrible, aunque finalmente, este arrepentimiento y esta confianza son solamente un resultado del temor [de él] al castigo causado por sus transgresiones. Esto significa que su arrepentimiento es solamente debido al temor al castigo, y por esta razón, es mencionado como Arrepentimiento Por Temor.

58) Esto explica las palabras de los sabios que [dicen]: "Una persona que tiene Arrepentimiento Por Temor merece que sus actos maliciosos (transgresiones intencionales) sean convertidas en errores no intencionados" (Tratado *Yomá* 86b). Y debemos entender cómo se hace esto. Lo que ha sido explicado anteriormente (en el asunto 52, empezando con las palabras: "Y el Ocultamiento..."), que las transgresiones intencionales que uno realiza le llegan del aspecto de recibir la Providencia del Doble Ocultamiento, que es Ocultamiento dentro del Ocultamiento. Esto significa que [la persona] no cree en la Providencia de recompensa y castigo, el Cielo no lo permita.

Pero [cuando una persona] está en el aspecto de Ocultamiento Único, que significa que cree en la Providencia de recompensa y castigo, pero debido a la abundancia de [su] sufrimiento, algunas veces puede ser llevado a pensamientos pecaminosos. [Esto sucede] porque aunque él cree que ha recibido este sufrimiento como un castigo, es todavía semejante a alguien que ve a su amigo desde atrás y puede perder la confianza y pensar que tal vez [este amigo] es alguien más (como se mencionó arriba. Estudie eso bien). Así, sus pecados son solamente errores no intencionales porque, en general, él cree en la recompensa y el castigo.

מהעבירות, אשר על כן בטוח בעצמו שלא יחטא כנ"ל, ע"ד על דרך שבטוח שלא יסבב לעצמו יסורים נוראים, אמנם סוף סוף, נמצאים התשובה והבטחון הזה, שהוא רק מחמת יראת העונשים הנמשכים מהעבירות, ונמצא שתשובתו היא רק מיראת העונש, ונקראת משום זה תשובה מיראה.

נח) ועם זה מובנים דברי חז"ל, שהעושה תשובה מיראה, זוכה שהזדונות נעשין לו כשגגות (מסכת יומא פרק ו', עמ' ב'), ויש להבין, איך נעשה זה ועם הנ"ל תבין היטב, כי נתבאר לעיל (אות סעיף נ"ב ד"ה והסתר), שהזדונות שהאדם עושה המה נמשכים לו, מבחינת קבלת ההשגחה של ההסתר הכפול, שהוא הסתר בתוך הסתר, שפירושו, שאינו מאמין בהשגחת שכר ועונש חס ושלום.

אמנם מבחינת הסתר אחד, שפירושו שמאמין בהשגחת שכר ועונש, אלא שמתוך ריבוי היסורים בא לפעמים לידי הרהורי עבירה, כי אף על פי שמאמין שהיסורים הגיעו לו מחמת עונש, עם כל זה דומה לרואה את רעהו מאחוריו, שעלול להטיל ספק ולחשוב אולי אחר הוא, כנ"ל עש"ה עיין שם היטב, שהחטאים האלה המה רק שגגות, שמתוך שמאמין בכלל בהשגחת שכר ועונש, ע"ש.

59) Por lo tanto, después de que [la persona] llegó a este Arrepentimiento Por Temor, esto es: en una clara percepción de la Providencia de recompensa y castigo hasta el punto en que es cierto que [la persona] no pecará [otra vez], entonces el aspecto de Ocultamiento dentro del Ocultamiento es completamente corregido para él. Porque ahora ve claramente que hay recompensa y castigo y le está claro que la abundancia de sufrimiento que ha sentido alguna vez en el pasado fue un castigo que vino directamente de la Providencia del Creador por los pecados que él ha cometido. Así que en retrospección, le está claro que él cometió un error amargo entonces.

Por lo tanto, él arranca todos aquellos actos que realizó intencionalmente por malicia, aunque no completamente, porque [ahora] son considerados (lit. se volvieron) errores no intencionales. En otras palabras, esto es parecido a las transgresiones que cometió que estaban en la categoría de Ocultamiento Único; cuando él tropezó debido a la confusión que le aconteció a causa de (lit. causada por) la abundancia de su sufrimiento, [ya que dicho sufrimiento] confunde la mente de una persona. Y estos son considerados errores no intencionales, como se mencionó arriba.

60) Sin embargo, el primer Ocultamiento del Rostro, que era su disposición [de mente] anterior, no fue corregida por este arrepentimiento; esta [corrección] es solamente de este punto en adelante, después de que ha merecido la Revelación del Rostro, como se mencionó arriba. Pero en términos del pasado, antes de que obtuviera arrepentimiento el Ocultamiento del Rostro y todas sus [transgresiones] no intencionales permanecen como eran sin ninguna corrección o cambio porque aún en ese tiempo él creía que la angustia y el sufrimiento vinieron a él como castigo, como está dicho (ver aquí, asunto 46): "¿No han venido estos males sobre mí porque mi Creador no está dentro de mí?" como se mencionó antes. Estudie eso bien.

נט) ולפיכך, אחר שזכה לתשובה מיראה הנ"ל, שפירושה בהשגה ברורה של השגחת שכר ועונש, עד שבטוח שלא יחטא, הנה נתקנת לו לגמרי, בחינת ההסתר בתוך הסתר, שהרי עתה רואה הוא בעליל, שיש השגחת שכר ועונש, וברור לו שכל ריבוי היסורים שהרגיש מעודו, היו לו לעונש מהשגחתו יתברך על החטאים שעשה, ואגלאי מלתא למפרע והתברר הדבר מלכתחילה, שהיתה לו אז טעות מרה.

ולפיכך עוקר הזדונות האלה משורשם, אמנם לא לגמרי, אלא שנעשים לו לשגגות, כלומר בדומה לעבירות שעשה מבחינת הסתר אחד, שנכשל, מחמת בלבול הדעת שהגיע לו מתוך ריבוי היסורים, שמעבירים את האדם מדעתו, שהמה נחשבים רק לשגגות כנ"ל.

ס) אמנם את הסתר הפנים הא', שהיה לו לפני זה, לא תיקן כלל בתשובתו זאת, רק מכאן ולהבא, אחר שזכה לגילוי פנים, כנ"ל. אבל לשעבר, בטרם שזכה לתשובה, הרי נשארו לו הסתר הפנים וכל השגגות כמו שהיו, מבלי שום תיקון ושינוי כלל, שהרי גם אז האמין, שהצרות והיסורים באו לו מחמת עונש, כמש"ה כמו שאומר הכתוב: (ראה כאן סעיף מו'), ואמר ביום ההוא על כי אין אלקי בקרבי מצאוני הרעות האלה, כנ"ל עש"ה עיין שם היטב.

El nivel de una persona justa incompleta, [esto es:] un mediocre

61) Sin embargo, [esta persona] no es todavía llamada "completamente justo". Solamente quien merece la Revelación del Rostro, a saber: la cantidad completa de la bondad del Creador como le es apropiada a Él (como se mencionó antes (asunto 55), empezando con las palabras: "El antes mencionado...") es llamado *tsadik* (recto o justo) porque [esta persona] justifica la Providencia [del Creador] como realmente es, esto es: Él trata a Sus seres creados con la mayor bondad y la mayor perfección, de tal manera que Él hace el bien tanto al bueno como al perverso. [Una persona que] ha ganado la Revelación del Rostro de este punto en adelante es merecedor de ser llamado *tsadik* (recto o justo).

Pero aun así, debido a que él corrigió solamente el aspecto del Ocultamiento dentro del Ocultamiento, el Ocultamiento Único no está corregido todavía sino de este punto en adelante. Como resulta, que en ese momento, antes de que él obtuviera el arrepentimiento, todavía no es merecedor de ser llamado "justo" porque el Ocultamiento del Rostro aún permanece como estaba. Y debido a esto, es llamado una "persona justa incompleta", significando que él todavía tiene que corregir su pasado.

62) Y él es llamado también "mediocre" porque después de que de alguna manera ha ganado Arrepentimiento Por Temor, fue hecho apropiado para merecer el Arrepentimiento Por Amor también por su [subsecuente] dedicación completa a la Torá y con buenas acciones. Y entonces merecerá el nivel de "justo completo". Como resultado él está ahora en el medio, entre el amor y el temor, que es por lo que es llamado un "mediocre". Este no fue el caso anterior, cuando ni siquiera era apto para prepararse para el Arrepentimiento Por Amor (Tratado *Yomá*).

63) Hemos por lo tanto explicado completamente (lit. bien) la primera etapa de percibir la Revelación del Rostro, esto es: [entender el concepto

דרגת צדיק שאינו גמור ובינוני

סא) ולכן עדיין לא נקרא צדיק גמור, כי הזוכה לגילוי פנים, שפירושו מידת טובו השלימה כראוי לשמו יתברך, (כנ"ל, אות סעיף נ"ה ד"ה דבור המתחיל [במילה] והנה) הוא הנקרא בשם צדיק, להיותו מצדיק את השגחתו יתברך כמות שהיא באמת, דהיינו שנוהג עם בריותיו בתכלית הטוב ובתכלית השלימות, באופן, שמיטיב לרעים ולטובים. ועל כן, כיון שזכה לגילוי פנים מכאן ואילך, ראוי להקרא בשם "צדיק".

אמנם מתוך שלא תיקן לגמרי אלא את בחינת הסתר בתוך הסתר, אבל בחינת הסתר א' עדיין לא תיקן, אלא רק מכאן ואילך כנ"ל, ונמצא שהזמן ההוא, דהיינו מטרם שזכה לתשובה, אינו ראוי עדיין להקרא בשם צדיק, שהרי אז נשאר לו הסתר הפנים כמו שהיה, ועל כן נקרא צדיק שאינו גמור, כלומר שעדיין יש לתקן את העבר שלו.

סב) ונקרא גם כן בינוני, משום שאחר שזכה על כל פנים לתשובה מיראה, נעשה מוכשר על ידי העסק השלם בתורה ומעשים טובים, לזכות לתשובה מאהבה גם כן, אשר אז, יזכה לבחינת צדיק גמור, ולפיכך נמצא עתה, שהוא הבינוני בין היראה לאהבה, שעל שם זה נקרא בינוני, מה שאין כן בטרם זה, לא היה מוכשר לגמרי אפילו להכין את עצמו לתשובה מאהבה (מסכת יומא).

סג) והנה נתבארה היטב המדרגה הראשונה של השגת גילוי הפנים, דהיינו, ההשגה והרגשת השגחת שכר ועונש, באופן שיעיד עליו יודע תעלומות שלא

de] comprender y sentir la Providencia de Recompensa y Castigo como el camino que Aquel Quien conoce todos los misterios, atestigua en favor [del pecador], [garantizando] que él no regresará nunca a su necedad, como se mencionó antes (asunto 56). Esto es llamado Arrepentimiento Por Temor, donde las acciones maliciosas [con intención del pecador] son consideradas como errores [no intencionales]. Y [por esta razón] es llamado un "justo incompleto" y es llamado también un "mediocre", como fue mencionado antes.

El percibir de Su Providencia Eterna

64) Y ahora aclararemos la segunda etapa de la percepción de la Revelación del Rostro, que es la percepción de la completa, verdadera y Eterna Providencia (*Hashgajá*). Esto significa [que la persona entiende que] el Creador supervisa (*mashguíaj*) a Sus seres creados en el sentido de ser Él ambos: bueno y proveedor de bondad a ambos, el malo y el bueno. Por lo tanto, [la persona] es llamada ahora un "justo completo", y [su] arrepentimiento es por amor. De ese modo sus acciones maliciosas se vuelven virtuosas. Así hemos explicado todos los cuatro aspectos de entender la Providencia [del Creador], las cuales son comunes entre los eres creados. Y hemos visto que los primeros tres aspectos —Ocultamiento Doble, Ocultamiento Único, y la Percepción de la Providencia Sobre la Recompensa y el Castigo— no son sino preparaciones a través de las cuales uno gana el cuarto aspecto, que es la percepción de la verdadera y eterna Providencia, lo cual será aclarado más adelante, con la ayuda del Creador.

65) Y debemos entender por qué el grado tercero [de la Providencia], que es la Percepción de la Providencia Sobre la Recompensa y el Castigo, no es suficiente para alguien. Como hemos dicho, [este grado] es uno en el cual Él, Quien conoce todos los misterios, testifica en favor [del pecador],

ישוב לכסלו עוד כנ"ל (ראה כאן, סעיף נו'), שזה נקרא תשובה מיראה, שהזדונות נעשו לו כשגגות, ונקרא צדיק שאינו גמור, וגם נקרא בינוני, כמבואר.

השגת השגחתו יתברך הנצחית

סד) ועתה נבאר את המדרגה השניה של השגת גילוי הפנים, שהיא השגת ההשגחה השלימה האמיתית הנצחית, שפירושה, שהשם יתברך משגיח על בריותיו בבחינת הטוב והמיטיב לרעים ולטובים, אשר עתה הוא נקרא צדיק גמור, ותשובה מאהבה, אשר זוכה שהזדונות נהפכו לו לזכויות. והנה נתבארו כל ד' הבחינות של הבנת ההשגחה, הנוהגים בבריות. אשר שלש הבחינות הראשונות, שהם: הסתר כפול, והסתר אחד, והשגת השגחת שכר ועונש, אינם אלא הכנות, שעל ידיהם יזכה האדם לבחינת הד', שהיא השגת ההשגחה האמיתית הנצחית, שענינה יתבאר לפנינו בע"ה.

סה) ויש להבין אמנם, למה לא די לו לאדם בחינה ג', שהיא השגת ההשגחה של שכר ועונש, שאמרנו, אשר כבר זכה שהיודע תעלומות מעיד עליו שלא יחטא עוד, ולמה נקרא עדיין בינוני או צדיק שאינו גמור, ששמו מוכיח עליו שעדיין

[garantizando] que no pecará otra vez, así que ¿por qué es todavía llamado un "mediocre" o un "justo incompleto"? Ya que este nombre prueba que su trabajo [espiritual] no es todavía deseado a los ojos del Creador, y [debe haber] allí alguna falta y algún defecto en [su dedicación] a la Torá y su trabajo [espiritual].

Explicar el Precepto de amar al Creador

66) Comencemos a aclarar la cuestión que algunos comentaristas han formulado con respecto al Precepto de amar al Creador. ¿Cómo podría la Torá Santa imponernos el cumplir un mandamiento que somos completamente incapaces de realizar? Es completamente posible para un ser humano forzarse a comprometerse a hacer algo, pero cuando se trata de amar, ninguna coerción y ninguna coacción en el mundo pueden ayudar. Y explican que una vez que una persona realiza todos los 612 Preceptos según la *Halajá* [de una manera explícita y apropiada] entonces un amor por el Creador es alcanzado automáticamente (lit. atraído) sobre él, y por lo tanto, está considerado dentro de su alcance cumplir [este Mandamiento] porque es capaz de esforzarse y dedicarse a realizar los 612 Preceptos y cumplirlos apropiadamente. Y así él gana un amor por el Creador también.

67) En verdad, estas palabras requieren una explicación más amplia porque finalmente el amor al Creador no debe haber sido puesto en nosotros (lit. llegado a nosotros) como un Precepto, ya que no constituye alguna acción o dedicación de nuestra parte para nada. Más bien, viene por sí mismo después que cumplimos los [otros] 612 Preceptos. Pero si este es el caso, el mandamiento de cumplir con los 612 Preceptos debió haber sido suficiente para nosotros, de modo que ¿por qué fue escrito el Precepto de amar [al Creador]?

אין עבודתו רצויה בעיני השם יתברך, ועדיין נמצא חסרון ופגם בבחינת התורה והעבודה שלו.

ביאור תוכן מצות אהבת ה'

סו) ונקדים לברר מה שהקשו המפרשים על המצוה של אהבת ה', כי איך חייבה אותנו התורה הקדושה במצוה שאין בידינו לקיימה כלל, שהרי על הכל אפשר לו לאדם, שיכוף את עצמו וישעבד את עצמו לקיימו, אבל על אהבה, אינם מועילים שום שעבוד וכפיה שבעולם. ותירצו, שמתוך שהאדם מקיים את כל תרי"ב (612) המצוות כהלכתן, נמשכת לו אהבת השם מאליה, ולפיכך נחשבת לו כמו בידו לקיימה, שהרי יכול לשעבד ולכוף את עצמו בתרי"ב (612) המצוות שיקיימן. כהלכתן, שאז זוכה גם באהבת ה'.

סז) אמנם דבריהם אלו צריכים עוד לביאור רחב, כי סוף סוף לא היתה אהבת ה' צריכה להגיע לנו בבחינת מצוה, מאחר שאין לנו בה שום מעשה ושעבוד כלל מידינו אלא שבאה מאליה אחר שנשלמים בתרי"ב (612) המצוות. ואם כן די לנו ומספיק לגמרי הציווי של תרי"ב (612) המצוות, ולמה נכתבה מצות האהבה.

Todos los atributos que son creados en un ser humano son por el trabajo [espiritual] para el Creador

68) Para entender esto, primero necesitamos un verdadero entendimiento de la esencia del amor por el Creador. Y uno debe saber que todas las tendencias y *midot* (atributos) inherentes a un ser humano para actuar con sus amigos son las mismas tendencias y atributos naturales que son necesarios para el trabajo [espiritual] para el Creador. De hecho, fueron creados y son inherentes a los humanos para empezar, por la razón de su función final, que es el destino y propósito supremo de todo los humanos. Esto está de acuerdo con el significado secreto del pasaje: "… Quien designa medios para que el desterrado no sea marginado de Él" (Samuel II 14:14) porque Él necesita que todos ellos [los atributos] se vuelvan completos de manera de recibir la abundancia y satisfacer el deseo del Creador.

Y esto es lo que quiso decir con el pasaje: "Todo aquel que es llamado con Mi Nombre, a quien Yo he creado para Mi gloria, a quien formé e hice" (Isaías 43:7) y también: "El Creador ha hecho todo en Su nombre" (Proverbios 16:4). Así, por ahora, un mundo completo ha sido preparado para el ser humano, de modo que todas estas tendencias y atributos naturales que están en él evolucionarán y serán perfeccionadas por su interacción con [otros] seres creados de una manera que serán merecedores de su propósito final. Y esto es lo que nuestros sabios dijeron: "Uno debe decir: 'El mundo fue creado para mí'", porque todos los seres creados del mundo son necesitados por cada individuo, porque [todos] ellos son los que [ayudan] desarrollan y preparan las tendencias y atributos de todo [otro] individuo, hasta que todos ellos son apropiados y están listos para volverse herramientas al servicio de Su labor [espiritual].

כל המדות שנבראו באדם הם בשביל עבודת השי"ת

סח) וכדי להבין זאת, צריכים מקודם להבנה אמיתית במהותה של אהבת ה' עצמה. ויש לדעת, שכל הנטיות והמדות הטבועות באדם לשמש עמהן כלפי חבריו, הנה כל אלו הנטיות והמדות הטבעיות כולן נחוצות לעבודת השם יתברך, ומתחילה לא נבראו והוטבעו באדם, אלא רק משום תפקידן הסופי האמור, שהוא תכלית וסוף כל האדם, בסו"ה בסוד הכתוב (שמואל ב', יד', יד'): ולא ידח ממנו נדח, אשר אז צריך להם לכולם, כדי להשתלם עמהם בדרכי קבלת השפע, ולהשלים חפץ ה'.

וז"ש וזה שכתוב: כל הנקרא בשמי ולכבודי בראתיו וגו' (ישעיה מג' ז'), וכן כל פעל ה' למענהו וגו' (משלי טז' ד'), אלא שבינתים הוכן לו לאדם עולם מלא, כדי שכל אלו הנטיות והמדות הטבעיות שבו, יתפתחו וישתלמו על ידי שיתעסק בהן עם הבריות, באופן, שיהיו ראויים לתכליתם וז"ש וזה שאמרו חז"ל, חייב אדם לומר בשבילי נברא העולם, משום שכל בריות העולם נחוצים ליחיד, שהמה המפתחים ומכשירים את נטיותיו ומדותיו, של כל אדם יחיד, עד שיוכשרו ויעשו לכלי שרת לעבודתו יתברך.

Capítulo Seis

Una Vida de Amor

Cuatro atributos [niveles] de amor entre una persona y su amigo

69) Al ser este el caso, debemos entender [cómo] la esencia de amar al Creador [surge] de los atributos [niveles] de amor que uno aplica a su amigo. Esto es porque el amor al Creador, por necesidad, fluye a través de estos atributos también porque fueron embebidos en los humanos desde el comienzo solamente por Amor (lit. en Nombre) del Creador como se explicó antes. Y cuando miramos a los atributos de amor entre una persona y su amigo, encontraremos en ello cuatro niveles de amor, uno encima del otro; es decir: dos que son cuatro [dos atributos; cada uno dividido en dos].

70) El primer [atributo] es Amor que Depende de Algo [amor condicional], lo que significa que debido a una abundancia de bondad, placer y beneficio que uno ha recibido de su amigo, su alma se adhiere [a ese amigo] con un amor maravilloso. En este [primer atributo de amor] hay dos niveles. El primero es que antes de que [estos dos amigos] aprendieran a conocer y amar uno al otro, ellos habían causado algo de daño uno a otro, pero no desean recordar eso porque "el amor cubre todas las faltas" (Proverbios 10:12). Y el segundo nivel es que ellos se han hecho siempre solamente bien uno a otro y traído beneficio uno al otro, y ningún indicio de daño o falta ha ocurrido nunca entre ellos.

72) El segundo [atributo] es Amor que No Depende de Algo [amor incondicional], lo que significa que uno ha reconocido que la excelente calidad de su amigo es magnífica y va más allá de cualquier cosa que pueda ser parecida o imaginada, y fuera de eso, su alma se adhiere [a

פרק שישי
חיים של אהבה

ארבע מדות של אהבה שבין אדם לרעהו

סט) וכיון שכן, הרי יש לנו להבין את מהותה של אהבת ה', מתוך מדות האהבה, שהאדם נוהג בהן כלפי חברו, אשר בהכרח גם אהבת ה' מושפעת במדות אלו, כי מתחילה לא הוטבעו באדם אלא לשמו יתברך, כמבואר לעיל. וכשנתבונן במדות האהבה שבין איש לרעהו, נמצא בהן ד' מדות של אהבה, זו למעלה מזו, כלומר, שתים שהן.

ע) הא' היא אהבה התלויה בדבר, שפירושה, אשר מרוב טובה ותענוג ותועלת שקיבל מחברו, דבקה בו נפשו בו באהבה נפלאה. ובזה ב' מדות: מידת א', שבטרם שהכירו ונתאהבו זה בזה, גרמו רעות אחד לחברו, אלא שאינם רוצים לזכור אותן, משום שעל כל פשעים תכסה אהבה (משלי י', יב'). ומידה ב' היא, שמעודם עשו טובות ותועלת זה לזה, ושום זכר של נזק ורעה כלשהם איננו ביניהם מעולם.

עב) הב' היא, אהבה שאינה תלויה בדבר, שפירושה, שהכיר מעלת חברו, שהיא מצויינת ועולה בהפלגה גדולה על כל המשוער והמדומה, שמתוך כך דבקה נפשו בו באהבה רבה לאין קץ. וגם כאן, יש ב' מידות: מידה א' היא, בטרם שמכיר כל הליכותיו ועסקיו של חברו עם אחרים שאז נבחנת אהבה זו, לאהבה בלתי

este amigo] indefinidamente y con abundante amor infinito. Y aquí también hay dos niveles. Un nivel es [amor] antes de que conozca todos los hábitos y actividades de su amigo [en relación con] otra gente. [Este nivel] es considerado un amor no absoluto porque su amigo puede tener algunas interacciones con otros, lo cual a primera (lit. superficial) vista [da la apariencia] que su desatención les causa daño y mal de manera tal que si la persona cariñosa los viera, entonces la excelencia de su amigo sería empañada [a sus ojos], y el amor entre ellos se arruinaría. Pero hasta ahora, él no ha visto estas actividades y, por lo tanto, su amor [de uno con el otro] es completo, grande y extremadamente maravilloso.

73) El segundo nivel en Amor que No Depende De Algo es el cuarto nivel del amor en general. Este también llega del reconocimiento de la alta calidad de su amigo, como se manifestó antes (ver aquí, asunto 72), excepto que ahora añadido a esto está el hecho de que él conoce acerca de todas las actividades e interacciones [de su amigo] con todos; ninguna está oculta. Y él ha investigado y encontrado que no solamente no hay defecto en ellas, sino que la bondad de él las sobrepasa sin fin, y va mucho más allá de lo que está previsto o imaginado, y ahora [su amor por su amigo] es "amor eterno y absoluto".

Los cuatro atributos del amor entre el hombre y la Presencia Divina

74) Estos cuatro atributos [niveles] de amor que ocurren entre una persona y su amigo también ocurren entre una persona y el Creador. No solamente así, sino que ellos han aparecido aquí en etapas, en el amor al Creador, por el camino de causa y efecto. Es imposible alcanzar alguno de [los niveles superiores] antes de que uno haya alcanzado el primer atributo de Amor que Depende de Algo [amor condicional]. Una vez que [la persona] ha alcanzado este [nivel] completamente, entonces este

מוחלטת, משום שנמצא לחברו אילו עסקים עם אחרים, שבשטחיות נדמה כמי שגורם להם רעות ונזק מתוך התרשלות, באופן, שאם היה האוהב רואה אותם היתה נפגמת כל מעלתו של חברו, והיתה האהבה מתקלקלת ביניהם. אלא שעדיין לא ראה עסקיו אלה, ולכן, עדיין אהבתם שלימה וגדולה בהפלאה יתירה.

עג) מידה ב" באהבה שאינה תלויה בדבר, היא המידה הד" של האהבה בכללה, היא באה גם כן מהכרת מעלה שבחברו כנ"ל (בסעיף הקודם), אלא נוסף על זאת עתה מכיר הוא כל עסקיו והליכותיו עם כל אדם, אף אחד מהם לא יחסר, ובדק ומצא שלא לבד שאין בהם שמץ דופי, אלא, טובתו מרובה עליהם לאין קץ, ועולה על כל המשוער והמדומה, ועתה היא "אהבה נצחית ומוחלטת".

ארבע מידות של אהבה בין אדם למקום

עד) והנה כל אלו ד' המידות של האהבה, הנוהגות בין איש לרעהו, המה נוהגות גם כן בין האדם למקום. ולא עוד, אלא שהמה נעשו כאן באהבת ה', בבחינת מדרגות, על דרך סיבה ומסובב, ואי אפשר לזכות בשום אחת מהן, בטרם שיזכה למידה הא' של האהבה התלויה בדבר, ואחר שזכה בה על שלימותה, המידה הא' הזאת מסבבת לו לזכות במידה הב', ואחר שזכה בה במידה הב' והגיע לסופה,

primer nivel [de atributos] se vuelve el trampolín (lit. causa) para que alcance el segundo, y después de que ha ganado el segundo y llegado a su final, [el segundo nivel] se vuelve entonces el trampolín (lit. causa) para que obtenga el tercer nivel, y luego el tercero lo conduce al cuarto, [culminando en] el amor eterno.

75) Esto genera una pregunta: ¿Cómo puede ser posible (lit. descrito) para una persona merecer el primer grado de amar al Creador, que es el primer atributo de Amor que Depende de Algo, refiriéndose al amor [condicional] que resulta de la gran bondad que recibió de su amado cuando sabemos que "la recompensa no es recibida en este mundo"? (ver asunto 44).

Y aún más así, [¿cómo puede esto ser posible?], cuando de acuerdo con lo que ha sido explicado, cada uno tiene que pasar a través de los primeros dos aspectos de la Providencia en el modo de Ocultamiento del Rostro, lo que significa que Su Rostro, esto es: Su bondad —ya que es la naturaleza del bien otorgar bondad— estaba oculto en ese tiempo, como se mencionó antes (asunto 47 empezando desde las palabras: "Al principio..."). Estudie bien eso. Y es por esto que recibimos penas y sufrimiento (ver allí).

Verdaderamente, ha sido explicado que la total dedicación a la Torá y al trabajo [espiritual] por medio del libre albedrío ocurrirá mayormente durante el tiempo del Ocultamiento del Rostro (ver aquí, asuntos 47-48). Al ser este el caso, ¿cómo puede uno imaginar que puede alcanzar el segundo nivel del Amor que Depende de Algo —significando esto que desde el principio hasta este día preciso, la persona amada le ha hecho solo abundantes y maravillosos favores, y no le ha causado ni pizca de mal de cualquier clase— para no decir nada acerca de alcanzar el tercer y cuarto grados?

הרי היא מסבבת לו לזכות במידה הג', וכן המידה הג' למידה הד', לאהבה הנצחית.

עה) ולפי זה מתעוררת השאלה, איך יצוייר לו לאדם לזכות למדרגה ראשונה של אהבת ה', שהיא מידה א' של האהבה התלויה בדבר, שפירושה, אהבה הבאה מחמת רוב טובה שהשיג מהנאהב בעת שקיימא לן, שכר מצוה בהאי עלמא ליכא שכר מצווה לא קיים בעולם הזה (ראה כאן סעיף מד').

ומכל שכן לפי המתבאר, שכל אדם מוכרח לעבור, דרך ב' הבחינות הראשונות של ההשגחה בדרך הסתר פנים, שפירושה, שהפנים שלו יתברך, דהיינו, מידת טובו יתברך, שמדרך הטוב להיטיב, הן נסתרות באותו זמן, כנ"ל, (אות סעיף מ"ז ד"ה דבור המתחיל [במילה] ומתחילה) עש"ה עיין שם היטב, ולפיכך מקבלים אז צער ויסורים ע"ש.

אמנם נתבאר, שכל העסק בתורה ובעבודה דרך בחירה, נוהגים בעיקר בזמן ההוא של הסתר פנים, ע"ש עיין שם (סעיף מז'-מח'). ואם כן איך יצוייר, שיזכה למידה ב' של האהבה התלויה בדבר, שפירושה, שמעודו עד היום הזה עשה לו הנאהב רק טובות מרובות ונפלאות, ולא גרם לו שום שמץ של רע כל שהוא, ואין צריך לומר, שיזכה למדרגה ג' או ד'.

Interpretar las palabras de nuestros sabios: "Verás tu mundo en tu tiempo de vida, etc."

76) **Hemos verdaderamente** penetrado en aguas muy profundas, y por lo menos debemos salir con una perla preciosa. Por lo tanto, interpretaremos las palabras de nuestros sabios (Tratado *Berajot* 17a). "Nuestros sabios se iban de la casa de Rav Amí y algunos [otros sabios] dicen de Rav Haniná — le dijeron como sigue: '¡Definitivamente, tú verás tu mundo durante tu vida! Y estás destinado para la vida en el Mundo por Venir... y tus pasos se apresurarán para escuchar las palabras del Anciano"'. Fin de la cita [del Talmud].

Y esto demanda un [más profundo] entendimiento: ¿Por qué no dijeron: "Tú **recibirás** tu mundo durante tu vida", sino más bien: "Tú **verás**"? Y si ellos vinieron a bendecir, debían haber bendecido totalmente, esto es: que [una persona] debe alcanzar y recibir su mundo durante su vida. Y debemos entender también por qué una persona debe ver el Mundo por Venir mientras está vivo, siendo satisfecho con [la bendición] con la que él terminará en el Mundo por Venir. Y más: ¿por qué mencionaron esta bendición primero?

77) **Primero** que todo, uno debe entender lo que este "ver" del Mundo por Venir en la vida de uno realmente significa, porque ciertamente nada espiritual puede ser visto a través de los ojos físicos. Además, no es el hábito del Creador cambiar las leyes [de la Creación] que fueron establecidas en el Génesis. [Esto es] porque todas las ordenanzas establecidas en el principio de la Creación fueron arregladas por el Creador de una manera específica, exactamente [en una forma que] ellas [fueran] más útiles y exitosas para el propósito deseado de ellas: que a través de ellas, el hombre sea capaz de adherirse a Él, como se explicó antes, como dicen las Escrituras: "El Creador ha hecho todo por Su Nombre" (Proverbios 17:4). Siendo este el caso,

ביאור מאמר חז"ל : עולמך תראה בחייך כו'

עו) אמנם כן צללנו לתוך מים אדירים ולכל הפחות יש לנו להעלות מכאן מרגלית יקרה. ונבאר על כן מאמר חז"ל (תלמוד, מסכת ברכות י"ז, עמ' א'), כי הוו מפטרי רבנן מבי רבי אמי כשיצאו החכמים מבית רבי אמי, ואמרי לה מבי רבי חנינא ויש אומרים מבית רבי חנינא, אמרי ליה הכי אמרו לו כך: עולמך תראה בחייך, ואחריתך לחיי העולם הבא וכו' ופעמיך ירוצו לשמוע דברי עתיק יומין, עכ"ל עד כאן לשון [התלמוד].

ויש כאן להבין, למה לא אמרו עולמך תקבל בחייך, אלא, רק "תראה", ואם באו לברך, היה להם לברך בשלימות, דהיינו, שישיג ויקבל עולמו בחייו. ועוד יש להבין בכלל, למה לו לאדם לראות העולם הבא שלו בחייו, המצער הוא אשר אחריתו לחיי העולם הבא. ועוד, למה העמידו ברכה זו בראשונה.

עז) והנה קודם כל צריכים להבין, ראיה זו של העולם הבא שלו בחייו, איך היא. כי ודאי, שבעינים הגשמיות אין רואים שום דבר רוחני, גם אין מדרכו של השם יתברך לשנות סדרי בראשית, כי כל סדרי בראשית מתחילתם, לא סדרם השם יתברך בסדרים הללו, אלא משום, שהמה המוצלחים ביותר לתכלית הנרצית מהם, דהיינו, שיזכה האדם על ידיהם להתדבק בו יתברך כנ"ל, כמ"ש כמו שכתוב

debemos entender cómo una persona verá el mundo siguiente mientras está todavía vivo.

Con referencia al dicho de los sabios que el alma está hecha para tomar el juramento: "A tus ojos, serás como 'un perverso'"

78) Déjeme decirle que este "ver" llega a una persona por medio de la "apertura de los ojos" a la Torá Sagrada, como está escrito: "Abre mis ojos, para que yo pueda contemplar cosas maravillosas de Tu Torá" (Salmos 119:18). Y es por esto que al alma se le hace tomar un juramento antes de que entre en tu cuerpo (Tratado *Nidá*, 30b) que aun si el mundo entero te dice que eres una persona justa y virtuosa, debes aparecer perverso "a tus ojos". [El juramento] enfatiza "a tus ojos" porque mientras no has alcanzado la "apertura de ojos" a la Torá, debes considerarte perverso. Y no te debes engañar por la gran reputación que has obtenido por ser recto. Así esto aclara por qué "verás tu mundo con tus propios ojos" fue [puesto para estar] al principio de las bendiciones, porque antes de eso uno ni siquiera merece el grado de ser un "justo incompleto".

79) Verdaderamente, esto debe ser entendido apropiadamente: si alguien realmente sabe que ha seguido y aprendido toda la Torá, y si el mundo entero ha, igualmente, estado de acuerdo con él en eso, ¿por qué todo esto no sería suficiente? Más bien, él está siendo obligado (lit. juramentado) a considerarse continuamente como "un perverso". Y debido a que le está faltando la maravillosa etapa del "abrir los ojos" a la Torá, capacitándolo [así] para ver su mundo mientras está todavía vivo, lo consideras perverso; ¡esto es muy peculiar!

(משלי טז', ד'): כל פעל ה' למענהו. וא"כ ואם כן, יש להבין, איך יצוייר לאדם, ראיית עולמו בחייו.

במאמר חז"ל שמשביעים להנשמה "תהיה בעיניך כרשע"

עח) ואומר לך שראיה זו מגיעה לו לאדם על ידי "פקיחת עינים" בתורה הקדושה, עד"ה על דרך הכתוב (תהילים קיט', יח'): "גל עיני" ואביטה נפלאות מתורתך. ועל דבר זה משביעים לה לנשמה, בטרם ביאתה לגוף (מסכת נדה דף ל' עמ' ב'), אשר אפילו כל העולם יאמרו לך שצדיק אתה, תהיה "בעיניך" כרשע. דהיינו בעיניך דוקא, פירוש כל עוד שלא זכית לפקיחת "עינים" בתורה, תחזיק את עצמך כרשע, ובל תשטה את עצמך מכח הפרסום שיש לך בכל העולם לצדיק, ובזה תבין גם כן, למה העמידו הברכה של עולמך תראה בחייך בראש הברכות, כי לפני זה, אינו זוכה אפילו לבחינת "צדיק שאינו גמור".

עט) אמנם יש להבין, אם באמת יודע בעצמו, שכבר קיים כל התורה כולה, וכן כל העולם כולו הסכימו לו בזה, למה כל זה לא יספיק לו כלל, אלא שמושבע ועומד להחזיק את עצמו לרשע. ומשום, שחסרה לו המדרגה הנפלאה הזאת של פקיחת העינים בתורה, לראות עולמו בחייו, אתה מדמה אותו לרשע, דבר זה מתמיה ביותר.

La virtud de la espiritualidad trabajando para el Creador mediante el libre albedrío y esfuerzo

80) Las cuatro maneras que la gente concibe de la Providencia [del Creador] han sido explicadas, y estas incluyen dos de la categoría del Ocultamiento del Rostro y dos de la categoría de la Revelación del Rostro. Y fue explicado que el propósito (lit. sentido) del Ocultamiento del Rostro de los seres creados tiene la intención (lit. con gran intención) de dar a la gente espacio para esforzarse y dedicarse a Su trabajo [espiritual] —por medio de la Torá y los Preceptos— mediante el libre albedrío. Esto es porque un gran placer espiritual está siendo elevado [todo el camino] al Creador acompañado con su dedicación a Su Torá y Sus Preceptos; de hecho, más placer [con Sus seres creados] que con Sus ángeles en lo Alto, "quienes no tienen libre albedrío", quienes están más bien obligados a realizar sus deberes (lit. misión), como es sabido. Hay más razones significativas para esto, pero este no es el lugar para considerarlas con amplitud.

81) Y a pesar de todo el elogio mencionado acerca de la categoría del Ocultamiento del Rostro [este método de percibir la Providencia del Creador] no es considerado perfección, sino [que es] solamente una transición. Esto es porque [el aspecto del Ocultamiento del Rostro] es el lugar del cual la perfección entera a la que se aspira es alcanzada. Eso significa que la recompensa total que ha sido preparada para el hombre no es alcanzada solamente a través de su esfuerzo para estudiar la Torá y realizar buenas acciones durante el tiempo del Ocultamiento del Rostro, esto es: su hacer estas cosas mediante el libre albedrío. Este [período] es cuando él experimenta agonía porque está volviéndose más fijo en su confianza en el Creador y en realizar Su Voluntad. [Así] la recompensa total que obtiene está en proporción a la aflicción que experimenta en vivir de acuerdo con la Torá y los Preceptos. En las palabras de Ben Ha-

מעלת עבודת ה' מתוך בחירה ויגיעה

פ) אמנם כבר נתבארו ד' הדרכים של השגתם של בני האדם את השגחתו יתברך עליהם, שהן: שתים מבחינת הסתר הפנים, ושתים מבחינת גילוי הפנים. ונתבאר הטעם של "הסתרת הפנים" מהבריות, שהיא בכונה גדולה, כדי ליתן מקום לבני אדם להתיגע, ולעסוק בעבודתו יתברך בתורה ומצוות מבחינת "בחירה", כי אז עולה נחת הרוח לפני המקום מעבודתם בתורתו ומצוותיו, ביותר מהנחת רוח שלו מהמלאכים של מעלה, "שאין להם בחירה", אלא שמוכרחים בשליחותם, כנודע. גם יש עוד טעמים מובהקים ביותר, שאין כאן המקום להאריך בהם.

פא) ועם כל השבח האמור על בחינת הסתר פנים, איננה נחשבת לשלימות, אלא לבחינת "מעבר" בלבד. כי היא המקום, שמשם זוכים לכל השלימות המקווה, דהיינו, שכל שכר מצוה המוכן לאדם, אינו זוכה בה, אלא מתוך יגיעתו בתורה ומעשים טובים בזמן של הסתר הפנים, כלומר, מזמן שעוסק מכח "בחירה", כי אז יש לו צער מתוך התחזקותו באמונתו יתברך בקיום רצונו, וכל השכר של

Ha: "La recompensa está en proporción directa al esfuerzo [no hay dolor: no hay recompensa]".

El secreto de la "Torá" está en su valor numérico: 611

82) Y por lo tanto, toda persona debe atravesar está transición empezando con el momento del Ocultamiento del Rostro, y cuando eso está hecho, él gana entonces la Providencia visible, esto es: la Revelación del Rostro, como se mencionó antes. Pero antes de ganar la Revelación del Rostro, aunque uno ve la Espalda [del Creador], es imposible no pecar de vez en cuando, como se mencionó antes (asunto 53, empezando con las palabras: "Debemos…"). Estudie eso bien.

No solamente es la persona incapaz de cumplir los 613 Preceptos porque el amor no viene a través de coerción y fuerza, sino que uno no está completo aún con respecto a los 612 Preceptos porque el deseo de uno 'por temor' no está establecido apropiadamente, como fue mencionado antes. Este es el secreto del valor numérico (*gematría*) de la palabra "Torá", el cual es 611 (toda *gematría* es el secreto de la Espalda), de modo que uno no puede aun cumplir los 612 Preceptos. Y este es el secreto de: "porque él no luchará [heb. יריב] por siempre" (Salmos 103:9), porque al final, él está obligado a recibir la Revelación del Rostro, como se mencionó.

Las etapas de la Revelación del Rostro y el nivel de la persona que está dotada con la "apertura de los ojos" en la Torá

83) El primer grado de la Revelación del Rostro, que es la percepción de la Providencia de Recompensa y Castigo en completa claridad, no llega a una persona a menos que sea a través de la ayuda (lit. salvación) [del Creador], ya que él está entonces dotado con entendimiento maravilloso

האדם אינו נמדד, אלא לפי הצער שסובל מקיום התורה והמצוה, כדברי בן הא הא, לפום צערא אגרא לפי המאמץ כך השכר (פרקי אבות ה', כב').

סוד "תורה" בגימטריא תרי"א

פב) ולפיכך, מוכרח כל אדם לעבור ה"מעבר" הזה, של הזמן מהסתר הפנים, וכשמשלים זה, אז זוכה להשגת ההשגחה הגלויה, דהיינו, לגילוי הפנים כנ"ל. ובטרם שזכה לגילוי הפנים, ואף על פי שרואה את האחוריים, אי אפשר לו שלא יבא פעם לידי עבירה, כנ"ל (כאן, סעיף נג', ד"ה דבור המתחיל [במילה] וצריכים עש"ה עיין שם היטב.

ולא בלבד שאין בידו לקיים כל תרי"ג (613) המצוות, משום, שאין האהבה באה בדרך הכפיה והאונס, אלא אפילו בתרי"ב (612) מצוות גם כן אינו שלם, כי אפילו, היראה שלו אינה קבועה כהלכתה, כנ"ל. זה סוד, אשר "תורה" היא בגימטריא תרי"א (611) (שכל גימטריא הוא סוד אחוריים) שאפילו תרי"ב (612) אינו יכול לקיים כהלכתן, וזה סוד לא לנצח יריב וכו' (תהילים, קג', ט'), אלא סופו לזכות לגילוי הפנים, כאמור.

מדריגות גילוי הפנים ודרגת הזוכה לפקיחת עיניים בתורה

פג) והנה, מדרגה ראשונה של גילוי הפנים, שהיא השגת השגחת שכר ועונש בבירור המוחלט, אין זו באה לו לאדם, אלא על ידי ישועתו יתברך, שזוכה בפקיחת עינים בתורה הקדושה, בהשגה נפלאה. ונעשה כמעיין המתגבר כדברי רבי מאיר (פרקי אבות ו', א') ובכל מצוה שבתורה הקדושה, שכבר קיים אותה

con la "apertura de los ojos" a la Torá Santa. Y él se vuelve como una fuente que siempre fluye, de acuerdo con Rav Meir (Tratado *Avot* 6a). Y a través de cada Precepto de la Torá Santa que él había realizado con esfuerzo y por su propio libre albedrío, merece ver la debida recompensa que lo espera en el Mundo por Venir. Igualmente, [él es capaz de ver] la gran pérdida que llega con [cada] transgresión.

84) Y aunque la recompensa no lo ha alcanzado porque "la recompensa de un Precepto no se aplica a este mundo", aún así esta muy clara percepción es suficiente para que él de aquí en adelante sienta la gran delicia de cumplir cada Precepto porque "eso que debe ser colectado puede ser considerado como ya recibido". Esto es igual a un comerciante que ha hecho un trato que le ha producido una gran suma de dinero. Aunque ese dinero debe llegarle [solamente] después de largo tiempo, sin embargo, si él está seguro sin ninguna sombra de duda que la ganancia le llegará finalmente (lit. a tiempo), es feliz entonces como si la hubiera recibido de inmediato.

85) Por supuesto, tal visible Providencia indica que de ahora en adelante, uno se adherirá a la Torá y los Preceptos con todo su corazón, alma y ser, y también que él renunciará y huirá de las transgresiones como huye del fuego. Y aunque él todavía no es un 'justo completo', como se mencionó antes, debido a que no ha merecido Arrepentimiento Por Amor, su gran apego a la Torá y a las buenas acciones lo ayuda a gradualmente merecer también el Arrepentimiento Por Amor, que es el segundo grado de la Revelación del Rostro. Y entonces puede él cumplir todos los 613 Preceptos completamente y volverse un "justo completo".

מתוך היגיעה מבחירתו, זוכה ורואה בה את שכר המצוה המיועד לו לעוה"ב לעולם הבא. וכן ההפסד הגדול שבעבירה.

פד) ואף על פי שעדיין לא הגיע השכר לידו, כי שכר מצוה בהאי עלמא ליכא שכר מצווה לא בעולם הזה, עם כל זה מספיקה לו ההשגה הברורה הזאת מכאן ואילך, להרגיש התענוג הגדול בעת עשיית כל מצוה, כי כל העומד לגבות כגבוי דמי כל דבר העומד להגבות נחשב כאילו כבר נגבה. למשל, כסוחר שעשה עסק והרויח בו סכום גדול, אף על פי שעתיד הריוח להגיע לידו לאחר זמן רב, מ"מ מכל מקום אם הוא בטוח בלי שום צל של ספק קל, שהריוח יגיע לידו בזמן, הרי אצלו השמחה שוה, כמו שהגיע לידו תיכף.

פה) ומובן מאליו, שהשגחה גלויה כזאת מעידה עליו שמכאן ואילך יתדבק בתורה ומצות בכל לב ונפש ומאד, וכן שיפרוש ויברח מהעבירות כמו שבורח מפני אש, ואף על פי שאינו עוד צדיק גמור כנ"ל, משום שלא זכה עדיין לתשובה מאהבה, מ"מ מכל מקום, הדביקות הגדולה שלו בתורה ומעשים טובים עוזרת לו לאט לאט, לזכות גם כן, בתשובה מאהבה, דהיינו המדרגה הב' של "גילוי פנים", ואז יכול לקיים כל תרי"ג (613) המצוות בשלימות, ונעשה צדיק גמור.

Más sobre el dicho de los sabios acerca de que el alma tome un juramento

86) Y ahora la pregunta que hicimos con respecto al juramento —que aun si todo el mundo te dice que eres un justo, tú debes considerarte como perverso— que el alma debe hacer antes de venir a este mundo se nos ha aclarado (Tratado *Nidá* 30b; ver también aquí, asunto 78). Preguntamos por qué, si todo el mundo está de acuerdo en que él es un justo, ¿por qué él está [de todos modos] obligado a considerarse como perverso y [la opinión de] el mundo entero no ha de ser digna de confianza? Y debemos preguntar además —con respecto a la frase: "aún si todo el mundo entero dice, etc."—: ¿qué tiene que ver el testimonio del mundo entero con este asunto, ya que una persona se conoce mejor que todo el mundo? Así [el Creador] debe haber hecho que [esta persona] haga un juramento que "aún si tú sabes en tu interior que eres justo, etc.".

Y especialmente difícil [de entender] es la *Guemará* explícita [donde] Rabá dijo: "Una persona debe saber acerca de sí mismo si es completamente justo o no" (Tratado *Berajot* 61b). Fin de la cita. Esto significa que hay una obligación y una realidad práctica en verdaderamente volverse un "justo completo". Además, uno está obligado a investigar esta verdad y a informarse acerca de esto. Y si este es el caso, ¿cómo se hace que el alma haga un juramento para que sea siempre considerado "a sus propios ojos" como un perverso y en consecuencia nunca sabría por sí mismo la verdad, después de que nuestros sabios hicieron una exigencia opuesta, como se explicó?

עוד במאמר חז"ל על השבעת הנשמה

פו) ועתה מובן לנו היטב, מה שהקשינו בענין השבועה, שמשביעין את הנשמה טרם ביאתה לעולם הזה, אשר אפילו כל העולם אומרים לך צדיק, אתה תהיה בעיניך כרשע (מסכת נדה ל', עמ' ב' וגם סעיף עח' כאן), שהקשינו, מאחר שהעולם כולו מסכימים עמו שהוא צדיק, למה מחויב להחזיק עצמו כרשע, וכל העולם כולו לא יהיה נאמן לו. ויש עוד להוסיף להקשות, על הלשון "ואפילו כל העולם כולו אומרים וכו'", מה ענין העדות של העולם כולו לכאן, והלא האדם יודע בעצמו יותר מכל העולם כולו, והיה לו להשביעו שאפילו אתה יודע בעצמך שצדיק אתה, וכו'.

וביותר קשה, הלא גמרא מפורשת היא (מסכת ברכות סא' עמ' ב'), אמר רבא, לידע איניש בנפשיה יודע איש בנפשו, אם צדיק גמור הוא אם לאו, עכ"ל עד כאן לשונו. הרי, שיש חיוב ומציאות להיות באמת צדיק גמור, ולא עוד, אלא מחוייב לחקור ולידע בעצמו את האמת הזו, ואם כן, איך משביעים את הנשמה, שתמיד תהיה בעיניה כרשע, ושלא תדע לעולם את האמת בעצמה, אחר שחז"ל חייבו את ההיפך, כמבואר.

El Amor y el Temor vienen solamente después de la Percepción Divina

87) Verdaderamente, estas son palabras muy precisas. Ciertamente, la persona misma, mientras no haya merecido esta "apertura de los ojos" a la Torá por medio de suficiente percepción maravillosa para que gane la percepción completa de entender la recompensa y el castigo, no sería capaz de hacerse el tonto (lit. engañarse) en forma alguna presentándose (lit. percibiéndose) como un hombre justo. [Esto es] porque él aún siente por necesidad que le faltan dos de los más inclusivos Preceptos en la Torá, que son el Temor y el Amor.

Aun alcanzando [el nivel del] temor perfectamente —en el sentido de que Aquel que Conoce todos los misterios sería capaz de testificar en su favor, [garantizando] que no retornaría a su necedad debido a su profundo temor del castigo y la pérdida causada por la transgresión, como se mencionó antes— es algo totalmente duro para cualquiera de imaginar antes de que haya alcanzado un entendimiento completo, claro y absoluto con respecto a la Providencia de Recompensa y Castigo. Esto significa alcanzar la primera etapa de la Revelación del Rostro, que uno alcanza por medio de la "apertura de los ojos" a la Torá, como se mencionó antes. Y no es necesario decir en relación con [el nivel de] el amor, lo cual está más allá de la habilidad [de una persona para entender y obtener] porque depende del Entendimiento del Corazón, y ninguna cantidad de trabajo duro o coerción lo ayudará aquí.

88) Por consiguiente, el enunciado del juramento es: "aun si el mundo entero te dice que eres justo (*tsadik*) etc.". Esto es porque estos dos Preceptos, Amor y Temor, son dados a cada persona, y nadie entre todos los seres humanos, excepto esa persona, puede reconocerlos y conocerlos. Por esta razón, cuando la gente lo ve como habiendo cumplido (lit. completado en relación con) los 611 Preceptos, dicen inmediatamente

אהבה ויראה באים רק אחרי השגה שלימה

פז) אמנם, הדברים מדויקים מאד, כי האדם עצמו, כל עוד שלא זכה לפקיחת עינים בתורה בהשגה נפלאה, עד שיספיק לו להשגה ברורה בהשגת שכר ועונש, הנה ודאי, שלא יוכל לרמות את עצמו בשום אופן, להחזיק את עצמו כצדיק, כי מרגיש בהכרח, שחסרים לו ב' המצוות הכוללות ביותר שבתורה, שהן "אהבה ויראה".

שאפילו, לזכות ליראה בשלימות, דהיינו, באופן שיעיד עליו יודע תעלומות שלא ישוב לכסלו עוד, מחמת רוב יראתו, מהעונש וההפסד של העבירה, כנ"ל, הנה, זה לא יצוייר לאדם כלל, בטרם שיזכה להשגה שלימה וברורה ומוחלטת, בהשגחת שכר ועונש. דהיינו, הזכיה של מדרגה א' של גילוי פנים, המגיעה לו לאדם על ידי פקיחת עיניים בתורה, כנ"ל. ואין צריך לומר לאהבה, שענינה לגמרי מחוץ לגדר יכלתו, להיותה תלויה באבנתא דליבא בהבנת הלב, ושום יגיעה וכפיה אינה מועילה לו כאן.

פח) ולפיכך, לשון השבועה היא "ואפילו כל העולם אומרים לך שצדיק אתה וכו'". כי ב' המצוות האלו "אהבה ויראה" הן מסורות רק לאדם עצמו, ואין אחד מבני העולם זולתו, יכול להבחין בהן ולדעת אותן. ולפיכך, כיון שרואים אותו שלם בתרי"א (611) מצוות, מיד אומרים, שמן הסתם יש המצוות של אהבה ויראה ג"כ גם כן. ומתוך שטבע האדם מחייב להאמין לעולם, הריהו עלול מאד ליפול לטעות מרה, לפיכך, משביעים את הנשמה על זה, עוד טרם ביאתה לעולם הזה, והלואי

que lo más probable es que él haya adquirido los Preceptos de Amor y Temor también. Pero debido a que la naturaleza de un ser humano es creer siempre en la mayoría (lit. el mundo), es muy probable cometer un grave error, y es por esto que el alma es obligada a hacer un juramento, aún antes de venir a este mundo, y esto puede ser de algún beneficio para nosotros. Aunque hasta la persona misma, él está obligado a investigar y encontrar dentro de su propia alma si es completamente justo, como se mencionó antes (asunto 86).

89) También hemos aclarado la pregunta que fue hecha antes en relación con el mérito del amor. Preguntamos cómo podríamos siquiera alcanzar el primer grado de amor mientras al mismo tiempo: "la recompensa de un Precepto no se aplica a este mundo" (asuntos 44, 75, 84). Estudie eso bien. Y ahora es muy claro que uno no puede realmente necesitar recibir la recompensa por haber cumplido el Precepto en su propia vida, que es por lo que [nuestros sabios] han aclarado este punto (lit. hecho más preciso): "Verás" tu mundo en esta vida, pero acabarás con este en el Mundo por Venir (asuntos 76-77). Esto indica que la recompensa por cumplir los Preceptos no se aplica a este mundo, sino más bien al Mundo por Venir.

Ciertamente, para ver, para conocer y para sentir la recompensa que una persona está destinada a tener en el futuro en el Mundo por Venir, él tiene que saber esto verdaderamente y con claridad completa mientras aún está vivo. [Esta realización es hecha posible] a través de su asombroso entendimiento de la Torá, como se mencionó antes. Es entonces que él merece por lo menos el grado de Amor que Depende de Algo [amor condicional], que es el primer grado de salir del Ocultamiento del Rostro y entrar [en el grado de] la Revelación del Rostro. [Esta progresión] es esencial para que él cumpla apropiadamente la Torá y los Preceptos, de manera tal que "Aquel Quien conoce todos los misterios, testificará a su favor, [garantizando] que él no regresará a su necedad", como se

שיועיל לנו. אמנם, האדם כשהוא לעצמו מחוייב ודאי לחקור ולידע בנפשו אם צדיק גמור הוא, כנ"ל (סעיף פו').

פט) גם מובן היטב מה שהקשינו לעיל בדבר זכיית האהבה. הקשינו, איך אפשר לזכות אפילו למדרגה ראשונה של אהבה, בה בשעה שקיימא לן שכר מצוה בהאי עלמא ליכא שברור לנו ששכר מצווה אינו בעולם הזה, עש"ה עיין שם היטב (סעיפים מד', עה', פד') ועתה מובן היטב, שהרי, אינו צריך לקבל ממש, את שכר המצוה בחייו, כי על כן דייקו, עולמך "תראה" בחייך, ואחריתך לחיי העולם הבא (סעיף עו'-עז'), דהיינו, להורות ששכר מצוה בהאי עלמא ליכא ששכר מצווה אינו בעולם הזה, אלא, בעוה"ב בעולם הבא.

אמנם, לראות ולידע ולהרגיש שכר המצוה העתיד לבא בעולם הבא, הוא מוכרח באמת לדעת זה בבירור גמור, בעוד בחיים חיתו, דהיינו, על ידי השגתו הנפלאה בתורה כנ"ל, כי אז זוכה עכ"פ על כל פנים, לבחינת האהבה התלויה בדבר, שהיא מדרגה ראשונה של היציאה מהסתר פנים, וביאתו לגילוי פנים, המוכרחת לו לאדם לקיום תורה ומצוות כהלכתן, באופן שיעיד עליו יודע תעלומות שלא

discutió antes (asunto 56, empezando con las palabras: "De lo que ha sido explicado…"). Estudie bien eso.

Grados de Amor y Temor en un "justo completo" y en un "justo incompleto"

90) Y de aquí en adelante, debido a su esfuerzo para observar la Torá y los Preceptos por Amor Que Depende de Algo, lo cual llega del conocimiento de la recompensa que puede esperar en el Mundo por Venir del aspecto de: "eso que debe ser colectado puede ser considerado como ya recibido", como se mencionó arriba (asunto 84, empezando con las palabras: "Y aunque…"), entonces sigue adelante y merece el segundo grado de la Revelación del Rostro: el aspecto de la Providencia [del Creador] en el mundo que proviene de Su Eternidad y Su Verdad. En otras palabras, [el Creador] es bueno y benévolo con la [gente] mala, así como con la buena, de modo que la persona alcance el Amor que No Depende de Algo [amor incondicional], cuando sus actos maliciosos son transformados en méritos (ver asuntos 53-58). Y en adelante, él es llamado un "justo completo" porque puede cumplir con la Torá y los Preceptos con Amor y Temor y es así llamado "completo" porque tiene todos los 613 Preceptos en su totalidad.

91) Hemos así [tratado con y] resuelto nuestra pregunta anterior (asuntos 55-56) en relación con la persona que merece el tercer grado de la Providencia [del Creador], significando la Providencia Sobre la Recompensa y el Castigo, porque Aquel Quien conoce todos los misterios ya está atestiguando en su favor [de esta persona, garantizando] que él no regresará a su necedad, y sin embargo es llamado "justo incompleto"; vea allí. Y ahora está bien entendido que aún le falta un Precepto final, que es el Precepto del amor, como fue explicado. Y ciertamente no está completo debido a que él todavía, por necesidad, necesita completar el número de

ישוב לכסלו עוד, כנ"ל (סעיף נו', דבור המתחיל [במילה] ומהמתבאר) עש"ה עיין שם היטב.

דרגות אהבה ויראה בצדיק גמור וצדיק שאינו גמור

צ) ומעתה, מתוך שמתאמץ בשמירת התורה והמצוות מבחינת אהבה התלויה בדבר, הבאה לו מידיעת השכר העתיד לו בעולם הבא, מבחינת כל העומד לגבות כגבוי דמי העומד להגבות נחשב כאילו כבר נגבה, כנ"ל ראה סעיף פד' (ד"ה דבור המתחיל במילים ואע"פ ואף על פי), אז הולך וזוכה למדרגה הב' של גילוי הפנים, שהיא בחינת השגחתו יתברך על העולם מתוך נצחיותו ואמיתיותו, דהיינו, שהוא טוב ומיטיב לרעים ולטובים, וזוכה לאהבה שאינה תלויה בדבר, שאז הזדונות נעשים לו כזכויות (סעיפים נג'-נח'), ומשם ואילך, נקרא צדיק גמור, כי יכול לקיים התורה והמצוות באהבה ויראה, ונקרא גמור, כי יש לו כל תרי"ג (613) המצוות בשלימות.

צא) ומיושב גם כן מה שהקשינו לעיל (סעיף נה'-נו'), בזוכה בבחינה ג' של ההשגחה, דהיינו, השגחת שכר ועונש, שכבר יודע תעלומות מעיד עליו שלא ישוב לכסלו עוד, ועכ"ז ועם כל זה נקרא עדיין רק צדיק שאינו גמור, ע"ש עיין שם. ועתה מובן היטב, כי סוף סוף עדיין חסרה לו "מצוה אחת", דהיינו מצות

los 613 Preceptos, que son ellos mismos el primer paso sobre el umbral hacia la perfección.

92) Y en todo lo que ha sido dicho las preguntas específicas formuladas por [nuestros sabios] se han vuelto muy claras para nosotros. Porque ellos han inquirido: ¿Cómo puede la Torá ordenarnos amar, cuando este Precepto no está para nada al alcance de nuestras propias manos para dedicarnos a este Precepto en forma alguna, o siquiera tocarlo de alguna manera? Estudie eso bien. Y ahora, entenderá y verá que esto es contra lo que nuestros sabios nos advirtieron: "He trabajado duro y no encontré, no creo" (Tratado *Meguilá* 6b). Y también: "Una persona debe siempre dedicarse a la Torá y los Preceptos No por Ella Misma porque de No Por Ella Misma él llegará a Por Ella Misma" (Tratado *Pesajim* 50 y también ver aquí asunto 17). Y es con respecto a este asunto que el versículo proclama: "Aquellos que Me buscan diligentemente Me encontrarán" (Proverbios 8:17 y también ver aquí asunto 41).

האהבה, כמבואר, והוא אינו גמור ודאי, שהרי צריך לגמור בהכרח מספר תרי"ג (613) המצוות, שהן בהכרח הפסיעה הראשונה על מפתן השלימות.

צב) ובכל האמור, יתבארו לנו היטב הקושיות המפורשות, שהקשו, איך חייבה אותנו התורה במצות האהבה, בשעה שהמצוה הזאת איננה כלל בידינו לעסוק ולנגוע בה אפילו במגע כל שהוא עש"ה עיין שם היטב. ועתה, תבין ותראה, שעל הדבר הזה, הזהירונו חז"ל, יגעתי ולא מצאתי אל תאמן (מגילה, ו' עמ' ב'), וכן, לעולם יעסוק אדם בתורה ומצוות שלא לשמה, כי מתוך שלא לשמה בא לשמה (פסחים נ' וכן סעיף טז'). וכן שעל דבר זה מעיד הכתוב, ומשחרי ימצאונני (משלי ח' וכן סעיף מא').

Capítulo Siete
Una Vida de Capacidad Ilimitada

Más acerca de las palabras de los sabios: "He trabajado duro y he encontrado; ustedes deben creerme. No he trabajado duro y encontré; ustedes no deben creerme"

93) Y estas son las palabras de los sabios (Tratado *Meguilá* 6b): "Rav Yitsjak dijo: Si una persona te dice: He trabajado duro y no he encontrado, no debes creer. No he trabajado duro y he encontrado, no debes creer. He trabajado duro y he encontrado, debes creer. Estas palabras se refieren a dedicarse a [el trabajo espiritual de] los estudios de la Torá, pero en conversaciones [de negocios, trabajar duro y encontrar] es alcanzado a través de la ayuda del Cielo". Y nos hemos preguntado (ver arriba, asunto 40, empezando con las palabras: "Y debemos primero entender...") acerca de lo que está dicho [esto es] — "He trabajado duro y he encontrado, ustedes deben creer"— porque el lenguaje parece contradecirse. Después de todo, "trabajar duro" está en [la categoría de] el acto de ganar alguna propiedad, mientras que "encontré" está en [la categoría de] algo que uno obtiene sin intención y sin esfuerzo alguno. De modo que lo que debió haber sido dicho es: "He trabajado duro y he ganado la posesión" (Ver aquí asunto 40).

Pero usted debe saber que el término "encontrar" que es mencionado aquí se refiere a las palabras del pasaje: "Aquellos que Me buscan diligentemente Me encontrarán" (Proverbios 8:17). Esto se refiere a la presencia del Rostro del Creador, ya que hemos aprendido en el *Zóhar* que uno no puede encontrarlo a Él excepto en la Torá. Esto significa que trabajando duro en la Torá, uno finalmente merece encontrar la Revelación del Rostro del Creador (ver asunto 41).

פרק שביעי
חיים של יכולת בלתי מוגבלת

עוד במאמר חז"ל: "יגעתי ומצאתי, תאמן; לא יגעתי ומצאתי, אל תאמן".

צג) וזהו לשון חז"ל (מגילה דף ו' עמ' ב'): "אמר רבי יצחק, אם יאמר לך אדם יגעתי ולא מצאתי, אל תאמן, לא יגעתי ומצאתי, אל תאמן, יגעתי ומצאתי, תאמן. הני מילי בדברי תורה, אבל, במשא ומתן סיעתה דשמיא עזרה מן השמים הוא". והנה, הקשינו (לעיל כאן, סעיף מ' ד"ה דבור המתחיל [במילה] ונבין) על מ"ש מה שכתוב יגעתי ומצאתי תאמן, שהלשון לכאורה סותרת את עצמה, כי יגיעה נופלת על קנין, ומציאה נופלת על דבר שמגיע לו בלי טורח כלל ובהסח הדעת, והיה לו לומר, יגעתי וקניתי, ע"ש עיין שם (סעיף מ').

אמנם תדע, שלשון מציאה זו שמזכירים כאן, הכונה היא על לשון הכתוב "ומשחרי ימצאונני", וסובב על מציאות פניו של השם יתברך, ע"ד שאיתא בזוהר שאינם מוצאים אותו יתברך, אלא רק בתורה, כלומר, שעל ידי יגיעה בתורה, זוכים למצוא גילוי הפנים של השם יתברך (עיין שוב בסעיף מא').

Por lo tanto, los sabios fueron muy precisos cuando dijeron: "He trabajado duro y he encontrado; ustedes deben creer". Porque el "trabajar duro" [se refiere a dedicarse a] la Torá, y el "encontrar" es con respecto a la Revelación del Rostro de la Providencia del Creador (como se mencionó antes, asunto 47, empezando con las palabras: "Al principio..."). Y fue deliberado que no dijeron: "He trabajado duro y he ganado, por lo tanto, ustedes deben creer" o "He trabajado duro y he ganado la posesión", porque en esto podría haber sido engañoso, indicando que la obtención o la adquisición de la propiedad pertenece solamente a (lit. alrededor del) "ganar la posesión" de la Torá. Por esta razón, usaron un lenguaje muy preciso, diciendo: "he encontrado", significando que la intención es algo sobre y por encima de "ganar la posesión" de la Torá, a saber: el "encuentro" de la Revelación del Rostro del Creador, como está explicado.

94) Y ahora lo que fue dicho está siendo aclarado: "No he trabajado duro y he encontrado; ustedes no deben creer", porque [esta idea] parece sorprendente. ¿Quién sería tan tonto como para considerar en su mente la posibilidad de ganar la Torá sin la necesidad de trabajar duro por ello? Pero dado que todo está en el contexto de "Aquellos que Me buscan diligentemente Me encontrarán", esto significa que cualquiera, joven o viejo (lit. grande o pequeño), que busca al Creador, lo encontrará de inmediato. Esto es lo que está indicado por medio del lenguaje: "Aquellos que Me buscan diligentemente". Uno pensaría que [buscar al Creador] no necesita tanto trabajo duro y que hasta una persona inferior, que no está deseosa de invertir mucho esfuerzo en [el estudio], también lo encontraría. Por esta razón, fuimos prevenidos por los sabios que tal explicación no debe ser creída. Más bien, el trabajo duro es muy necesario aquí, por lo tanto: "No he trabajado duro y he encontrado; ustedes no deben creer".

ולפיכך דייקו חז"ל בדבריהם, ואמרו יגעתי ומצאתי תאמן: כי "היגיעה" היא בתורה, ו"המציאה" היא בגילוי הפנים של השגחתו יתברך (כנ"ל סעיף מז' ד"ה דבור המתחיל [במילה] ומתחילה). ובכונה לא אמרו, יגעתי וזכיתי תאמן או יגעתי וקניתי, כי אז היה מקום לטעות בדברים, שהזכיה או הקנין סובבים על קנין התורה בלבד, ולפיכך דייקו בלשון "מצאתי" להורות, שהכונה היא על דבר נוסף על קנין התורה, דהיינו, מציאות גילוי פניו של השגחתו יתברך, כמבואר.

צד) ובזה מתיישב גם כן מ"ש מה שכתוב, לא יגעתי ומצאתי אל תאמן, כי לכאורה תמוה מי פתי יעלה על דעתו, שאפשר לזכות בתורה בלי שיהיה צריך להתיגע עליה. אלא, מתוך שהדברים סובבים על הכתוב ומשחרי ימצאונני (משלי ח' יז') שהמשמעות היא כל מי שהוא, כקטן כגדול, המבקש אותו יתברך, תיכף מוצא אותו, כי כן מורה הלשון "ומשחרי", והיה אפשר לחשוב, שאין צריך לזה יגיעה כל כך, ואפילו איש פחות, שאינו מוכן ליתן על זה שום יגיעה, גם הוא ימצא אותו יתברך. לזה הזהירונו חז"ל, שאל תאמין לפירוש כזה, אלא, היגיעה היא הכרחית כאן, ולא יגעתי ומצאתי אל תאמן.

La razón por la cual la Torá es llamada con el nombre "Vida"

95) Y ahora usted entenderá por qué la Torá es llamada con el nombre "Vida" (ver otra vez el asunto 3), como está dicho: "He aquí que he puesto ante ti en este día la vida y el bien... etc." (Deuteronomio 30:15), y también: "... y escogerás la vida, etc." (Ibid. 19) y también: "Porque son vida para quienes los encuentran..." (Proverbios 4:22) porque este [nombre] se extiende a [la Torá] del pasaje escritural: "En la Luz del Rostro del Rey está la Vida..." (Proverbios 16:15). Dado que el Creador es la fuente de toda vida y todo bien, la vida es otorgada (lit. atraída a) aquellas ramas que cuelgan de su Fuente. Esto es dicho con respecto a aquellos que han trabajado duro y encontrado la Luz de Su Rostro en la Torá, lo cual significa que ellos habrán ganado la "apertura de los ojos" en la Torá con percepción maravillosa hasta que han merecido la 'revelación del Rostro del Creador', significando la percepción de la Providencia real, que es merecedora del Nombre del Creador "el Bien" porque es la naturaleza del Bien otorgar bondad, como hemos mencionado antes (Ver arriba, asunto 8, empezando con las palabras: "Hemos así..."); estudie eso bien.

96) Y aquellos [que son] merecedores ya no son capaces de divorciarse del cumplimiento de los Preceptos apropiadamente, tal como alguien que no puede divorciarse de un gran placer que le ha sobrevenido. De la misma manera, huyen de las transgresiones como uno correría alejándose de un fuego (como se mencionó arriba (asunto 83), empezando con las palabras: "El primer..."); estudie eso bien. Y acerca de estas [personas], está dicho: "Pero ustedes que se apegan al Eterno, su Creador, todos están vivos en este día" (Deuteronomio 4:4) porque Su amor viene a ellos y les es otorgado con amor natural a través de los canales naturales que fueron alistados para cada persona por medio de la naturaleza misma de la Creación. Esto es porque ahora la rama está adherida apropiadamente a su raíz y la vida le está constantemente siendo otorgada a él con gran abundancia de su Fuente. Y por esta razón, la Torá es llamada "*Jayim*" (Vida).

בטעם שהתורה נקראת בשם חיים

צה) ובזה תבין, למה נקראת התורה בשם חיים (עיין שוב בסעיף ג'), כמ"ש כמו שכתוב, ראה נתתי לפניך היום את החיים ואת הטוב וגו' (דברים ל' טו'), וכן ובחרת בחיים וגו', וכן כי חיים הם למצאיהם (משלי ד' כב'), כי דבר זה נמשך לה מהכתוב, כי באור פני מלך חיים (משלי טז'). בהיות שהשם יתברך הוא מקור כל החיים וכל הטוב, ועל כן, החיים נמשכים לאותם הענפים הדבקים במקורם, שזה אמור באותם שהתייגעו ומצאו אור פניו יתברך בתורה, דהיינו שזכו לפקיחת עינים בתורה בהשגה הנפלאה, עד שזכו לגילוי הפנים, שפירושו, השגת ההשגחה האמיתית הראויה לשמו יתברך "הטוב", ושמדרך הטוב להיטיב, כנ"ל (סעיף ח' ד"ה דבור המתחיל [במילה] והנה) עש"ה עיין שם היטב.

צו) והזכאים הללו, כבר אינם יכולים לפרוש את עצמם מקיום המצוה כהלכתה, כמו אדם שאינו יכול לפרוש את עצמו מתענוג נפלא שהגיע לידו, וכן בורחים מפני העבירה כבורח מפני הדליקה (כנ"ל סעיף פג' ד"ה דבור המתחיל [במילה] והנה) עש"ה. ועליהם נאמר (דברים ל' טו'): ...ואתם הדבקים בה' אלקיכם חיים כלכם היום, להיות אהבתו יתברך מגיעה ומושפעת אליהם באהבה טבעית, בצנורות הטבעיים המוכנים לו לאדם מטבע הבריאה, כי עתה נמצא הענף דבוק בשרשו כראוי, והחיים מושפעים לו בשפע רב ממקורו בלי הפסק, ועל שם זה נקראת התורה בשם חיים.

La virtud de trabajar duro en la Torá Por Ella Misma

97) Por lo tanto, nuestros sabios nos han advertido en un número de lugares que hay una precondición necesaria para el estudio de la Torá: que [tal estudio] debe ser específicamente Por Ella Misma significa que debe ser hecho de una manera para que la persona gane vida de [la Torá] porque es una Torá de vida. Y es por esto que [la Torá] nos fue dada, como está dicho: "Y escogerás la vida". Por lo tanto, toda persona, mientras se dedica a la Torá, debe trabajar duro con esta y darle su mente y su corazón, y [debe] encontrar en esta la Luz del Rostro del Rey de la Vida. Esto significa, percibir la Providencia visible, la cual es llamada la Luz del Rostro (como fue mencionado antes (asunto 47), empezando con las palabras: "En el principio").

Y cada uno es capaz de esto, como está dicho: "Aquellos que Me buscan diligentemente, Me encontrarán", y como está [también] dicho: "He trabajado duro y no he encontrado; ustedes no deben creer". Y no hay nada de lo que carezca una persona con respecto a esto aparte de trabajo duro, de acuerdo con el versículo: "Para quien se dedique a la Torá por Ella Misma solamente, su estudio de la Torá se vuelve una porción de vida" (Tratado *Taanit* 7a). Esto es: él debe poner su mente y su corazón para merecer la vida, que es el significado de Por Ella Misma, como hemos explicado (asunto 17).

El camino para llegar al Precepto del Amor

98) Ahora usted verá lo que los comentaristas inquirían con respecto al Precepto del Amor —es decir: que este precepto no está dentro de nuestra capacidad (lit. manos) cumplir porque el amor no llega a [una persona] a través de la coerción y sometimiento— no es [realmente] una pregunta porque [cumplir el Precepto del Amor] está completamente

מעלת היגיעה בתורה לשמה

צז) ולפיכך הזהירונו חז"ל במקומות הרבה, על תנאי המחוייב בעסק התורה, שיהיה "לשמה" דוקא, דהיינו, באופן שיזכה על ידיה לחיים, כי תורה חיים היא, ולדבר זה היא ניתנה לנו, כמ"ש, ובחרת בחיים. ולפיכך, מוכרח כל אדם, בשעת העסק בתורה, להתייגע בה וליתן דעתו ולבו, למצוא בה את אור "פני" מלך חיים, דהיינו, השגת ההשגחה הגלויה, שנקראת אור הפנים (כנ"ל סעיף מז' ד"ה דבור המתחיל [במילה] ומתחילה).

וכל אדם מוכשר לזה, כמ"ש כמו שכתוב: "ומשחרי" ימצאונני, וכמ"ש וכמו שכתוב יגעתי ולא מצאתי אל תאמן, וכלום חסר לו לאדם בדבר זה, רק היגיעה בלבדה, וז"ש וזה שכתוב, כל העוסק בתורה "לשמה" תורתו נעשית לו סם חיים (תענית ז' עמ' א'), דהיינו, רק שיתן דעתו ולבו לזכות לחיים, שזהו פירושו של לשמה, כמבואר (ראה סעיף טז').

הדרך להגיע למצות אהבה

צח) עתה תראה, שמה שהקשו המפרשים על מצות האהבה (ראה סעיף סו'), לומר, שהמצוה הזאת איננה בידינו, משום שאין האהבה באה בדרך כפיה ושעבוד, שאין זו קושיא כלל, כי הוא לגמרי בידינו, שהרי, אפשר לכל אדם להתייגע בתורה, עד שימצא השגת השגחתו יתברך הגלויה, כמ"ש ז"ל כמו

fuera de nuestro alcance. Después de todo, es posible para todos poner esfuerzo en la Torá, hasta que alcanza (lit. encuentra) la percepción de Su "Providencia visible". Esto es lo que nuestros sabios quisieron decir cuando dijeron: "He trabajado duro y he encontrado, [por lo tanto] ustedes deben creer". Y cuando [una persona] alcanza la "Providencia visible", el amor ya ha sido extendido a él por sus propios canales naturales, como hemos discutido antes (ver asunto 66).

Y quien no cree que puede alcanzar este nivel a través de su esfuerzo, cualquiera que pueda ser la razón, no necesariamente cree en las palabras de los sabios, el Cielo no lo permita. Él se imagina que trabajar duro no es suficiente para todas y cada una de las personas, que es lo opuesto del dicho [de los sabios]: "He trabajado duro y *no* he encontrado; ustedes no deben creer". Y [la opinión de esta persona] es también contraria al pasaje escritural: "Aquellos que Me buscan diligentemente, Me encontrarán", que se refiere específicamente (lit. dice particularmente) a "*aquellos* que Me buscan diligentemente", quienes quiera que "aquellos" puedan ser, jóvenes o viejos, pero el esfuerzo es ciertamente requerido de ellos.

La manera en la cual el Creador Se oculta en la Torá

99) De este comentario, usted puede entender también lo que nuestros sabios dijeron: que quien se dedica a la Torá No Por Ella Misma, entonces su Torá se vuelve para él una poción de muerte (Tratado *Taanit* 7a, y aquí, asunto 17). También, con referencia al pasaje: "Verdaderamente, Tú eres el Creador (*El*) quien Se oculta" (Isaías 54:15) ya que el Creador Se oculta en la Torá. Y hemos presentado una dificultad (ver arriba (asunto 41), empezando con las palabras: "Y hemos..."): sería razonable pensar que el Creador Se estaría ocultando, particularmente en los asuntos mundanos y en las vanidades de este mundo, que están fuera de la Torá, y no en la Torá misma, porque [lógicamente] toda revelación ocurre allí solamente. El

שאמרו [חכמינו] זכרונם לברכה, יגעתי ומצאתי תאמן, וכשזוכה להשגחה הגלויה, כבר האהבה נמשכת לו מאליה בצנורות הטבעיים, כמ"ש לעיל (ראה כאן סעיף 66).

ומי שאינו מאמין, שאפשר לו לזכות לזה על ידי יגיעתו, יהיה זה מטעם שיהיה, נמצא בהכרח שאינו מאמין חס ושלום, בדברי חז"ל, אלא מדמה לעצמו, שהיגיעה אינה מספקת לכל אדם, שהיא בניגוד למ"ש יגעתי ולא מצאתי אל תאמן. וכמו כן בניגוד לדברי הכתוב, שאומר ומשחרי ימצאונני, דהיינו "ומשחרי" דייקא דייק, יהיה מי שיהיה, כקטן כגדול. אמנם, ליגיעה הוא צריך ודאי.

אופן הסתרת הקב"ה את עצמו בתורה

צט) ומהמתבאר תבין גם כן, מ"ש חז"ל מה שאמרו חכמינו זכרונם לברכה, כל העוסק בתורה שלא לשמה תורתו נעשית לו סם המות (תענית ז' עמוד א' וכן כאן סעיף טז'). גם על מ"ש מה שנאמר על הכתוב, אכן אתה אל מסתתר (ישעיהו מה, טו'), שהקדוש ברוך הוא מסתיר את עצמו בתורה, שהקשינו (לעיל סעיף מא' ד"ה דבור המתחיל [במילה] והנה), שהדעת נותנת שהשם יתברך מוסתר דוקא במלי דעלמא בדברים של העולם ובהבלי העולם הזה, שהמה מחוץ לתורה, ולא בתורה עצמה,

Zóhar dice (*Terumá*, 260) que el Creador está ocultándose para que después sea buscado y encontrado; y nosotros preguntamos además acerca de este ocultamiento: "¿Para qué necesito yo todo este [ocultamiento]?".

100) Del comentario anterior, usted entenderá bien que este ocultamiento —donde Se oculta el Creador para ser buscado después— se refiere al Ocultamiento del Rostro, [y es] Su manera de tratar con Sus seres creados, con sus dos aspectos: el Ocultamiento Único y el Ocultamiento dentro del Ocultamiento (como se mencionó antes (ver asunto 80), empezando con la frase: "Las cuatro maneras"). Y el *Zóhar* nos hace saber que nadie debe pensar siquiera que el Creador desea permanecer, el Cielo no lo permita, en el estado de la Providencia del Ocultamiento del Rostro de Sus seres creados.

Pero tal como una persona que se oculta a propósito para que su amigo [pueda] buscarlo y encontrarlo, así también, el Creador, cuando interactúa con Sus seres creados en el modo del Ocultamiento del Rostro, lo está haciendo así solamente porque Él desea que Sus seres creados lo busquen para la Revelación de Su Rostro y Lo encuentren. Y todo esto es porque no habría alguna [otra] manera para que los seres creados sean merecedores de la Luz del Rostro del Rey de la Vida, si no hubiera Él primero interactuado con ellos por medio del ocultamiento del Rostro de tal manera que este ocultamiento es solamente una preparación para la Revelación del Rostro, (como se explicó antes (ver asunto 93) empezando con las palabras: "Y nos hemos preguntado…").

¿Cómo puede la Torá producir el Ocultamiento del Rostro?

101) El versículo dice (ver asunto 41) que el Creador Se oculta en la Torá. Esto significa [que] el sufrimiento y la pena que uno experimenta durante el período del Ocultamiento del Rostro no es el mismo para cualquiera

שרק שם מקום הגילוי בלבד. ועוד הקשינו, הסתר זה, שהקדוש ברוך הוא מסתיר עצמו כדי שיחפשוהו וימצאו אותו כמ"ש בזוהר (תרומה, סעיף רס), כל זה למה לי.

ק) ומהמתבאר תבין היטב, שהסתר זה שהקדוש ברוך הוא מסתיר את עצמו כדי שיבקשוהו, פירושו, דבר הסתר הפנים, שנוהג עם בריותיו, בב' הבחינות: הסתר אחד, והסתר בתוך הסתר (כנ"ל כנזכר לעיל, סעיף פ' ד"ה דבור המתחיל [במילה] אמנם). ומשמיענו הזוהר, שאל יעלה על הדעת, שהשם יתברך רוצה להשאר חס ושלום, בבחינת השגחה של הסתר פנים מבריותיו.

אלא בדומה לאדם שמסתיר את עצמו בכונה, כדי שחברו יחפש אחריו וימצאהו, כן השם יתברך, בשעה שנוהג עם בריותיו בהסתר פנים, זה רק משום שרוצה, שהבריות יבקשו את גילוי פניו, וימצאו אותו. כלומר, משום שאין שום דרך ומבוא לבריות, שיוכלו לזכות באור פני מלך חיים, אם לא היה נוהג עמהם מתחילה בהסתר פנים, באופן, שכל ההסתר הוא רק הכנה בעלמא אל גילוי הפנים, כמבואר לעיל (סעיף צג' ד"ה דבור המתחיל [במילה] והנה).

איך התורה יכולה לגרום להסתר פנים

קא) וז"ש וזה שנאמר [בסעיף מא'], שהקדוש ברוך הוא מסתיר את עצמו בתורה. כי ענין היסורים והצער, שהאדם משיג בשעת הסתר הפנים, אינו דומה, באדם שיש בידו עבירות ומיעט בתורה ומצוות, לאדם שהרבה בתורה ומעשים טובים, כי

que tiene muchas transgresiones y que se ha dedicado [muy] poco a la Torá y los Preceptos, comparado con alguien que se ha dedicado ampliamente a la Torá y los Preceptos. Esto es porque el primero está orientado a juzgar a su Hacedor favorablemente (lit. lado del mérito), es decir: creer que su sufrimiento estaba bien merecido por él a causa de sus pecados y la pequeña cantidad a su [dedicación a la] Torá.

No así para el otro: es muy difícil para él pasar un juicio favorable sobre su Hacedor porque de acuerdo con él, él no merece castigos tan severos. Esto es más así cuando él ve que sus amigos, que son mucho peores que él, no están sufriendo tanto [como él está sufriendo], como fue dicho en las Escrituras (Salmos 73:12-13): "He aquí que estos son los perversos; siempre cómodos, ellos aumentan en riqueza; y así, he mantenido en vano mi corazón con pena" (ver también asunto 44).

De aquí, usted puede ver que en tanto una persona no gane la Providencia de la Revelación del Rostro, encuentra que la Torá y los Preceptos a los cuales él se ha dedicado abundantemente lo abruman grandemente con el Ocultamiento del Rostro. Es por esto que está dicho que el Creador Se oculta en la Torá, y usted debe contemplar profundamente este punto. De hecho, toda esta gran pesadez que [una persona] siente a causa de la Torá, es solamente una advertencia (lit. porque es un mensaje) de alguna clase. Es una forma para que la Santa Torá misma lo llame para exigirle que se apresure y dedique (lit. dé) la cantidad de trabajo duro que se requiere de él para que pueda alcanzar la Revelación del Rostro sin tardanza, como lo desea el Creador; usted debe entender esto [este punto] bien.

102) Y es por esto que está dicho que: "Cualquiera que aprende [la Torá] No Por Ella Misma, la Torá se vuelve como una poción de muerte para él". No solamente no sale él del aspecto del Ocultamiento del Rostro hacia la Revelación del Rostro, porque no intentó trabajar duro para merecerlo, sino que por encima de eso, mientras más se dedica a la Torá,

הראשון מוכשר ביותר לדון את קונו לכף זכות, דהיינו, לחשוב שהיסורים הגיעו לו, מחמת העבירות ומיעוט התורה שבידו.

מה שאין כן השני, קשה לו ביותר לדון את קונו לכף זכות, שהרי לפי דעתו, אינו ראוי לעונשים קשים כל כך, ולא עוד, אלא שרואה שחבריו הגרועים ממנו, אינם סובלים כל כך, עד"ה על דרך הכתוב (תהילים עג', יב'): רשעים ושלוי עולם השגו חיל, וכן לשוא הכיתי לבבי ועיין גם בסעיף מד.

ומכאן תראה, אשר כל עוד שהאדם אינו זוכה להשגחה של גילוי פנים, נמצא, שהתורה והמצוות שהרבה, מכבידים לו הסתר הפנים במידה מרובה. וז"ש וזה שכתוב, אשר הקדוש ברוך הוא מסתיר עצמו בתורה, ודו"ק ודייק כאן. ובאמת, כל הכובד הזה שהוא מרגיש ביותר על ידי התורה, אינו אלא, כבחינת כרוזים, אשר התורה הקדושה בעצמה, קוראת אליו על ידי זה, ומעוררתו להזדרז ביותר, ולמהר ליתן את סכום היגיעה הנדרש ממנו, בכדי לזכותו תיכף לגילוי הפנים, כחפץ ה', והבן מאד.

קב) וז"ש שכל הלומד שלא לשמה, תורתו נעשית לו סם המות, כי מלבד שאינו יוצא מבחינת הסתר פנים לגילוי פנים, שהרי לא כיוון דעתו להתייגע ולזכות לו, הנה עוד התורה שמרבה, מוסיפה לו הסתר פנים במידה מרובה, עד שנופל חס

más incrementa el Ocultamiento del Rostro por un grado grande hasta que, el Cielo no lo permita, caiga en el [aspecto de] Ocultamiento dentro del Ocultamiento. Y esto equivale a la muerte —[en efecto] estando completamente desconectado de su raíz [la cual es el Creador]— y de esta manera, su Torá se vuelve una poción de muerte para él.

El orden para el entendimiento de la Torá: la [Torá] Oculta y la [Torá] Revelada

103) Y aquí los nombres que son usados para la Torá —la Revelada y la Oculta— son explicados, porque uno debe entender las preguntas (lit. asunto) de "¿Por qué debo [dedicarme] a la Torá Oculta?" y "¿Y por qué la Torá completa no está Revelada?". En verdad, hay un significado profundo (lit. profunda intención) aquí porque la Torá "Oculta" es una indicación para nosotros de que el Creador "Se oculta en la Torá" como se explicó antes (ver asunto 41), que es por lo que es llamada la Torá Oculta. Y el nombre "Revelada" está allí porque el Creador es "revelado por la Torá", como se mencionó antes.

Por lo tanto, los kabbalistas nos han dicho —y hemos también aprendido esto en el *sidur* (libro de oraciones) de Rav Eliyahu de Vilnius (el Gaón de Vilna)— que el orden para el entendimiento de la Torá empieza desde el *sod* (secreto, también mencionado como "oculto") y termina con *peshat* (simple, lo literal, también mencionado como lo "Revelado"). Esto significa, como hemos explicado, que por medio del esfuerzo apropiado que pone uno en el estudio de la Torá Oculta desde el principio, él [debido a eso] alcanza la Torá Revelada, que es el *peshat* (literal), como fue bien explicado arriba. Así que uno comienza con la Oculta, que es el *sod*, secreto [Torá], y una vez que merece [esto], termina con el *peshat* (literal) [Torá] Revelada.

ושלום להסתר, תוך הסתר. שהוא בחינת מות, להיות מנותק לגמרי משורשו, ונמצא שתורתו נעשית לו סם המות.

סדר השגת התורה: נסתר ונגלה

קג) ובזה מתבארים ב' השמות הנוהגים בתורה, שהם: נגלה, ונסתר, שיש להבין ענין תורת הנסתר למה לי, ולמה אין כל התורה מגולה. אמנם יש כאן כונה עמוקה, כי תורת "הנסתר" מרמזת, אשר השם יתברך "מסתתר בתורה", כמבואר לעיל (סעיף מא'), ועל שם זה נקראת תורת הנסתר. ו"נגלה" נקראת, משום, שהשם יתברך מתגלה על ידי התורה, כנ"ל.

ולפיכך, אמרו המקובלים, וכן איתא מובא בסידור הגר"א הגאון רבי אליהו [מוילנא], אשר סדר השגת התורה, מתחילה בסוד ומסיימת בפשט, דהיינו כאמור, שעל ידי היגיעה הרצויה שהאדם מתייגע מתחילתו בתורת הנסתר, זוכה על ידיה לתורת הנגלה שהיא הפשט, כמבואר לעיל היטב, הרי שמתחיל בנסתר שנקרא סוד, וכשזוכה מסיים בפשט.

Los caminos del amor a través de la abundancia de bondad y del amor a través del sufrimiento

104) Por lo que hemos preguntado antes (asunto 75, empezando con las palabras: "Esto plantea una cuestión...") ha sido explicado bien. Esto es: cómo ganar el primer grado del amor, que es el Amor Que Depende De Algo. Hemos llegado a aprender que aunque la recompensa por cumplir un Precepto no se aplica a este mundo, percibir la recompensa del [cumplimiento del] Precepto es, en todo caso, alcanzable en este mundo, y [esta percepción] llega a una persona por medio de la "apertura de los ojos" en la Torá, etc.

Y como ha sido mencionado arriba esta percepción clara es considerada (lit. similar) para él completamente como si él hubiera recibido la recompensa de cumplir el Precepto en el acto, (como está mencionado antes, asunto 84, empezando con las palabras: "Y aunque..."); estudie bien eso. Así, debido a esto, él siente la gran beneficencia [del Creador] contenida en el Pensamiento [Divino] de la Creación, que es traer satisfacción a Sus seres creados de acuerdo con Su total, buena y abundante voluntad (lit. mano). Y de la gran bondad que [la persona] gana, un gran amor entre él y la Providencia [del Creador] es revelado. [Este amor] le es otorgado infinitamente, de las mismas maneras y canales que el amor natural es revelado, etc., como se mencionó anteriormente (ver asunto 47).

105) Verdaderamente, todo esto le sucede desde el momento de alcanzar esta conciencia en adelante. En lo que respecta a todos los sufrimientos causados por la Providencia del Ocultamiento del Rostro, que [la persona] resistió antes de que hubiera alcanzado la Revelación del Rostro mencionada antes, aunque él no desea recordar [los sufrimientos] porque "el amor cubre todos los crímenes" (Proverbios 10:12), todavía ellos son considerados un gran defecto, aun desde el punto de vista del amor entre la gente (como se mencionó antes (ver asunto 70), empezando con las

דרכי האהבה ע"י השפעת הטובה וע"י יסורים

קד) ונתבאר היטב מה שהקשינו לעיל (סעיף עה', ד"ה ולפי"ז דבור המתחיל [במילה] ולפי זה...) איך אפשר לזכות למדרגה ראשונה של אהבה, שהיא בחינת האהבה התלויה בדבר, כי נודענו, שאף על פי ששכר מצוה בהאי עלמא ליכא ששכר מצוה לא נמצא העולם הזה, מ"מ השגת שכר המצוה, ישנה גם בהאי עלמא בעולם הזה, הבאה לו לאדם על ידי פקיחת עינים בתורה וכו', וכנ"ל.

אשר ההשגה הברורה הזאת, דומה לו לגמרי, כמו שמקבל שכר המצוה תיכף על המקום, כנ"ל (כנזכר לעיל בסעיף פד' ד"ה דבור המתחיל [במילה] ואע"פ ואף על פי) עש"ה עיין שם היטב, שמשום זה, מרגיש הטבתו הנפלאה הכלולה במחשבת הבריאה, שהיא כדי להנות לנבראיו כידו המלאה הטובה והרחבה יתברך, שמתוך רוב הטובה שמשיג, מתגלה בינו לבין המקום יתברך אהבה נפלאה, המושפעת אליו בלי הפסק, באותם הדרכים והצנורות שבהם מתגלה האהבה הטבעית וכו', כנ"ל (ראה שוב סעיף מז').

קה) אמנם כל זה מגיע לו מעת השגתו ואילך, אבל כל בחינת היסורים, מחמת השגחת הסתר הפנים שסבל בטרם שזכה לגילוי פנים האמור, אע"פ אף על פי שאינו רוצה לזכור אותם, כי על כל פשעים תכסה אהבה (משלי י', יב'), אמנם נחשבים ודאי לפגם גדול, אפילו מבחינת אהבה שבין הבריות (כנ"ל סעיף ע' ד"ה

palabras: "El primero..."). Por no mencionar con respecto a la integridad de Su Providencia, [esto es:] que Él es bueno y benévolo con la [gente] mala así como con la buena.

Por lo tanto, uno debe entender cómo es posible merecer el amor del Creador de manera tal que sentiría y sabría que el Creador ha hecho siempre cosas maravillosas por él desde el momento de su nacimiento en adelante, y nunca le ha causado ni una pizca de daño, y nunca lo hará. Y esta es la segunda virtud del amor (como se mencionó antes (ver asunto 70), empezando con las palabras: "El primero...").

Explicar la transformación de las acciones maliciosas en méritos a través del Arrepentimiento por Amor

106) Para entender esto, necesitamos las palabras de nuestros sabios, quienes dijeron de una persona que se ha Arrepentido Por Amor que sus acciones maliciosas (intencionadas) son convertidas en méritos (ver asunto 64). Esto significa que no solamente el Creador perdona sus acciones maliciosas, sino que también el Creador vuelve cada acción perversa y cada transgresión que él [alguna vez] cometió, en el mérito de haber cumplido un Precepto.

107) Y por lo tanto, después de que una persona se ha ganado la Iluminación del Rostro a grado tal que cada transgresión que ha [alguna vez] cometido —aun aquellas que ha realizado con intención maligna— es transformada y convertida en [cumplimiento meritorio] de un Precepto, entonces como resultado, esta persona se vuelve feliz y contenta acerca de sus anteriores experiencias (lit. sentimientos) de amargos sufrimientos y dolor así como los muchos problemas que ha padecido siempre, desde el tiempo en que estaba bajo la influencia de los dos aspectos [esto es: el Ocultamiento Único y el Ocultamiento dentro del Ocultamiento] del

דבור המתחיל [במילה] הא') ואין צ"ל כלפי אמיתיות השגחתו יתברך, להיותו טוב ומיטיב לרעים ולטובים.

ולפיכך יש להבין, איך אפשר לו לאדם לזכות לאהבתו יתברך בבחינה כזו, אשר ירגיש וידע, שהשם יתברך עשה לו טובות נפלאות תמיד, מעת הולדו ואילך, ולא עשה לו שום גרם של רע כל שהוא, מעודו ולתמיד, שהיא בחינה ב' של אהבה (כנ"ל סעיף ע' ד"ה דבור המתחיל [במילה] הא').

ביאור הפיכת הזדונות לזכיות בתשובה מאהבה

קו) וכדי להבין זאת, לדברי חז"ל אנו צריכים, שאמרו, שהעושה תשובה מאהבה נעשו לו הזדונות כזכויות (ראה כאן סעיף סד'). פירוש, שהשם יתברך, לא בלבד, שמוחל לו הזדונות, אלא כל זדון ועבירה שעשה, מהפך השם יתברך למצוה.

קז) ולפיכך, אחר שזכה האדם להארת פנים במידה כזו, שכל עבירה שעשה, אפילו אותן שעבר במזיד, היא נהפכת ונעשית לו למצוה, הנה נמצא מחמת זה, ששש ושמח, על כל רגשי היסורים והמכאובים המרים, והטרדות המרובות, שעברו עליו מעודו, מעת היותו נתון בב' הבחינות של הסתר הפנים הנ"ל, כי

Ocultamiento del Rostro antes mencionado. Esto es porque fueron [estos dos aspectos] los que causaron todas estas acciones maliciosas, las cuales ahora se han convertido en Preceptos [merecedores]. Y esto es debido a la Iluminación del Rostro del Creador, el Asombroso Hacedor de Maravillas, como es mencionado antes.

Y todas y cada una de las penas y problemas, que causaron [a la persona] perder su autocontrol y fallar [ya haya sido] por cometer varios errores, como en [el aspecto del] Ocultamiento Único, o por cometer acciones maliciosas intencionales, como en [el aspecto de] el Ocultamiento Doble (como se mencionó arriba, ver asunto 52, empezando con las palabras: "Y el Ocultamiento..."), todos estos son ahora transformados y se vuelven una plataforma para él y una preparación para cumplir un Precepto, para recibir una recompensa grande y maravillosa por toda la eternidad por esta [acción]. Y por lo tanto, cada agonía [anterior] se vuelve [ahora] para él una gran alegría, y cada mal [anterior] es transformado en un maravilloso beneficio.

108) Esto es análogo a un relato que es contado por muchos concerniente a un israelita que era un trabajador confiable para cierto señor y a quien el señor amaba como a sí mismo. Y sucedió una vez que el señor salió de viaje y nombró a un representante para manejar su negocio. Este representante era antisemita. ¿Qué hizo? Tomó al israelita y lo golpeó cinco veces en público para que todos vieran, para humillarlo profundamente.

Y cuando el señor regresó, el israelita fue a verlo y le dijo lo que había pasado. Y [su patrón] se enojó mucho y llamó a su representante y le ordenó que inmediatamente diera mil monedas al israelita por cada vez que lo había golpeado. El israelita tomó las monedas y regresó a su casa. Su esposa lo encontró llorando, de modo que le dijo con gran congoja: "¿Qué te sucedió con el patrón?". Él le contó lo que había pasado. Ella dijo: "Si es así, ¿por qué estás llorando?". Le respondió: "Lloro porque

המה, הם שגרמו והביאו לו את כל הזדונות הללו, שנהפכו לו עתה למצוות, מסיבת הארת פניו יתברך המפליא פלאות כנ"ל.

וכל צער וטרדה, שהעבירו אותו על דעתו, ונכשל בשגגות, כבהסתר הא', או שנכשל בזדונות, כבהסתר הכפול (כנ"ל סעיף נב' ד"ה דבור המתחיל [במילה] והסתר), נהפך ונעשה לו עתה, לבחינת גרם והכנה רגילה, לקיום מצוה, ולקבל עליה שכר גדול ונפלא לנצח. ונהפך לו על כן, כל צער לשמחה גדולה, וכל רעה לטובה נפלאה.

קח) וזה דומה, למעשה שמספר העולם, על יהודי נאמן בית אצל אדון אחד, שהיה האדון אוהבו כנפשו, וקרה פעם, שהאדון נסע לדרכו, והניח עסקיו ביד ממלא מקומו, והאיש הזה היה שונא ישראל, מה עשה, נטל ליהודי והלקה אותו חמש מכות, בפרהסיא לעיני כולם, כדי להשפילו היטב.

וכאשר חזר האדון, הלך אליו היהודי, וסיפר לו כל שקרה לו. ויחר אפו מאד, ויקרא לממלא המקום, ויצוהו ליתן ליהודי תיכף על יד, אלף אדומים בעד כל מכה שהלקהו. נטלם היהודי ושב לביתו, מצאה אותו אשתו בוכה, אמרה לו בחרדה רבה, מה קרה לך עם האדון. סיפר לה, אמרה לו, אם כך למה אתה בוכה.

el representante solamente me pegó cinco veces. Ojalá me hubiera golpeado al menos diez veces porque entonces yo habría obtenido diez mil monedas".

109) Y aquí usted ha aprendido que después de que una persona ha ganado el perdón por sus pecados de manera tal que sus acciones maliciosas se vuelven como méritos para él, entonces él también merece aproximarse al Creador en el aspecto del amor relacionado con el segundo grado, donde el que es amado nunca ha causado daño alguno a quien lo ama. [En realidad, él no ha causado] ni siquiera una sombra de daño, sino más bien, se mantiene haciéndole muchos favores maravillosos por todo el tiempo de su vida (como se mencionó antes (ver asunto 70, empezando con las palabras: "El primer...") de manera tal, que el Arrepentimiento por Amor y la transformación de las acciones maliciosas en méritos llega como una, como está mencionado en los dichos de los sabios anteriormente (ver asunto 64).

Aspectos del Amor que no depende de algo

110) Hasta aquí, hemos explicado solamente el aspecto de Amor que Depende de Algo [esto es: amor condicional] en sus dos aspectos. Pero debemos aun así entender cómo una persona merece aproximarse a su Hacedor en los dos aspectos del Amor Que No Depende De Algo [esto es: amor incondicional]. Y a este respecto, debemos entender bien las palabras de los sabios (Tratado *Kidushín*, 40b): "Nuestros sabios dijeron lo siguiente: Una persona debe siempre mirarse a sí mismo como si una mitad es culpable y la otra mitad es inocente. Habiendo cumplido un Precepto, él es afortunado en haber inclinado [la balanza de la justicia] para sí mismo hacia el lado (lit. platillo) de la inocencia; [pero] habiendo cometido una transgresión, ¡ay de él por haberse inclinado hacia el lado de

אמר לה, אני בוכה משום שלא הלקה לי אלא חמש מכות, והלואי היה נותן לי לכל הפחות עשר מכות, כי עתה היו לי עשרת אלפים אדומים.

קט) והנה הראית לדעת, אשר אחר שזכה האדם למחילת עוונות, בדרך שהזדונות נעשו לו כזכויות, הנה אז זוכה גם כן לבא עם השם יתברך, בבחינת אהבה במדרגה הב', אשר הנאהב לא גרם לאוהבו מעודו שום רע, ואפילו צל של רע, אלא הולך ועושה לו טובות מרובות ונפלאות מעודו ולתמיד(כנ"ל סעיף ע' ד"ה דבור המתחיל [במילה] הא'). באופן, שתשובה מאהבה, והתהפכות הזדונות לזכויות, באים כאחד, כדברי חז"ל הנ"ל (סעיף סד').

בחינות אהבה שאינה תלויה בדבר

קי) ועד כאן לא ביארנו, אלא בחינת האהבה התלויה בדבר, בב' דרגותיה, אבל עדיין צריך להבין, איך זוכה האדם לבא עם קונו יתברך, בב' הבחינות של האהבה שאינה תלויה בדבר. ובדבר הזה, צריכים להבין היטב דברי חז"ל, במ"ש (קידושין דף מ' עמ' ב'), ת"ר תנו רבנן, לעולם יראה אדם את עצמו, כאלו חציו חייב וחציו

la culpa!, como está dicho: 'Un pecador pierde mucha bondad' (Eclesiastés 9:18).

Rav Elazar, hijo de Rav Shimón, dice: 'Dado que el mundo es juzgado por la mayoría [de su pueblo], y el individuo es juzgado por la mayoría [de sus acciones], habiendo cumplido un Precepto, es afortunado en haber inclinado la balanza al lado del mérito para sí mismo y para el mundo; [pero] habiendo realizado una transgresión, ¡ay de él por haber inclinado [la balanza de la justicia] para sí mismo y para el mundo hacia el lado de la culpa! Como está dicho: 'Un pecador pierde mucha bondad'. Y a causa de este único pecado que él ha cometido, él y el mundo entero han perdido mucha bondad" (Fin de la cita del Tratado Kidushín).

זכאי, עשה מצוה אחת, אשריו שהכריע עצמו לכף זכות, עשה עבירה אחת, אוי לו שהכריע את עצמו לכף חובה, שנאמר וחוטא אחד וגו'.

רבי אלעזר ברבי שמעון אומר, לפי שהעולם נידון אחר רובו, והיחיד נידון אחר רובו, עשה מצוה אחת, אשריו שהכריע את עצמו ואת כל העולם לכף זכות, עבר עבירה אחת, אוי לו שהכריע את עצמו ואת כל העולם לכף חובה, שנאמר וחוטא אחד וגו'. בשביל חטא יחידי שעשה זה, אבדה ממנו ומכל העולם טובה הרבה (עד כאן מסכת קידושין).

Capítulo Ocho

Salvar al Mundo del Caos

Clarificación del tema [anterior] del *Talmud*

111) Estos puntos parecen ser difíciles de entender desde su comienzo hasta su final porque [Rav Elazar] dice que quienquiera que cumple un Precepto inmediatamente inclina [la balanza] hacia el lado del mérito, ya que él es juzgado de acuerdo con la mayoría [de sus acciones]. Verdaderamente, esto se refiere a aquellas personas que son medio culpables y medio inocentes, algo que Rav Elazar, hijo de Rav Shimón, no menciona en absoluto, y la parte principal está faltando en el libro [el *Talmud*].

Y Rashí comentó las palabras [de Rav Elazar], las cuales tienen que ver con las palabras del *Taná Kamá*, quien dice: "Una persona debe verse siempre a sí misma como si una mitad de él es culpable y la otra mitad es inocente". Y Rav Elazar agrega que él debe también ver al mundo entero como si la mitad es culpable y la mitad inocente; estudie bien eso. Pero verdaderamente, la mayor parte está faltando en el libro. Y además, ¿por qué cambió sus palabras (lit. lenguaje)? ¿Por qué no habla con el mismo lenguaje como el *Taná Kamá*, si el significado es uno y el mismo?

112) La idea principal [aquí], que la persona debe verse a sí misma como que es solamente medio culpable es particularmente difícil. [Lo que sigue] es una interrogante: Si la persona está consciente (lit. conoce) de sus muchas transgresiones, ¿se mentiría a sí mismo diciendo que es mitad y mitad? La Torá nos manda: "Cuídate de no mentir" (Éxodo 23:7). Además, él se está refiriendo a la frase: "Un pecador pierde mucha bondad", significando que a causa de una transgresión, [un pecador] se

פרק שמיני
מצילים את העולם מכאוס

ביאור סוגיית התלמוד שבמצוה אחת מכריע לכף זכות

קיא) ולכאורה הדברים הללו מוקשים, מתחילתם עד סופם, כי אומר שהעושה מצוה אחת, תיכף מכריע לכף זכות, בשביל שנידון אחר רובו. הלא זה אמור, רק באותם שחציים חייב וחציים זכאי, שמזה אין ר"א בר"ש רבי אלעזר בן רבי שמעון מדבר כלל, והעיקר חסר מהספר.

ורש"י ז"ל פירש דבריו, שסובבים על דברי תנא קמא התנא הראשון, שאומר, לעולם יראה אדם את עצמו כאילו חציו חייב וחציו זכאי, ור"א ורבי אלעזר מוסיף, שיראה כן גם את העולם כולו, כאלו הם חציים חייבים וחציים זכאים עש"ה עיין שם היטב, אמנם העיקר חסר מהספר. ועוד, למה שינה לשונו, ולמה אינו מדבר כמו הלשון של תנא קמא התנא הראשון, אם המשמעות היא אחת.

קיב) וביותר קשה על הדבר גופו, שהאדם יראה את עצמו כאלו הוא רק מחצה חייב, שזה פלא, אם האדם יודע את עונותיו המרובים, ישקר בעצמו לומר, שהוא מחצה על מחצה, והתורה אמרה מדבר שקר תרחק. ועוד, הרי קרא קדריש פסוק הוא דורש, וחוטא אחד יאביד טובה הרבה, דהיינו, משום עבירה אחת מכריע את

inclina a sí mismo y al mundo entero hacia el lado (lit. el platillo) de la culpa. Por lo tanto, estamos hablando acerca de una realidad verdadera y no solamente a alguna invención falsa (lit. imaginación) que una persona imagina para sí mismo y para el mundo.

El "Precepto Único" es el Precepto del amor

113) Y [algo más] es también peculiar: ¿podría ser que no hay muchas personas que cumplan un Precepto en todas y cada una de las generaciones, y todavía el mundo no esté inclinado hacia el lado de la inocencia? [Si es así] esto puede significar que la situación no cambia en absoluto; más bien, el mundo se comporta de acuerdo con su hábito de siempre. Más bien, necesitamos [explorar este asunto en] mayor profundidad porque en la superficie, estas cosas no tienen sentido para nada.

Ciertamente la *Braitá* no habla para nada acerca de una persona que conoce en sí mismo que sus pecados son muchos, [con eso] permitiéndole (lit. enseñándole) a mentir [a sí mismo] que él es mitad y mitad, para inducirlo [a creer] que le falta solamente un Precepto [por cumplir]. Esto no es en absoluto el camino del sabio. Más bien, la *Braitá* habla acerca de una persona que siente e imagina que él es totalmente un justo completo y se considera ser la personificación de la perfección. Esto es porque él ya ha ganado el primer grado del amor por medio de la "apertura de los ojos" en la Torá, como se mencionó antes, tanto así que 'Aquel Que Conoce todos los misterios' testifica en su favor que él nunca regresará más a su necedad, como se mencionó antes (empezando con las palabras (ver asunto 56): "Y de lo que ha sido explicado...").

Y es a él a quien el *Taná* habla y le corrige sus maneras y le prueba que él no es todavía un justo, sino un mediocre, significando medio culpable y medio inocente. Y esto es porque todavía le falta "un Precepto" de los 613

עצמו ואת העולם כולו לכף חובה, הרי, שהמדובר הוא ממציאות אמיתית, ולא באיזה דמיון כוזב, שהאדם צריך לדמות את עצמו ולעולם.

"מצוה אחת" היא מצות האהבה

קיג) וכן תמוה, היתכן שאין בכל דור ודור אנשים הרבה, שעושים מצוה אחת, ואין העולם מוכרע לכף זכות. כלומר, שאין המצב משתנה כלל, אלא, עולם כמנהגו נוהג. אלא, שצריכים כאן לעמקות יתירה, כי הדברים על פי שטחיותם אין להם שום הבנה.

אמנם הברייתא אינה מדברת כלל, על אדם שיודע בעצמו שעוונותיו מרובים, ללמד אותו לשון שקר שהוא מחצה על מחצה, וכן לפתותו, שאינה חסרה לו אלא מצוה אחת, שאין זה מדרך חכמים כלל. אלא, הברייתא מדברת, על אדם שמרגיש ומדמה עצמו שצדיק גמור הוא לגמרי, ומוצא את עצמו בתכלית השלימות, שהוא, משום שכבר זכה למדרגה ראשונה של אהבה, על ידי פקיחת עינים בתורה, כנ"ל, אשר כבר היודע תעלומות מעיד עליו שלא ישוב לכסלו עוד, כנ"ל (סעיף נו', ד"ה דבור המתחיל [במילה] ומהמתבאר).

ואליו מדבר התנא ומברר לו את דרכיו, ומוכיח לו, שעדיין אינו צדיק, אלא שהוא בינוני, שפירושו, מחצה חייב ומחצה זכאי. והוא, משום שעדיין חסרה לו "מצוה אחת", ממספר תרי"ג המצוות שבתורה, שהיא מצות האהבה כנ"ל סעיף צא',

Preceptos de la Torá. Es el Precepto del Amor, como se mencionó antes (ver asunto 71, empezando de las palabras: "Hemos así asentado"); estudie eso bien. El testimonio de Aquel Que Conoce todos los misterios que [dicha persona] no pecará más es solamente debido a la claridad de su entendimiento de la gran pérdida [que surja de] cualquier transgresión, como se mencionó antes, y consecuentemente, es considerado como temor al castigo, y por esta razón, es llamado Arrepentimiento por Temor, como hemos explicado ampliamente antes (ver asunto 109, empezando de las palabras: "Y aquí…").

El significado de medio culpable y medio inocente

114) También fue explicado anteriormente que esta etapa de Arrepentimiento por Temor no corrige a la persona [totalmente], sino que [la corrige] solamente desde el momento del arrepentimiento en adelante. Toda la agonía y penuria que sufrió antes de merecer la Revelación del Rostro permanece como si estuvieran sin corrección. Adicionalmente, las transgresiones que realizó [antes del arrepentimiento] no están completamente reparadas, sino que más bien están en la forma de errores, como ya he explicado con amplitud antes (ver asunto 58 empezando con las palabras: "Esto explica…"); estudie eso bien.

115) Y por lo tanto, el *Taná Kamá* dice que una persona a quien todavía le falta "un Precepto" debe verse a sí misma como medio culpable y medio inocente. Esto es: uno debe imaginar en sí mismo que el punto donde se ha limpiado [para alcanzar] el arrepentimiento es la parte media de sus años. En esta forma, es medio culpable. Esto significa que en la mitad particular de los años que ha vivido antes de arrepentirse, es ciertamente culpable porque el Arrepentimiento por Temor no corrige [esas transgresiones] como fue mencionado antes (ver asunto 59). Y también resulta que es medio inocente, a saber: en la mitad de sus años desde

(ד"ה דבור המתחיל [במילה] ומיושב) עש"ה. כי כל עדותו של היודע תעלומות שלא יחטא עוד, הנה הוא רק מחמת הבהירות שבהשגתו, בהפסד הרב של העבירה כנ"ל, שזה נבחן ליראת העונש, ומכונה משום זה, תשובה מיראה, כמו שהארכנו בזה לעיל (סעיף קט', ד"ה דבור המתחיל [במילה] והנה).

פירוש חציו חייב וחציו זכאי

קיד) גם נתבאר לעיל, שמדרגה זאת של תשובה מיראה, עדיין אינה מתקנת את האדם, אלא מעת התשובה ואילך, אמנם כל הצער והיסורים שסבל בטרם שזכה לגילוי הפנים, נשארים כמות שהיו בלי שום תיקון. גם העבירות שעשה, לא נתקנו לו לגמרי, אלא, שנשארים בבחינת שגגות. כמו שהארכנו בזה לעיל (סעיף נח', ד"ה דבור המתחיל [במילה] **ועם זה**) עש"ה עיין שם היטב.

קטו) ולפיכך אומר התנא קמא התנא הראשון, שאדם כזה שעדיין חסרה לו "מצוה אחת", יראה את עצמו, כאילו הוא חציו חייב וחציו זכאי. כלומר, שידמה לעצמו, שאותה העת שזכה לתשובה, הרי היא נמצאת באמצע שנותיו, שבאופן זה, נמצא "חציו חייב", דהיינו, באותה מחצית שנותיו שעברה עליו בטרם שעשה תשובה, שהוא מאז בודאי חייב, כי התשובה מיראה אינה מתקנת אותם, כנ"ל

que alcanzó el arrepentimiento en adelante. Porque en ese tiempo, es seguramente inocente porque él se siente seguro de que no volverá a pecar, como se mencionó arriba. Así, en la primera mitad de sus años, es culpable, y en la última mitad de sus años es inocente.

Exactitud del lenguaje inclinándose hacia el lado (lit. platillo) del merecimiento

116) Y el *Taná* le dice que considere que si [ahora] cumple él "un Precepto", esto es: el Precepto que le faltaba de los 613 (como se mencionó arriba, ver asunto 91, empezando con las palabras: "Hemos así..."), entonces será afortunado por haberse inclinado hacia el lado (lit. platillo) de la inocencia, porque las acciones maliciosas de quien alcanza el Precepto del Amor —esto es: a través del Arrepentimiento por Amor, como se mencionó arriba— se han vuelto méritos. Y entonces todo el sufrimiento y la tristeza que él ha sufrido siempre antes de limpiarse [para alcanzar] el arrepentimiento son transformadas en delicias maravillosas sin fin, hasta el punto en el cual él está triste porque no sufrió el doble (como se mencionó antes acerca del amo y su amado servidor israelita, ver asunto 108, empezando de las palabras: "Este es..."). Esto es lo que se quiso decir con "inclinando [los platillos de la balanza] hacia el lado de la inocencia (zejut)" porque todos sus sentimientos concernientes a los errores y las acciones maliciosas han sido transformados en mérito (*zejut*). Y esta es la inclinación hacia el lado de la inocencia (*zejut*) porque el platillo todo lleno de culpa ha sido transformado en un platillo lleno de mérito (*zejut*). Y en el lenguaje de los sabios, esta transformación es llamada "inclinar (lit. gobernar)".

(סעיף נט׳). ונמצא גם כן, שהוא "חציו זכאי", דהיינו במחצית שנותיו, מעת שזכה לתשובה ואילך, שאז הוא זכאי ודאי, להיותו בטוח שלא יחטא עוד, כנ"ל. הרי שבחצי שנותיו הראשונים הוא חייב, ובחצי שנותיו האחרונים הוא זכאי.

דיוק לשון: הכרעה לכף זכות

קטז) ואומר לו התנא, שיחשוב בעצמו, שאם עשה "מצוה אחת", דהיינו, אותה המצוה שחסרה לו ממספר תרי"ג (כנ"ל סעיף צא׳, ד"ה דבור המתחיל [במילה] ומיושב), אשריו שהכריע עצמו לכף זכות, כי הזוכה למצות האהבה, דהיינו, על ידי התשובה מאהבה כנ"ל, שזוכה על ידיה שהזדונות נהפכו לו לזכויות, שאז גם כל צער ועצב שסבל מעודו, מטרם שזכה לתשובה, נהפכים לו לתענוגות נפלאים לאין קץ, עד שמצטער בעצמו, על מה שלא סבל מהם כפלי כפליים, כמשל הנ"ל מהאדון ואוהבו היהודי (ראה סעיף קח׳, ד"ה דבור המתחיל [במילה] וזה), הנה זהו שנקרא "הכרעה לכף זכות", שהרי, כל רגשותיו עם השגגות והזדונות, נהפכו לו ל"זכויות". והיינו הכרעה ל"כף זכות", שכל הכף המלאה חובות, נהפכה ונעשתה לכף מלאה זכויות, והתהפכות זו, מכונה בלשון חכמים "הכרעה".

Con un pecado él pierde mucha bondad

117) Y el *Taná* habla más y previene [a esta persona] que mientras él es un mediocre y no ha ganado ese "un Precepto" que está faltando de los 613 [Preceptos], no debe confiar en sí mismo hasta el día de su muerte. Y no debe siquiera confiar en el testimonio de "Aquel Quien conoce todos los misterios" de que él no regresará a su necedad, sino más bien [confiar en que] puede todavía cometer un pecado. Por lo tanto, debe mantener en mente que ¡ay de él si comete [siquiera] una transgresión!, porque se ha dirigido hacia el lado de la culpa. Y entonces pierde inmediatamente todas sus percepciones maravillosas en la Torá y en toda la Revelación del Rostro que ha ganado, y regresa al [aspecto del] Ocultamiento del Rostro. Y así él mismo se inclina al lado de la culpa porque los merecimientos y la bondad estarán perdidas aun de la segunda mitad de su vida. Y sobre esto, el *Taná* le provee con evidencia del texto: "Y un pecador pierde mucha bondad" (Eclesiastés 9:18).

El grado del amor eterno

118) Ahora usted entenderá la adición que Rav Elazar, hijo de Rav Shimón, hace a las palabras del *Taná Kamá*, así como la razón por la cual él no usa (lit. trae) el lenguaje de ser 'medio culpable y medio inocente' como lo hace el *Taná Kamá*. Esto es porque el *Taná Kamá* habla acerca del segundo y tercer grado del amor, como se explicó antes (ver asunto 70, empezando con las palabras; "El primer atributo" y luego: "El segundo atributo"). Y Rav Elazar, hijo de Rav Shimón, habla con respecto al cuarto grado del amor, como se mencionó antes (ver asunto 73, empezando con las palabras: "El segundo nivel…"), que es el amor eterno, esto es: la Revelación del Rostro como este es verdaderamente, en el sentido de: "Aquel Quien es bueno y hace el bien [a ambos:] a aquellos que son buenos y a aquellos que son malos".

בחטא אחד יאבד טובה הרבה

קיז) ועוד אומר התנא, ומזהיר אותו, שכל עוד שהוא בינוני, ולא זכה ל"מצוה אחת" החסרה לו מהמספר תרי"ג, אל יאמין בעצמו עד יום מותו, ולא יסמוך עצמו, גם על העדות של היודע תעלומות שלא ישוב לכסלו עוד, אלא שהוא עלול עוד לבא לידי עבירה, ולפיכך יחשוב בעצמו, אם עבר עבירה אחת, אוי לו שהכריע את עצמו לכף חובה, כי אז יאבדו תיכף, כל השגתו הנפלאה בתורה וכל גילוי הפנים שזכה, וחוזר לבחינת הסתר פנים, ונמצא מכריע את עצמו לכף חובה, כי יאבדו כל הזכויות והטוב אפילו מחצי שנותיו האחרונים. ועל זה מביא לו התנא ראיה מהכתוב (קהלת ט', יח'), וחוטא אחד יאבד טובה הרבה.

דרגת אהבה הנצחית

קיח) עתה תבין את ההוספה שר"א בר"ש שרבי אלעזר בן רבי שמעון מוסיף על דברי התנא קמא, גם למה אינו מביא הלשון של חציו חייב וחציו זכאי כמו הת"ק התנא קמא. כי הת"ק מדבר מבחינה ב' ומבחינה ג' של האהבה, על דרך שנתבאר לעיל (סעיף ע' ד"ה דבור המתחיל [במילה] הא' וסעיף עב' ד"ה דבור המתחיל [במילה] הב'), ור"א בר"ש ורבי אלעזר בן רבי שמעון מדבר אמנם, מבחינה ד' של האהבה כנ"ל (סעיף עג', ד"ה דבור המתחיל [במילה] מידה), שהיא האהבה הנצחית, דהיינו, גילוי הפנים כמות שהוא באמת, מבחינת הטוב והמיטיב לרעים ולטובים.

119) Y ha sido explicado allí que no hay manera de ganar el cuarto grado [del amor] excepto cuando uno está versado y está muy informado y competente con todas las maneras (lit. ocupaciones) del Amado y de cómo Él se conduce con todos los demás, sin que falte alguno. Por lo tanto, el gran privilegio que una persona gana para inclinar [la balanza] por sí mismo hacia el lado de la inocencia todavía no es suficiente para ganar el amor completo, a saber: el cuarto grado, porque hasta ahora, él todavía no percibe la grandeza del Creador del aspecto de "Aquel Quien es bueno y hace el bien [a ambos:] a las malas [personas] y a las buenas". Sino que más bien, él percibe [la grandeza del Creador] solamente a través de Su Providencia hacia él personalmente, similar a lo que fue mencionado antes (ver asunto 107, comenzando con las palabras: "Y por lo tanto…"). Sin embargo, [esta persona] todavía no conoce acerca de la Providencia [del Creador] de esta manera excelente y maravillosa hacia el resto de la gente del mundo.

Y ha sido explicado antes que en tanto él no sabe acerca de todos los tratos del Amado con los demás al punto de que ni siquiera uno de ellos está faltando, entonces el amor no es eterno todavía (como fue mencionado antes, ver asunto 73, empezando con las palabras: "El segundo nivel…"); estudie bien eso. Por lo tanto, él es instado a dirigir al mundo entero hacia el lado de la inocencia, porque solamente entonces el amor eterno le será revelado.

El Arrepentimiento Por Amor y la transformación de las acciones maliciosas en méritos en una persona que es completamente mala

120) Y esta es la razón por la que Rav Elazar, hijo de Rav Shimón, dice (asuntos 110-111): "Dado que el mundo es juzgado por la mayoría, y el individuo es juzgado por la mayoría [de sus accisones], etc.". Pero debido

קיט) ונתבאר שם, שאי אפשר לזכות לבחינת ד', אלא רק בשעה שהוא בקי, ומכיר ויודע כל עסקיו של הנאהב, איך הוא מתנהג עם כל אחרים, אף אחד מהם לא יחסר לו. ולכן, גם הזכות הגדולה שהאדם זוכה להכריע את עצמו לכף זכות, עדיין אינה מספיקה לו לזכות לאהבה השלמה, דהיינו לבחינה ד', כי עתה אינו משיג מעלתו יתברך מבחינת הטוב ומיטיב לרעים ולטובים, אלא מתוך השגחתו יתברך כלפי עצמו, ע"ד הנ"ל על דרך הנזכר לעיל (סעיף קז', ד"ה דבור המתחיל [במילה] ולפיכך), אבל עוד אינו יודע מהשגחתו יתברך באופן הנעלה והנפלא הזה, עם יתר בריות העולם.

ונתבאר לעיל, שכל כמה שאינו יודע כל עסקיו של הנאהב עם אחרים עד אף אחד מהם לא יחסר, עדיין אין האהבה נצחית, כנ"ל (סעיף עג', ד"ה דבור המתחיל [במילה] הב') עש"ה. ולפיכך הוא מחוייב להכריע גם כל העולם לכף זכות, ורק אז מתגלה לו האהבה הנצחית.

תשובה מאהבה והפיכת הזדונות לזכיות ברשע גמור

קכ) וזה שאומר ר"א בר"ש רבי אלעזר בן רבי שמעון (סעיף קי'-קיא'), לפי שהעולם נידון אחר רובו, והיחיד נידון אחר רובו וכו'. ומתוך שמדבר מכל העולם אינו יכול לומר כמו הת"ק התנא קמא (התנא הראשון), שיראה אותם כאלו הם חצאים חייב וחציים

a que él está hablando acerca de toda la gente, no puede expresarse como *Taná Kamá* (el primer *Taná*) y así (lit. que debe) considerarlos como si la mitad de ellos son culpables y la mitad de ellos son inocentes; este grado [de medio inocente, medio culpable] llega a alguien solamente después de recibir la Revelación del Rostro y el Arrepentimiento por Temor, como se mencionó antes (asuntos 57, 113). [En otras palabras] ¿cómo podría él [Rav Elazar] decir acerca de la gente del mundo [que son medio inocentes y medio culpables] cuando no han ganado [todavía] esta clase de arrepentimiento? Por lo tanto, él solamente puede decir que el mundo es juzgado de acuerdo a su mayoría y que un individuo es juzgado de acuerdo a su mayoría [de acciones].

Esto significa que es posible concluir que una persona puede alcanzar la categoría de un completo justo solamente cuando no está [cometiendo alguna] transgresión y nunca jamás ha pecado, y aquellos que fallaron por cometer pecados y ofensas intencionales no son ya más merecedores de ganar la categoría de [personas] completamente justas. Por lo tanto, Rav Elazar, hijo de Rav Shimón, nos enseña que este no es el caso, sino que el mundo es juzgado por la mayoría [de sus acciones], como es el caso con el individuo. Esto significa que [una persona] emerge de la categoría de un mediocre —esto es: después de que ha hecho su Arrepentimiento por Temor, como fue mencionado (asunto 88) antes, entonces él inmediatamente gana los 612 Preceptos y es llamado mediocre—, significando que la mitad de su vida es culpable y la mitad de su vida es inocente, como se mencionó antes (asunto 113).

Y después de esto, si [la persona] agrega solamente un Precepto, a saber: el Precepto del Amor, será considerado como si su mayoría [de acciones] son inocentes y [orientará la balanza] de todo al lado de la inocencia. Esto significa que el lado (platillo) de [sus] transgresiones es transformado en méritos también como se mencionó en las palabras de *Taná Kamá* (el primer *Taná*); (ver aquí asuntos 110-11). Por lo tanto, aun si su lado [de la

זכאי, כי מדרגה זו מגיעה לו לאדם רק בזמן שזוכה לגילוי פנים, ולתשובה מיראה כנ"ל (סעיף נז', קיג'), ואיך יאמר זה על כל העולם כולו, בזמן שהמה לא זכו לתשובה זו. ולפיכך, מוכרח רק לומר, שהעולם נידון אחר רובו, והיחיד נידון אחר רובו.

פירוש, כי אפשר לחשוב, שאין האדם זוכה לבחינת צדיק גמור, אלא, בזמן שאין לו שום עבירה ולא חטא מעודו, אבל הללו שנכשלו בחטאים וזדונות, כבר אינם ראויים לזכות לבחינת צדיקים גמורים. לפיכך מלמדנו ר"א בר"ש רבי אלעזר בן רבי שמעון, שאינו כך, אלא שהעולם נידון אחר רובו, וכן היחיד. כלומר, שאחר שיצא מבחינת בינוני, דהיינו, לאחר שעשה תשובה מיראה כנ"ל (סעיף פח'), שאז זוכה תיכף בתרי"ב 612 מצוות ונקרא בינוני, דהיינו, מחצית שנותיו חייב ומחצית שנותיו זכאי, כנ"ל (סעיף קיג').

הנה אחר זה, אם רק מוסיף מצוה אחת, דהיינו מצות אהבה, נבחן שהוא רובו זכאי ומכריע הכל לכף זכות, כלומר, שהכף של העבירות נהפכת גם כן לזכויות, כנ"ל בדברי ת"ק התנא קמא (התנא הראשון), ע"ש (סעיף קי'-קיא'). הרי, שאפילו יש

balanza] está llena de transgresiones y actos maliciosos, todos ellos son convertidos en merecimientos, y él se parece a alguien que ciertamente nunca ha pecado y es considerado un completo justo.

Y lo que ha sido dicho es que ambos, el mundo y el individuo son juzgados por la mayoría [de acciones] de cada uno, lo cual significa que las transgresiones que hizo antes de su arrepentimiento no son tomadas en cuenta en absoluto porque han sido transformadas en méritos. Así que por lo tanto, aun aquellos que son completamente malignos, una vez que han alcanzado el Arrepentimiento por Amor, son considerados completamente justos (ver asuntos 64, 106, 109, 117).

Inclinar la balanza del mundo entero hacia el lado del merecimiento

121) Y es por eso que está dicho que si el individuo ha realizado [el] "un Precepto", refiriéndose a [el momento] después del Arrepentimiento por Temor cuando solamente el cumplimiento de [el] "un Precepto" está faltándole, como fue mencionado antes (asuntos 110-111) "feliz es aquel que ha inclinado [la balanza] para sí mismo y el mundo hacia el lado del mérito". Esto significa que no solamente él merece inclinar hacia el lado del mérito para sí mismo, a través del Arrepentimiento por Amor que él ha hecho, como el *Taná Kamá* (el primer *Taná*) dijo, sino que es encontrado que él también consigue inclinar [la balanza] para el mundo entero hacia el lado del mérito.

Esto significa que él logra ascender en nuevas introspecciones (lit. percepciones) maravillosas acerca de la Santa Torá, hasta que le es revelado cómo la gente del mundo entero es dirigida a obtener el Arrepentimiento por Amor, momento en el que la misma Providencia maravillosa que ha alcanzado para él mismo será revelada y vista por ellos también. Y la

בידו כף מלאה של עוונות וזדונות, נהפכים כולם לזכויות, ודומה ודאי למי שלא חטא מעולם, ונחשב לצדיק גמור.

וזש"א וזה שאמרו שהעולם וכן היחיד נידון אחר רובו, כלומר, שהעבירות שבידו מלפני התשובה, אינן באות בחשבון כלל, כי נהפכו לזכויות. הרי, שאפילו רשעים גמורים, אחר שזכו לתשובה מאהבה, נחשבים לצדיקים גמורים (ראה שוב סעיפים סד', קו', קט', קטז').

הכרעת כל העולם לכף זכות

קכא) ולפיכך, אומר, שאם היחיד עשה "מצוה אחת", כלומר, אחר התשובה מיראה, שאז אינה חסרה לו אלא "מצוה אחת" כנ"ל (סעיף קי'-קיא'), "אשריו שהכריע את עצמו והעולם כולו לכף זכות", כלומר, לא בלבד, שזוכה על ידי התשובה מאהבה שעשה, עד להכריע את עצמו לכף זכות כדברי תנא קמא התנא הראשון, אלא עוד נמצא, שזוכה גם כן להכריע את כל העולם לכף זכות.

פירוש, שזוכה לעלות בהשגות נפלאות בתורה הקדושה, עד שמתגלה לו, איך כל בני העולם כולו, סופם לזכות לתשובה מאהבה, אשר אז גם עליהם תגלה ותראה

balanza será inclinada para ellos al lado del mérito, y luego: "¡Que los pecadores sean consumidos de la Tierra, y que los perversos no existan más!" (Salmos 104:35).

Y aunque la gente del mundo no han todavía alcanzado ellos mismos ni siquiera el Arrepentimiento por Temor, sin embargo, después de que un individuo percibe la inclinación [de las balanzas] hacia el lado del mérito, el cual finalmente les llegará también, en una forma que es absolutamente clara, entonces esta situación es similar a [el concepto (mencionado en los asuntos 76 y 77):] "Ustedes verán su mundo durante su término de vida", que es dicho acerca de una persona que hace Arrepentimiento por Temor. Y es sorprendido y deleitado por este [por alcanzar el arrepentimiento], como hemos dicho, y es como si ya estuviera en su mano porque lo que ha de ser recogido puede ser visto como haber sido ya recibido, como se mencionó antes (asunto 84, empezando con las palabras: "Y aunque..."); estudie bien eso.

Y aquí también, para este individuo que percibe el arrepentimiento del mundo entero, se considera tal como si [la gente] ya ha merecido alcanzar el Arrepentimiento por Amor por sí mismos y que todos y cada uno de ellos ha inclinado [la balanza] de sus propias culpas hacia el lado del merecimiento al grado de que es suficiente para él para conocer los tratos [del Creador] con todas y cada una de entre las personas del mundo.

Y es por esto que Rav Elazar, hijo de Rav Shimón, dijo: "Bendito es el que ha inclinado [la balanza] para sí mismo y para el mundo entero hacia el lado del mérito" (asuntos 110-111) porque de este punto en adelante [este individuo], conoce todos los caminos de la Providencia [del Creador] con todos y cada ser creado del aspecto de la Revelación de Su Rostro real, a saber: "Aquel Quien es bueno y hace el bien a ambas: las [personas] buenas y las malas". Y por entender esto, él ha ganado el cuarto grado del

כל אותה ההשגחה הנפלאה כמו שהשיג לעצמו, וגם המה מוכרעים כולם לכף זכות, אשר אז (תהילים קד, לה') יתמו חטאים מן הארץ, ורשעים עוד אינם וכו'.

ואף על פי, שבני העולם בעצמם, עדיין לא זכו אפילו לתשובה מיראה, מכל מקום, אחר שהיחיד משיג את ההכרעה לכף זכות העתידה לבא להם, בהשגה ברורה ומוחלטת, הרי זה דומה, לבחינת "עולמך תראה בחייך" (סעיף עו'-עח') האמור כלפי העושה תשובה מיראה, שאמרנו, שמתפעל ומתענג מזה, כמו שכבר היה מושג לו תיכף, משום דכל העומד לגבות כגבוי דמי כל העומד להגבות נחשב כאילו כבר גבוי, כנ"ל (סעיף פד' ד"ה דבור המתחיל [במילה] ואע"פ ואף על פי) עש"ה.

וכן כאן, נחשב לו לאותו היחיד המשיג את תשובת כל העולם, ממש כמו שמכבר היו זכו ובאו לתשובה מאהבה, והכריע כל אחד ואחד מהם את כף חובותיו לכף זכות, עד שמספיק לו לגמרי, לידע עסקיו יתברך עם כל אחד ואחד מבני העולם.

וז"ש ר"א בר"ש וזה שאמר רבי אלעזר בן רבי שמעון (סעיף קי'-קיא'), אשריו שהכריע את עצמו ואת כל העולם לכף זכות, שמעתה נמצא יודע, את כל דרכי השגחתו יתברך עם כל בריה ובריה, מבחינת גילוי פניו האמיתיים, דהיינו, הטוב ומיטיב

amor, como fue explicado arriba (en asunto 73, empezando con las palabras: "El segundo nivel...").

Y Rav Elazar, hijo de Rav Shimón, tal como *Taná Kamá*, también advierte [a esta persona] que aún después de haber merecido inclinar [la balanza] para todo el mundo hacia el lado de la inocencia, todavía no confía en él mismo hasta el día de su muerte porque si, el Cielo no lo permita, él falla [por cometer] una simple transgresión, todos sus logros y generosidad maravillosos serán inmediatamente perdidos, como está dicho: "Un pecador pierde mucha bendición" (Eclesiastés 9:18) como el *Taná Kamá* (primer *Taná*) dijo (asuntos 110-111).

Y así, la diferencia entre *Taná Kamá* (primera opinión) y Rav Elazar, hijo de Rav Shimón, se ha aclarado. *Taná Kamá* habla solamente acerca de las segunda y tercera categorías del amor, y por lo tanto, no menciona la inclinación [de la balanza] del mundo entero. Pero Rav Elazar, hijo de Rav Shimón, habla acerca del cuarto grado del amor, el cual no puede ser imaginado excepto a través de la percepción de inclinar [la balanza] del mundo entero hacia el lado del mérito, como se explicó (asunto 119). Sin embargo, uno debe todavía entender cómo alcanzamos esta percepción maravillosa de inclinar la balanza del mundo entero hacia el lado del mérito.

Explicar la declaración de nuestros sabios acerca de la obligación de afligirse junto con la comunidad

122) Y nosotros debemos entender aquí las palabras de los sabios (Tratado *Taanit*, 11a) que son como sigue: "Hemos además aprendido que cuando la comunidad está absorta en aflicción, uno no debe decir: 'Me iré a casa y comeré y beberé, y dejaré a mi alma estar en paz'. Y si lo hace así, es uno sobre quien las Escrituras dicen: 'Y he aquí, gozo y alegría; degüellen a los

לרעים ולטובים, וכיון שיודע זה, הרי, זכה לבחינה ד' של אהבה, שהיא האהבה הנצחית, כמבואר (לעיל סעיף עג' ד"ה דבור המתחיל [במילה] מידה).

וכן ר"א בר"ש רבי אלעזר בן רבי שמעון כמו הת"ק התנא קמא, מזהירו גם כן, שאפילו אחר שזכה, גם להכריע את כל העולם לכף זכות, מ"מ מכל מקום אל יאמין בעצמו עד יום מותו, ואם חס ושלום יכשל בעבירה אחת, יאבדו כל השגותיו וטובותיו הנפלאות תיכף, כמ"ש כמו שכתוב וחוטא אחד יאבד טובה הרבה וכו', כנ"ל בדברי תנא קמא (סעיף קי'-קיא').

והנה נתבאר ההפרש מהת"ק לר"א בר"ש מהתנא קמא (הדעה הראשונה) לרבי אלעזר בן רבי שמעון, כי הת"ק התנא קמא, שמדבר רק מבחינה ב' ומבחינה ג' של האהבה, לפיכך אינו מזכיר את הכרעת כל העולם כולו. אמנם, ר"א בר"ש רבי אלעזר בן רבי שמעון מדבר מבחינה ד' של האהבה, שהיא לא תצוייר זולת על ידי ההשגה של הכרעת כל העולם כולו לכף זכות, כמבואר (סעיף קיט'), אלא עדיין יש להבין, במה זוכים להשגה הנפלאה הזו, להכריע את כל העולם לכף זכות.

ביאור מאמר חז"ל בהחיוב להצטער עם הציבור

קכב) וצריכים אנו כאן להבין דברי חז"ל (תענית י"א עמ' א'), וז"ל וזה לשונו, תניא אידך למדנו עוד, בזמן שהציבור שרויין בצער, אל יאמר אדם, אלך לביתי, ואוכל ואשתה, ושלום עליך נפשי, ואם עושה כן, עליו הכתוב אומר (ישעיהו כב', יג'), והנה ששון ושמחה, הרוג בקר ושחוט צאן, אכול בשר ושתות יין, אכול ושתו, כי מחר נמות.

toros y maten las ovejas, coman carne y beban vino; comamos y bebamos, porque mañana moriremos' (Isaías 22:13). ¿Qué está escrito más adelante? 'Y será revelado a los oídos del Dios de las Huestes, y ciertamente [esta iniquidad] no será olvidada por ti hasta que mueras' (Ibid. 14).

Hasta aquí, [habla acerca de] el atributo del mediocre. Pero ¿qué dice acerca del atributo del perverso? 'Ven, tomemos vino y llenémonos con licor; y el siguiente día será como este día' (Isaías 56:12). ¿Qué está escrito después de esto? 'El justo perece y nadie toma a pecho que a causa del mal, el justo es arrebatado' (Isaías 57:1). De ese modo uno debe estar junto con la comunidad en aflicción, etc. 'Entonces el merecerá recibir consuelo junto con la comunidad'". Fin de la cita (del Tratado *Taanit*).

123) Estas palabras aparentemente no tienen conexión una con la otra. [El tratado] desea traer prueba de las Escrituras de que uno está obligado a afligirse junto con la comunidad, pero si eso es así, ¿qué asunto tenemos allí de separar y dividir entre el atributo del mediocre y el atributo del perverso? Además ¿por qué el texto explícitamente dice "el atributo del mediocre y el atributo del perverso" en vez de decir: "el mediocre y el perverso"? ¿Por qué habla acerca de atributos?

Y además, ¿de dónde entendemos que el texto [anterior] habla del pecado de no tomar parte en las aflicciones de la comunidad? También, no vemos castigo alguno relativo al atributo del perverso, solamente una referencia a lo que ha sido dicho: "el justo perece y nadie lo toma a mal, etc.". Pero si los perversos han pecado, ¿qué ha hecho el justo que tenga que ser castigado? ¿Y por qué tendría que preocuparse el perverso de si es arrebatado el justo?

מה כתיב בתריה מה כתוב אחרי, ונגלה באזני ה' צבאות, אם יכופר העון הזה לכם עד תמותון (שם, יד').

עד כאן מידת בינונים, אבל במידת רשעים מה כתיב, אתיו בואו אקחה יין ונסבאה שכר, והיה כזה יום מחר (ישעיהו נו', יב'). מה כתיב בתריה מה כתוב אחרי, הצדיק אבד, ואין איש שם על לב... כי מפני הרעה נאסף הצדיק (שם נז', א'). אלא יצער אדם עם הצבור וכו' זוכה ורואה בנחמת צבור, עכ"ל עד כאן לשון (מסכת תענית).

קכג) ולכאורה אין לדברים הללו שום קשר, כי רוצה להביא ראיה מהכתוב, אשר האדם מחוייב להצטער עצמו עם הצבור, ואם כן מה יש לנו להבדיל כאן ולחלק, בין מידת בינונים למידת רשעים. ועוד, מהי הלשון שמדייק: מידת בינונים, ומידת רשעים, ולמה אינו אומר בינונים ורשעים, ומידות למה לי.

ועוד, מאין משמע, שהכתוב מדבר, בעון שאינו מצטער עצמו עם הצבור. ועוד, שאין אנו רואים שום עונש במידת רשעים, אלא, במ"ש במה שכתוב, הצדיק אבד ואין איש שם על לב וכו', ואם הרשעים חטאו, צדיק מאי עבידתיה מה עשה הצדיק שיענש, ומאי איכפת להו לרשעים, אם הצדיק נאסף.

El atributo del mediocre y el atributo del perverso

124) Verdaderamente, usted debe saber que estos atributos del mediocre, del perverso, y del justo (*tsadik*) mencionados en esta *Braitá* no se refieren a personas específicas, sino más bien todos los tres [atributos] están presentes en todas y cada una de las personas en el mundo. Esto es porque estos tres atributos deben ser observados en todas y cada una de las personas. Durante el tiempo del Ocultamiento del Rostro para una persona —significando: antes de que gane el Arrepentimiento por Temor—él es considerado que pertenece al atributo de los perversos (asunto 52).

Más tarde, si él amerita el Arrepentimiento por Temor (asunto 57), se considera que pertenece al atributo del mediocre, como se mencionó antes (asunto 62). Y luego, si él amerita también el Arrepentimiento por Amor, que es el cuarto nivel [del amor], a saber: el amor eterno, como se mencionó antes (asuntos 64 y 73), él es considerado un justo completo. Por lo tanto, [los sabios] no solamente dijeron "mediocre" y "justo", sino [más bien] "el atributo del mediocre" y "el atributo del perverso", como se explicó (asunto 122).

Participar en la aflicción de la comunidad

125) Además, debemos recordar que [una persona] no puede merecer el antes mencionado cuarto grado del amor sin primero ganar el aspecto de la Revelación del Rostro, que está dirigida a aparecer al mundo entero y aunque él tiene suficiente poder para inclinar la balanza de toda la gente en el mundo hacia el lado de la inocencia, como se mencionó antes en las palabras de Rav Elazar, hijo de Rav Shimón (asunto 118). Y ya hemos explicado que la Revelación del Rostro está dirigida a transformar toda aflicción y tristeza que apareció durante el tiempo del Ocultamiento del

מדת בינונים ומדת רשעים

קכד) אמנם תדע, שאלו המידות של בינונים ושל רשעים וצדיק שמזכירים בברייתא הזאת, אינם באנשים מיוחדים, אלא, ששלשתם נמצאים בכל אדם ואדם שבעולם. כי בכל אדם יש להבחין ג' המידות הנ"ל, כי בזמן הסתר פנים של האדם, דהיינו, עוד מטרם שזכה אפילו לתשובה מיראה, נבחן אז במידתם של רשעים (סעיף נב').

ואחר כך, אם זוכה לתשובה מיראה (סעיף נז'), נבחן במידתם של בינונים, כנזכר לעיל (סעיף סב'), ואחר כך, אם זוכה גם כן לתשובה מאהבה, בבחינה ד' שבה, דהיינו אהבה נצחית כנ"ל (סעיף סד' ועג'), נבחן לצדיק גמור. ולפיכך, לא אמרו בינונים וצדיקים סתם, אלא, מידת בינונים ומידת רשעים, כמבואר (סעיף קכג').

השתתפות בצרת הצבור

קכה) עוד צריכים לזכור, שאי אפשר לזכות לבחינה ד' של אהבה האמורה, אם לא שיזכה קודם להשיג לבחינת גילוי פנים העתיד לבא לכל העולם, שבזה כחו יפה להכריע גם את כל העולם לכף זכות, כדברי ר"א בר"ש רבי אלעזר בן רבי שמעון הנ"ל (סעיף קיח'). וכבר נתבאר, שענין גילוי הפנים, מחוייב להפוך כל צער ועצבון שבאו בעת הסתר פנים, ולעשותם לתענוגות נפלאים, עד כדי להצטער

Rostro, convirtiéndolos en delicias maravillosas, tanto que uno debe lamentar por haber sufrido tan poco, como hemos explicado bien antes (asunto 121, empezando con las palabras "Y es por esto…"); estudie eso bien.

Siendo este el caso, debemos preguntar: Cuando una persona inclina su balanza hacia el lado de la inocencia, seguramente recuerda toda la aflicción y las experiencias dolorosas por las que pasó durante el tiempo del Ocultamiento del Rostro. Y así, hay una realidad aquí, donde todas [estas aflicciones] son transformadas en maravillosas delicias para él, como ha sido dicho. Pero cuando inclina [la balanza] del mundo entero hacia el lado de la inocencia, ¿cómo conoce el grado de aflicción y dolor por el que está pasando toda la gente en el mundo, y así entenderlos y [saber] cómo son inclinados hacia el lado de la inocencia, de la misma manera que hemos aclarado [la situación] con respecto a la persona que inclina su propia [balanza]? (Ver arriba, (asunto 121), empezando con las palabras: "Y es por esto…").

El aspecto (lit. platillo) del mérito para todo el mundo no debe faltar en el momento en que [la persona] es capaz de inclinarlos hacia el lado de la inocencia. [Para que eso pase] la persona no tiene otro camino (lit. plan) sino asegurarse de que él siempre sentirá aflicción en él mismo empatizando con las aflicciones de la comunidad, tal como él se sentiría afligido por sus propias penas. Entonces el aspecto (lit. platillo) de la culpa del mundo entero estará listo dentro de él, así como su propia culpa, de una manera que si él merece dirigirse [inclinarse] hacia el lado de la inocencia, será capaz de dirigir al mundo entero hacia el lado de la inocencia. Y entonces merecerá ser un justo completo.

על מיעוט היסורים שסבל, כמו שנתבאר היטב לעיל (סעיף קכא' ד"ה דבור המתחיל [במילה] ולפיכך) עש"ה.

ומכיון שכן, יש לשאול אדם כשהוא מכריע את עצמו לכף זכות, הוא ודאי זוכר, כל הצער והמכאובים שהיו לו בשעת הסתרת הפנים, לכן יש מציאות, שכולם מתהפכים לו לתענוגות נפלאים כאמור, אך כשהוא מכריע את כל העולם לכף זכות, מאין יודע את מידת הצער והמכאובים שכל הבריות שבעולם סובלים, כדי שיבין אותם, איך הם מוכרעים לכף זכות, באותו האופן שביארנו באדם בהכרעת עצמו, לעיל (סעיף קכא ד"ה דבור המתחיל [במילה] ולפיכך).

וכדי שלא תהיה כף הזכות של כל העולם חסרה, בעת שיהיה מוכשר להכריע אותם לכף זכות, אין לאדם שום תחבולה אחרת, אלא שיראה, להצטער עצמו תמיד בצרת הצבור ממש כמו שמצטער בצרותיו עצמו, כי אז, תהיה לו כף החובה של כל העולם מוכנה בקרבו, כמו כף החובה של עצמו, באופן, שאם יזכה להכריע את עצמו לכף זכות, יוכל גם כן להכריע את כל העולם לכף זכות, ויזכה לבחינת צדיק גמור.

Interpretar la Braitá de acuerdo con: "Ciertamente, esta iniquidad no te será perdonada"

126) Y por medio de estas explicaciones, las palabras de la *Braitá* pueden ser entendidas apropiadamente: que si una persona no participa en las aflicciones de la comunidad, entonces se descubre que aunque él alcanza el Arrepentimiento por Temor, que es el atributo de un mediocre, (como se mencionó anteriormente (asunto 62) empezando con las palabras: "Y él es también llamado"), las Escrituras se refieren a él y hablan en su favor, diciendo (asunto 122): "He aquí el gozo y la alegría". Significando que la persona ha ganado la bendición de "Tú verás tu mundo en tu tiempo de vida" (asuntos 76-78) y ve todas las recompensas de sus acciones de acuerdo con los Preceptos —recompensas listas para él en el Mundo por Venir—; ciertamente él está "lleno de alegría y gozo", y se dice a sí mismo: "Degüellen al toro y maten a la oveja; coman carne y beban vino. Comamos y bebamos, porque mañana moriremos" (asunto 122). Esto significa que está lleno de gran alegría debido a la recompensa que le está prometida en el Mundo por Venir, y es por eso que dice muy contento: "Porque mañana moriremos" [significando:] recogeré mi vida en el Mundo por Venir, dado que me pagarán después de mi muerte.

Pero lo que está escrito en lo siguiente: "Y será revelado al Dios de las Huestes, y ciertamente esta iniquidad no te será perdonada hasta que mueras" (Isaías 22:14). Esto significa que la Escritura está reprendiendo [al individuo] por los pecados no intencionales que ha cometido porque ha sido explicado que los pecados intencionales de aquel que se arrepiente con Arrepentimiento por Temor son transformados solamente en pecados no intencionales, como se explicó antes (asunto 121, empezando con las palabras: "Y es por esto..."). Siendo este el caso, dado que él no se aflige con la comunidad y [así] no puede merecer el Arrepentimiento por Amor —donde sus pecados intencionales habrían de ser transformados en méritos (asuntos 110-111)— se sigue por necesidad que los pecados no

ביאור הברייתא ע"פ אם יכופר לכם העון הזה

קכו) ומהמתבאר מובנים דברי הברייתא כהלכתם, שאם האדם אינו מצטער עצמו עם הצבור, נמצא, שאפילו בעת שזכה לתשובה מיראה, שהיא מידת בינוני כנ"ל (סעיף סב' ד"ה דבור המתחיל [במילה] ונקרא), אומר עליו הכתוב (סעיף קכב'), ומדבר בעדו, "והנה ששון ושמחה", פירוש, שהאדם שזכה לברכה של "עולמך תראה בחייך" (סעיף עו'-עח'), ורואה את כל שכר המצוה שלו המוכן לעולם הבא, הנה הוא ודאי "מלא ששון ושמחה", ואומר לעצמו, "הרוג בקר ושחוט צאן, אכול בשר ושתות יין, אכול ושתו כי מחר נמות" (סעיף קכב'). כלומר, שמלא שמחה גדולה מחמת השכר המובטח לו לעולם הבא, וזה שאומר בשמחה רבה "כי מחר נמות" ואגבה את חיי העולם הבא שלי משלם לאחר מיתתי.

אמנם מאי כתיב בתריה מה כתוב אחרי "ונגלה באזני ה' צבאות, אם יכופר העון הזה לכם, עד תמותון" (סעיף קכב'). כלומר, שהכתוב מוכיח אותו על השגגות שבידו, כי נתבאר, שהעושה תשובה מיראה הזדונות נהפכות לו רק לשגגות כנ"ל (סעיף קכא' ד"ה דבור המתחיל [במילה] ולפיכך), ואם כך, מכיון שלא ציער עצמו עם הצבור, ואינו יכול לזכות לתשובה מאהבה, אשר אז הזדונות נהפכו לו לזכויות (סעיף קי'-קיא'), אם כן הכרח הוא, אשר לשגגות שבידו לא תהיה שום כפרה, בחיים חיתו, ואיך יוכל לשמוח בחיי העולם הבא שלו. וז"ש וזה שאומר הכתוב "אם יכופר

intencionales que él ha realizado no serán perdonados durante su tiempo de vida, así que ¿cómo puede ser feliz con su vida en el Mundo por Venir? Y esto es a lo que las Escrituras [se refieren] al decir: "Ciertamente, esta iniquidad no será perdonada" (aquí, asunto 122), a saber: los pecados no intencionales o errores, "hasta que mueras", esto es: antes de que él muera, ya que está siendo privado de la expiación.

לכם העון הזה" (סעיף קכב'), דהיינו השגגות, עד תמותון, כלומר, בטרם שימות והריהו נמנע מכפרה.

Capítulo Nueve
La Vida Buena Versus la Vida Mala

El atributo del perverso, el mediocre y el justo dentro de cada persona

127) Y la Braitá continúa diciendo (asunto 122) que "este es el atributo del mediocre", queriendo decir que el pasaje escritural [anterior] habla del momento en que uno ha hecho Arrepentimiento por Temor en adelante, un período durante el cual él es llamado "un mediocre", como se mencionó anteriormente (asunto 62). "Pero del atributo del perverso, ¿qué ha sido escrito?" significando: ¿qué ocurre desde el tiempo [en que la persona] estaba en el Ocultamiento del Rostro, que es llamado "el atributo del perverso"?, como se mencionó arriba (asunto 122). Y fue explicado que el Arrepentimiento por Temor no corrige lo que la persona atravesó antes de hacer el arrepentimiento [en modo alguno], y por lo tanto, la *Braitá* presenta (lit. trae) otro pasaje escritural acerca [de estas personas], que es: "Vengan, tomemos vino y llenémosnos de licor; y al día siguiente estaremos como en este día" (asunto 122).

El significado de este [pasaje] es que esos días y años que él ha atravesado desde el tiempo del Ocultamiento del Rostro y que él no ha corregido todavía (como se mencionó anteriormente (asuntos 80-82)) son llamados "el atributo del perverso". Esos [días y años] no desean que él muera porque ellos no tienen parte después de la muerte en el Mundo por Venir, siendo el atributo del perverso. Y por lo tanto, durante el mismo tiempo que su atributo de mediocre es feliz y alegre, [como está indicado por] "mañana moriremos", [porque] alcanzará la vida del Mundo por Venir, simultáneamente el atributo del perverso en él no dice eso, sino que dice [por el contrario]: "y el siguiente día será como este día". Esto significa que

פרק תשיעי
החיים הטובים והחיים הרעים

מדת רשע בינוני וצדיק אשר בכל אדם

קכז) ואומרת עוד הברייתא (סעיף קכב'), זו "מידת בינונים", כלומר, שהמקרא הזה מדבר, מעת שעשה תשובה מיראה ואילך, שבזמן הזה נקרא בינוני כנ"ל (סעיף סב'), "אבל במידת רשעים מה כתיב", פירוש, מה יהיה מאותו הזמן שהיה שרוי בהסתר פנים, שנקרא אז "מידת רשעים", כנ"ל (סעיף קכב'). ונתבאר, אשר תשובה מיראה, אינה מתקנת את העבר עליו מטרם שעשה תשובה, ולפיכך, מביאה עליהם הברייתא מקרא אחר (סעיף קכב'), שהוא "אתיו אקחה יין ונסבאה שכר, והיה כזה יום מחר".

פירוש, שאותם הימים והשנים, שעברו עליו מזמן של הסתר הפנים, שלא תיקן עוד אותם כנ"ל (סעיף פ'-פב'), שנקרא "מידת רשעים", הנה הם אינם חפצים שימות, משום שאין להם שום חלק לאחר מיתה בעולם הבא, להיותם מידתם של רשעים. ולפיכך, באותה השעה שמידת הבינונים שבו, שמחה וצוהלת "כי מחר נמות", ותזכה לחיי העולם הבא, הרי יחד עמה, מידת הרשעים שבו אינה אומרת כן, אלא שאומרת "והיה כזה יום מחר", כלומר, שרוצה לשמוח ולחיות

este [el atributo del perverso en él] desea ser feliz y vivir en este mundo por siempre, ya que no tiene parte alguna en el Mundo por Venir porque no lo ha corregido, como se explicó arriba, porque este [el atributo del perverso en él] no puede ser corregido excepto por el Arrepentimiento por Amor.

128) Y con esto, la *Braitá* concluye: "¿Qué está escrito en lo siguiente? 'El justo ha perecido'", significa que el aspecto del justo completo que esta persona tiene que alcanzar se ha perdido en él. '… y nadie toma a pecho que debido al mal, el justo es rechazado' (asunto 122), significa que a causa de que el mediocre no se ha afligido junto con el público, no puede, por lo tanto, alcanzar el Arrepentimiento por Amor, que transforma las acciones maliciosas en méritos y la miseria en deleites maravillosos, como se mencionó antes (asuntos 110-111). En vez de eso, todos los pecados no intencionales y penas que él ha sufrido antes de alcanzar el Arrepentimiento por Temor son todavía válidos porque todavía existen desde el aspecto del "atributo del perverso", quien todavía se aflige de Su Providencia. Y debido a estas aflicciones que [el atributo del perverso dentro de él] aún siente, él no puede merecer ser un justo completo.

Y las Escrituras dicen: "Y nadie toma esto a pecho", lo cual significa que esta persona no toma esto a pecho "porque debido al mal", a saber: debido a las "aflicciones" que todavía siente de tiempos pasados de la Providencia [del Creador], "el justo es rechazado", lo que significa que su atributo de ser un justo es retirado y él morirá y partirá del mundo [mientras él está] solamente en el aspecto de un mediocre, como se mencionó arriba. Y todo esto es porque cualquiera que no siente pena junto con el público no obtiene ver el consuelo del público porque él no será capaz de inclinar la balanza para ellos hacia el lado de la inocencia y [así] atestiguar (lit. ver) su consuelo, como se explicó. Y por lo tanto, nunca será capaz de merecer el aspecto de un justo, lo cual ha sido explicado ampliamente antes.

בעולם הזה לעולם, כי אין לה עדיין שום חלק לעולם הבא, כי לא תיקן אותה, כמבואר לעיל, שאין לה תיקון אלא על ידי תשובה מאהבה.

קכח) וזה שמסיימת הברייתא, מה כתיב בתרי׳ מה כתוב אחרי זה, ״הצדיק אבד״, כלומר בחינת הצדיק הגמור, שהאדם הזה צריך לזכות בו, הנה זה אבד ממנו, ״ואין איש שם על לב, כי מפני הרעה נאסף הצדיק״ (סעיף קכב׳). כלומר, מפני שאותו הבינוני, לא ציער עצמו עם הצבור, ואינו יכול לזכות משום זה לתשובה מאהבה, המהפכת הזדונות לזכויות ואת הרעות לתענוגות נפלאים כנ״ל (סעיף קי׳-קיא׳), אלא כל השגגות והרעות שסבל, מטרם שזכה לתשובה מיראה, עדיין הן עומדות בעינן, מבחינת מדת רשעים, המרגישים רעות מהשגחתו יתברך, ומפני הרעות האלו שעודם מרגישים, אינו יכול לזכות ולהיות צדיק גמור.

וזה שהכתוב אומר, ״ואין איש שם אל לב״, כלומר, אותו האדם אינו שם אל לבו, ״כי מפני הרעה״, כלומר, משום ה״רעות״ שעדיין מרגיש מזמן שעבר, בהשגחתו יתברך, ״נאסף הצדיק״, כלומר, נאבדה לו בחינת צדיק, וימות ויפטר מהעולם רק בבחינת בינוני בלבד, כמבואר. וכל זה הוא, שכל מי שאינו מצער עצמו עם הצבור, אינו זוכה ורואה בנחמת הצבור, כי לא יוכל להכריע אותם לכף זכות, ולראות בנחמה שלהם, כמבואר. ולפיכך, לא יזכה לעולם לבחינת צדיק, כנ״ל באריכות.

Los perversos que se sienten mal piensan que el mundo entero, como ellos, está bajo la Providencia negativa

129) De todo lo que se ha dicho hasta este punto, hemos tenido el mérito de aprender que no hay ser humano (lit. nacido de mujer) a quien las siguientes tres *midot* (atributos y también niveles) mencionadas arriba no se aplican: el atributo del perverso, el atributo del mediocre y el atributo del justo. Son llamados *midot* (atributos, niveles) porque son derivados de las *midot* (niveles) de entender Su Providencia.

Y esto es lo que está dicho por nuestros sabios: "Según el nivel (*midá*) con que uno evalúa (*moded*), él está siendo así evaluado (*modedim lo*) (Tratado *Sotá*, 5b), significando que aquellos que perciben la *midá* (nivel o evaluación) de Su Providencia desde el aspecto del Ocultamiento del Rostro son "evaluados" para ser el nivel/atributo de los perversos, o no completamente perversos, correspondiendo al Doble Ocultamiento (como se mencionó antes (asunto 124), empezando con la palabra: "Verdaderamente…").

Y de acuerdo con su pensar y sentir, el mundo está siendo conducido con la Providencia mala, el Cielo no lo permita, de la misma manera que ellos traen el mal sobre ellos mismos por medio de recibir sufrimiento y dolor de la Providencia [del Creador] y por sentirse solamente mal a lo largo de todo el día. Y traen el mal sobre sí mismos aún más por pensar que todas las personas del mundo están supervisadas, como ellos, a través de esta mala Providencia, el Cielo no lo permita. Y por lo tanto, aquellos que perciben la Providencia desde el aspecto del Ocultamiento del Rostro son llamados perversos o malos.

Y usted debe entender que este nombre [perverso] es revelado dentro de ellos desde lo profundo de su sentimiento. Esto depende del entendimiento del corazón [solamente] y no hay importancia alguna para algún discurso o pensamiento justificando Su Providencia, cuando esta [la Providencia]

הרשעים שמרגישים רע חושבים שכל העולם מושגחים בהשגחה לא טובה כמותם

קכט) והנה מכל האמור עד הנה זכינו לדעת, שאין לך ילוד אשה, שלא יעברו עליו ג׳ המידות הנ״ל, שהן: מידת רשעים, ומידת בינונים, ומידת צדיקים. ונקראות בשם מידות, להיותן נמשכות ממידות השגתם את השגחתו יתברך.

וע״ד ועל דרך שאמרו ז״ל, במידה שאדם מודד מודדים לו (סוטה ה׳ עמ׳ ב׳) כי המשיגים מידת השגחתו מבחינת הסתר פנים, נבחנים במידת רשעים: או רשעים שאינם גמורים שמצד ההסתר האחד, או רשעים גמורים שמצד ההסתר הכפול (כנ״ל סעיף קכד׳ ד״ה דבור המתחיל [במילה] אמנם).

ומשום, שלדעתם והרגשתם, מתנהג העולם בהשגחה לא טובה חס ושלום, דהיינו כמו שהם ״מרשיעים״ את עצמם, שמקבלים מהשגחתו יתברך יסורים ומכאובים ומרגישים רק רע כל היום, והמה עוד ״מרשיעים״ ביותר, במה שחושבים, שכל בני העולם מושגחים כמותם בהשגחה לא טובה חס ושלום, ולפיכך משיגי ההשגחה מצד הסתר הפנים, מכונים בשם ״רשעים״.

והבן זה, כי מתוך מעמקי הרגשתם מתגלה בהם השם הזה, ובאבנתא דלבא ובהבנת הלב תלוי, ולא חשוב כלל הדיבור או המחשבה, המצדקת השגחתו יתברך,

contradice el sentimiento de todos los órganos y los sentidos que no sabe cómo mentir como [el pensamiento lo hace] aun cuando sea forzado a ello.

Por lo tanto, aquellos que están en el nivel de percibir esta Providencia [del aspecto del Ocultamiento del Rostro] son considerados haber inclinado [la balanza] para ellos mismos y para el mundo entero hacia el lado de la culpa, como se mencionó antes (asuntos 110-111) en las palabras de Rav Elazar, hijo de Rav Shimón; estudie eso bien. Esto es a causa de la razón descrita antes: que ellos imaginan que todas las personas del mundo son como ellos: siendo supervisados con mala Providencia, el Cielo no lo permita, como conviene a la naturaleza del Creador, Quien es bueno y hace el bien al perverso y al justo.

Más acerca del grado del mediocre y el justo

130) Y aquellos que merecen percibir y sentir Su Providencia desde el aspecto de la Revelación del Rostro en su primer grado, el cual es llamado Arrepentimiento por Temor (como se mencionó anteriormente (asunto 109), empezando con las palabras: "Y aquí..." (y también el asunto 62)), son considerados en el nivel (atributo) de mediocridad porque sus emociones están divididas en dos partes, las cuales son llamadas "los dos platillos de la balanza". Esto es porque ahora que merecen la Revelación del Rostro del aspecto de: "ustedes verán su mundo en su tiempo de vida (asunto 76-78)" (como se mencionó anteriormente (asunto 117) empezando con las palabras: "Y el *Taná* habla..."), ellos han percibido Su Providencia buena por lo menos de este punto en adelante, como conviene a Su buen nombre, y por lo tanto ellos han [ganado] "el lado (lit. platillo) del mérito (inocencia)".

Sin embargo, toda la aflicción y el sufrimiento amargo que fue grabado profundamente en sus emociones desde todos los días y años durante

בשעה שהיא מתנגדת להרגשת כל האברים והחושים, שאינם יודעים לשקר בעצמם מאונס כמותה.

ולפיכך, הנמצאים במידת השגת ההשגחה הזאת, נבחנים שהכריעו את עצמם ואת כל העולם לכף חובה כנ"ל בדברי ר"א בר"ש רבי אלעזר בן רבי שמעון (סעיפים קי'-קיא') עש"ה, שהוא מטעם האמור להיותם מדמים לעצמם שכל בני העולם מושגחים כמותם בהשגחה לא טובה חס ושלום, כראוי לשמו יתברך הטוב ומיטיב לרעים ולטובים.

עוד בדרגות בינונים וצדיקים

קל) והזוכים להשיג ולהרגיש השגחתו יתברך מבחינת גילוי פנים במדרגתו הראשונה, המכונה תשובה מיראה כנ"ל (סעיף קט' ד"ה דבור המתחיל [במילה] והנה וסעיף סב'), נבחנים במידת בינונים, משום שרגשותיהם מתחלקים לב' חלקים, המכונים "ב' כפות המאזנים": כי עתה שזוכה ל"גילוי פנים" (סעיף נד'-נו') מבחינת "עולמך תראה בחייך" (סעיף עו'-עח'), כנ"ל (סעיף קטז' ד"ה דבור המתחיל [במילה] ואומר), הרי, כבר השיגו לכל הפחות מכאן ואילך, את השגחתו יתברך הטובה כראוי לשמו יתברך הטוב, ויש להם על כן "כף זכות".

אמנם כל הצער והיסורים המרים שנחקקו היטב ברגשותיהם, מכל הימים והשנים שקבלו השגחת הסתר הפנים (סעיף פ'-פב'), דהיינו, מזמן העבר מטרם

los cuales recibieron la Providencia del Ocultamiento del Rostro (asuntos 80-82) —esto es: desde tiempos pasados antes de que ganaran el citado Arrepentimiento [por Miedo]— son todavía válidos, y son llamados "el lado (lit. platillo) de la culpa (asunto 110)". Y ellos tienen estos dos lados (lit. platillos) [de las balanzas] puestos uno contra el otro: desde el momento de su arrepentimiento y antes, el lado de la culpa es arreglado y todavía válido; y desde el momento de su arrepentimiento en adelante, el platillo de la inocencia está arreglado y garantizado. Esto significa que el momento del arrepentimiento está puesto en [la mitad], entre (*bein*) la culpa y (*bein*) la inocencia, y por lo tanto ellos son llamados mediocres (*beinonim*).

131) Y aquellos que merecen el segundo grado de la Revelación del Rostro, el cual es llamado Arrepentimiento por Amor (asunto 64), donde sus acciones maliciosas se vuelven méritos para ellos (como se mencionó anteriormente (asunto 121), empezando con las palabras: "Y es por esto que..."), son consideradas como si ellas hubieran inclinado [la balanza de] el lado de la culpa mencionado antes al lado de la inocencia. Esto significa que toda la aflicción y la penuria que habían sido grabadas en sus huesos mientras estaban bajo la Providencia del Ocultamiento del Rostro están ahora controladas e inclinadas al lado de la inocencia porque toda la aflicción y la tristeza han sido convertidas en un maravilloso e interminable placer (como se mencionó anteriormente (asunto 108) empezando con las palabras: "Esto es análogo a..."). Y son ahora llamados *tsadikim* [plural de *tsadik*, significando "justo" o "recto"] porque ellos justifican (*matsdikim*) Su Providencia.

132) Y debemos saber que el antes mencionado atributo del mediocre está también en efecto aun cuando la persona está bajo la Providencia del Ocultamiento del Rostro, porque cuando [las personas están] haciendo un gran esfuerzo en la creencia en la recompensa y el castigo, una Luz de gran certidumbre en el Creador les es revelada, y obtienen, por el tiempo presente, el nivel de la Revelación de Su Rostro, como conviene al atributo

שזכו לתשובה האמורה, הרי כל אלו עומדים בעינם, ונקראים "כף חובה" (סעיף קי'). וכיון שיש להם ב' הכפות הללו הערוכות זו לעומת זו, באופן: שמרגע תשובתם ולפניהם ערוכה ועומדת בעינה כף החובה. ומרגע תשובתם ולאחריהם, ערוכה ומובטחת להם כף הזכות. הרי עת התשובה נמצאת להם "בין" החובה ו"בין" הזכות, ועל כן, נקראים "בינונים".

קלא) והזכאים, לבחינת גילוי פנים ממדרגה ב', המכונה תשובה מאהבה (סעיף סד'), שזדונות נעשים להם אז כזכויות כנ"ל (סעיף קכא' ד"ה דבור המתחיל [במילה] ולפיכך), נבחנים, שהכריעו את "כף החובה" הנ"ל ל"כף זכות", דהיינו, שכל הצער והיסורים שנחקקו בעצמותיהם, בעת שהיו עומדים תחת השגחת הסתר פנים, הוכרעו עתה ונהפכו ל"כף זכות", כי כל צער ועצב נהפך לתענוג נפלא לאין קץ, כנ"ל (סעיף קח' ד"ה דבור המתחיל [במילה] וזה דומה), ונקראים עתה "צדיקים" על שם שמצדיקים השגחתו יתברך.

קלב) וצריכים לדעת, שמידת הבינונים (סעיף קכג') האמורה נוהגת גם כן, בשעת היות האדם, אפילו תחת השגחת הסתר פנים, כי על ידי התאמצות יתירה באמונת שכר ועונש, מתגלה אליהם, אור של בטחון גדול בהשם יתברך, וזוכים לשעתם, במדרגת גילוי פניו יתברך, במידתם של בינונים. אלא החסרון הוא, שאינם יכולים לעמוד על מידותיהם, שישארו כן בקביעות, כי להשאר

de un mediocre. Pero la desventaja es que ellos no pueden depender de este atributo quedándose permanentemente porque la única manera de mantener este permanentemente es a través del Arrepentimiento por Temor (como se mencionó antes, asunto 109, empezando con las palabras: "Y aquí…").

Una vez que la persona ha alcanzado el Arrepentimiento por Amor, le es dado más trabajo en la Torá y sus Preceptos

133) Debemos también saber que las cosas que hemos dicho con respecto al asunto del libre albedrío siendo válido solamente durante el tiempo del Ocultamiento del Rostro (como se mencionó antes (asunto 53) empezando con las palabras: "Debemos saber…"), no significa que después de que uno ha alcanzado la Providencia de la Revelación del Rostro está libre de trabajar duro y poner esfuerzo en la Torá y sus Preceptos. Lo opuesto es el caso: la tarea principal en la Torá y los Preceptos empieza propiamente después de que uno ha alcanzado el Arrepentimiento por Amor, porque solamente entonces es posible que uno se dedique a la Torá y los Preceptos por amor y temor, como se nos ordenó, porque "el mundo no fue creado sino solamente para los justos completos" (Tratado *Berajot* 61b).

Esto es análogo al rey que deseaba seleccionar él mismo a todos sus más leales y amados [súbditos] en su país y ponerlos a trabajar dentro de su palacio. ¿Qué hizo él? Dictó un decreto abierto al país diciendo que quien lo deseara, joven o viejo, podría venir a él y dedicarse a los trabajos internos en su palacio. Pero tomó a muchos de sus esclavos y los puso como guardias en la entrada de su palacio y en todos los caminos que conducían a su palacio, dándoles instrucciones de astutamente engañar a aquellos que se aproximaran y desviarlos del camino que conducía al palacio.

בקביעות, אי אפשר, אלא על ידי תשובה מיראה, כנ"ל (סעיף קט' ד"ה דבור המתחיל [במילה] והנה).

אחר שזכה האדם לתשובה מאהבה מוטל עליו יותר העבודה בתומ"צ בתורה ומצוות

קלג) גם יש לדעת, שמה שאמרנו, שאין ענין הבחירה נוהג אלא בזמן הסתר הפנים, כנ"ל (סעיף נג' ד"ה דבור המתחיל [במילה] וצריכים) אין הכונה, שאחר שזכה להשגחה של גילוי פנים, אין לו עוד שום טורח ויגיעה, בעסק התורה והמצוות, אלא אדרבה, עיקר העבודה בתורה ומצוות כראוי, מתחילה אחר שזכה האדם לתשובה מאהבה, כי רק אז אפשר לו, לעסוק בתורה ומצוות באהבה ויראה כמצווה עלינו. ולא איברי עלמא, אלא לצדיקי גמירי ולא נברא העולם אלא לצדיקים גמורים (ברכות ס"א עמ' ב').

אלא הדבר דומה, למלך, שחשק לבחור לעצמו, כל אוהביו הנאמנים לו ביותר שבמדינה, ולהכניסם לעבודתו בהיכלו פנימה. מה עשה, נתן צו גלוי במדינה, שכל הרוצה כקטן כגדול, יבא אליו לעסוק בעבודות הפנימיות שבהיכלו. אבל העמיד מעבדיו שומרים רבים, על פתחו של ההיכל, ובכל הדרכים המובילים להיכלו, וציווה אותם להטעות בערמה את כל המתקרבים להיכלו, ולהדיחם מהדרך המוביל להיכל.

Por supuesto, toda la gente del país empezó a correr hacia el palacio real, pero al llegar eran engañados por la astucia de los diligentes guardias. Muchos de ellos sobrepasaron a los guardias y se las arreglaron para acercarse a la puerta del palacio. Pero los guardias en la puerta eran muy conscientes, y quien se acercaba a la puerta era movido y empujado hacia atrás con gran astucia y habilidad hasta el punto que ellos regresaban al lugar de donde habían venido. Y así iban y regresaban otra vez; y otra vez reunían fuerza, venían otra vez y regresaban, y así lo hicieron una y otra vez por días y años hasta que se desanimaban para volver a intentarlo. Y solo los más valientes de ellos, quienes tuvieron suficiente paciencia, derrotaron a esos guardias y abrieron la puerta inmediatamente, arreglándoselas para ser recibidos y ver el rostro del rey, quien dio a cada uno una tarea que era la mejor para él.

Y naturalmente, de allí en adelante, no tenían nada que ver más con esos guardias, quienes habían tratado de distraerlos y los habían apartado y hecho sus vidas amargas por muchos días y años [forzándolos] a alejarse y acercarse a la puerta, porque [ahora] ellos merecían trabajar y servir con respeto a la gloria de la luz del rostro del rey dentro de su palacio. Y este es también el caso en el trabajo del completamente justo (*tsadik*), ya que el libre albedrío que fue válido durante el tiempo del Ocultamiento del Rostro seguramente no es ya válido desde el momento en que él abre la puerta percibiendo la Providencia visible.

Verdaderamente, uno empieza con la esencia del trabajo [espiritual del Creador] desde el aspecto de la Revelación del Rostro porque esto es cuando uno empieza a ascender los muchos peldaños de la escalera que está situada en la Tierra y su parte alta llega al Cielo. Este es el secreto del pasaje: "Van de fuerza en fuerza" (Salmos 84:8). Y esto es lo que se quiso decir con las palabras de los sabios: "Que cada justo es quemado por el pabellón de su amigo" (Tratado *Bava Batra* 7a) porque estas [maneras] de trabajo [espiritual] los prepara para la Voluntad del Creador, de modo

וכמובן, שכל בני המדינה התחילו לרוץ להיכל המלך, אמנם, נידחו בערמת השומרים החרוצים, ורבים מהם התגברו עליהם, עד שהצליחו להתקרב אל פתח ההיכל, אלא ששומרי הפתח היו חרוצים ביותר, ומי שהוא שהתקרב אל הפתח הסיתו אותו והדיחו אותו במזימה רבה, עד ששב כלעומת שבא. וכן חזרו ובאו ושבו, ושוב התחזקו וחזרו ובאו ושבו, וכן חזרו חלילה כמה ימים ושנים, עד שנלאו מלנסות יותר. ורק הגבורים מהם, אשר מידת סבלנותם עמדה להם, וניצחו את השומרים ההם, ופתחו הפתח, זכו תיכף לקבל פני המלך, שמינה כל אחד על משמרתו המתאימה לו.

וכמובן, שמאז ואילך, לא היו להם עוד עסקים עם השומרים הללו, שהסיתו והדיחו אותם ומררו את חייהם כמה ימים ושנים, בהלוך ושוב על הפתח, כי זכו לעבוד ולשמש מול הדר אור פני המלך בהיכלו פנימה. כן הוא הדבר בעבודת הצדיקים הגמורים, שהבחירה הנוהגת בעת הסתר פנים, ודאי אינה נוהגת עוד מעת שפתחו הפתח להשגת ההשגחה הגלויה.

אמנם, מתחילים בעיקר עבודתו יתברך, שמבחינת גילוי פנים, שאז מתחילים לפסוע על המדרגות הרבות, שבסולם המוצב ארצה וראשו מגיע השמימה, בסוד הכתוב (תהילים פד', ח') וצדיקים ילכו מחיל אל חיל, וכדרז"ל וכדברי רבותינו ז"ל (מסכת בבא בתרא עה' עמ' א'), שכל צדיק וצדיק נכוה מחופתו של חברו, אשר

que Su Pensamiento de Creación —que es "llenar a Sus seres creados con alegría" de acuerdo con Su generosidad y bondad— será manifestado en ellos.

La revelación está particularmente en el lugar donde había ocultamiento.

134) Y es bueno conocer esta ley Celestial: que no hay revelación excepto en un lugar donde hubo ocultamiento antes. Este es también el caso con los asuntos mundanos, donde el vacío existe antes de la revelación; por ejemplo, el crecimiento del trigo es revelado solamente donde fue sembrado y descompuesto. Y este es también el caso en los asuntos Celestiales, donde el ocultamiento y la revelación están relacionados uno con otro, como están la mecha y la luz que se une a esta, porque después de algún ocultamiento que alcanza corrección, la Luz particular relacionada con esta clase de ocultamiento es revelada debido a esto. Y la Luz que es manifestada se adhiere a este como la luz a una mecha, y usted debe recordar esto en todas sus jornadas (en esta sabiduría).

El dicho: La Torá toda consiste de los Nombres del Creador

135) Usted debe [también] entender que nuestros sabios han dicho: que la Torá toda consiste de los Nombres del Creador (*Zóhar, Haazinu*, 281). Esto es aparentemente algo peculiar porque uno puede encontrar en [la Torá] muchas cosas crudas, tales como los nombres de los perversos, como Faraón y Bilaam y otros como ellos, así como prohibiciones e impurezas, y crueles maldiciones en las dos admoniciones (en las porciones *Bejukotai* y *Qui Tavó*), y otras parecidas. Así que ¿cómo podemos entender que todos estos [también] podrían ser los Nombres del Creador?

העבודות הללו מכשירות אותם לחפץ ה׳, שתתקיים בהם מחשבתו יתברך שבבריאה, שהיא "כדי להנות לנבראיו", כידו יתברך הטובה והרחבה.

גילוי הוא דוקא במקום שהיה הסתר

קלד) ורצוי לדעת החוק העליון הזה, שאין לך שום גילוי אלא במקום שהיה ההסתר. כמו בעניני העולם הזה, אשר ההעדר הוא קודם להויה, כי אין צמיחת החיטה נגלית אלא במקום שנזרעה ונרקבה. וכן בדברים העליונים, אשר ההסתר והגילוי יש להם, יחס, כפתילה והאור הנאחז בה, כי כל הסתר אחר שבא לתיקון, הנה נגלה בסיבתו האור המיוחס למין ההסתר הזה, והאור שנתגלה נאחז בו, כמו אור בפתילה, וזכור זה על כל דרכיך.

במאמר: כל התורה שמותיו של הקב"ה

קלה) ועם זה תבין מ"ש מה שאמרו חז"ל, שכל התורה כולה הם שמותיו של הקדוש ברוך הוא (זוהר הסולם, האזינו, רמא׳). שלכאורה הדבר תמוה, כי מצינו הרבה דברים גסים, כמו שמות של רשעים: פרעה, ובלעם, וכיוצא בהם, ואיסור, וטומאה, וקללות אכזריות שבב׳ התוכחות (פרשת בחוקותי ופרשת כי תבוא), וכדומה, ואיך אפשר להבין, שכל אלו יהיו שמותיו של הקדוש ברוך הוא.

La Torá descendió y se contrajo mediante muchas contracciones

136) Para entender esto, tenemos que saber que los caminos [del Creador] no son nuestros caminos porque nuestro camino es ir de la imperfección a la perfección, mientras que Su camino es que todas las revelaciones vengan a nosotros de la Perfección a la imperfección. En el comienzo, la Perfección completa es emanada y surge de Él, y esta Perfección desciende desde dentro de Su Rostro y rueda hacia abajo por [medio de] una contracción después de otra a través de varias etapas hasta que llega a la más contraída etapa final, la cual es la más apropiada para nuestro mundo material, y luego nos es revelada aquí en este mundo.

137) Y de lo que ha sido dicho, usted aprenderá que la Sagrada Torá, la excelencia de la cual no tiene final, no emanó y salió de Él inmediatamente, como existe ante nosotros aquí en este mundo, porque es sabido que la Torá y el Creador son uno y el mismo, pero en la Torá de este mundo, esta [unificación] no es nada aparente. No solo eso, sino (ver asunto 17) que quien estudia la Torá No Por Ella Misma, la Torá se vuelve para él una poción de muerte, (como fue mencionado antes (asunto 102) empezando con las palabras: "Y esto es lo que está dicho…").

Pero como hemos mencionado anteriormente, cuando [la Torá] emanó de Él en el principio, emanó y emergió en completa perfección, a saber: de acuerdo con el aspecto de la Torá y el Creador siendo realmente uno y el mismo. Y es por esto que esta es llamada la Torá de *Atsilut* (Emanación), como hemos aprendido (en la Introducción a *Tikunéi HaZóhar* página 3b): Que Él y Su esencia y Sus procesos causativos son Uno. Y después, bajó de la Frente de Su Rostro, y se contrajo a través de muchas etapas de contracción hasta que fue dada desde Sinaí, donde fue escrita de la misma manera como la tenemos ahora en este mundo, [esto es] como se volvió vestida con los Ropajes toscos que son del material del mundo.

שהתורה ירדה ונצטמצמה בצמצומים רבים

קלו) ולהבין זאת צריכים לידע, שלא דרכיו דרכינו, היות שמדרכינו הוא, להגיע מהבלתי מושלם אל השלימות, ומדרכו יתברך באים לנו כל הגילויים, מהשלימות אל הבלתי מושלם. כי מתחילה נאצלת ויוצאת מלפניו השלימות הגמורה, והשלימות הזו יורדת מפאת פניו יתברך, ומשתלשלת בצמצום אחר צמצום, דרך כמה מדרגות, עד שמגיעה לשלב האחרון המצומצם ביותר המתאים לעולם החומרי שלנו, ואז מתגלה הדבר לנו, כאן בעולם הזה.

קלז) ומהאמור תשכיל לדעת, אשר התורה הקדושה, שלגובה מעלתה אין קץ, הנה לא נאצלה ויצאה מלפניו תיכף, כמות שהיא מצויה לעינינו כאן בעולם הזה, שהרי נודע, שאורייתא וקוב"ה חד הוא התורה והקדוש ברוך הוא אחד הם, ובתורה דעולם הזה לא ניכר זה כלל. ולא עוד, אלא (סעיף טז') שהעוסק בה שלא לשמה, נעשית תורתו לו סם המות, כנ"ל (סעיף קב' ד"ה דבור המתחיל [במילה] וז"ש).

אלא כנ"ל, שמתחילה כשנאצלה מלפניו יתברך, הנה נאצלה ויצאה בתכלית השלימות, דהיינו, בבחינת אורייתא וקב"ה חד הוא התורה והקדוש ברוך הוא אחד הם ממש. וזה שנקרא תורה דאצילות, שאיתא (שמובא בהקדמת תיקוני זוהר דף ג' [פרוש מעלות הסולם, סט]), דאיהו וחיוהי וגרמוהי חד בהון שהוא, חיותו ועצמותו אחד הם. ואחר כך, ירדה מפאת פניו יתברך, ונצטמצמה דרך המדרגה, בצמצומים רבים, עד שניתנה מסיני, שנכתבה כמות שהיא לעינינו כאן בעולם הזה, בהתלבשותה בלבושים הגסים שבעולם החומרי.

El descenso a este mundo no disminuye el valor de la Torá

138) Con todo, usted debe saber que aunque la distancia entre los Ropajes con los que la Torá está vestida en este mundo y aquellos [con los que está vestida] en *Olam Atsilut* (el Mundo de Emanación) es inmensurable, como se mencionó antes (ver asunto 137); sin embargo, la Torá misma, a saber: la Luz dentro de esos Ropajes no es nada diferente, así que no hay diferencia entre la Torá de *Olam Atsilut* (el Mundo de Emanación) y la Torá de este mundo. Este es el secreto del asunto: "Porque Yo, el Creador, no cambio" (Malaquías 3:6). Además, estos Ropajes toscos de nuestra Torá [en nuestro Mundo] de *Asiyá* (Acción) no son, el Cielo no lo permita, [ninguna] degradación para la Luz que se cubre con ellos [los Ropajes]. Por el contrario, visto desde la perspectiva del final de su corrección, su importancia es inmensurablemente más que cualquiera de sus más puros Ropajes que están en los Mundos Celestiales.

Y la razón para esto es que el ocultamiento es la causa para la revelación. Porque cuando el ocultamiento es corregido durante el tiempo de la revelación, se vuelve [un apoyo] para la revelación tal como la mecha [apoya] la luz que se adhiere a esta, como se mencionó antes. Durante la corrección [del ocultamiento] mientras más grande es el ocultamiento, mayor es la Luz que será revelada y estará adherida a este. De ese modo, todos estos Ropajes toscos que la Torá ha asumido en este mundo no constituyen ninguna disminución de valor relativo a la Luz que está vestida dentro de estos [mientras están los Ropajes en la Torá]; más bien es lo opuesto, como fue explicado.

התורה בירידתה לעולם הזה אינה נפחתת מערכה

קלח) אמנם תדע, שאף על פי, שהמרחק שבין לבושי התורה שבעולם הזה, עד הלבושים שבעולם האצילות, הוא לאין ערוך כנ"ל (סעיף קלז'), עם כל זה, התורה עצמה, כלומר, המאור שבתוך הלבושים, אין בו שום שינוי כל שהוא, בין תורה דאצילות לתורה דעולם הזה, שזה סוד הכתוב אני ה' לא שניתי וכו' (מלאכי ג' ו'). ולא עוד, אלא הלבושים הגסים הללו, שבתורה דעשיה שלנו, אינם חס ושלום שום פחיתות ערך אל המאור המתלבש בה, אלא אדרבה, שחשיבותם עולה בהרבה לאין ערוך, מבחינת גמר תיקונם, על כל הלבושים הזכים שלה שבעולמות העליונים.

והוא מטעם, שההסתר הוא סיבת הגילוי, שההסתר אחר תיקונו בעת הגילוי, נעשה לגילוי כמו פתילה לאור הנאחז בה, כנ"ל, וכל שההסתר הוא גדול ביותר, דרכו בעת תיקונו, שיתגלה ויאחז בו האור הגדול ביותר. הרי שכל אלו הלבושים הגסים, שהתורה התלבשה בהם בעולם הזה, אינם כלל שום פחיתות ערך כלפי המאור המתלבש בה, אלא עוד להיפך, כמבואר.

La revelación de la Torá ocurre precisamente en el ocultamiento de este mundo

139) Y con lo siguiente, Moshé obtuvo victoria sobre los ángeles por medio de clamar: "¿Hay celos entre ustedes? ¿Puede la intención maligna ser encontrada entre ustedes?" (Tratado *Shabat*, 79a). Estudie bien eso. Esto significa, como fue explicado, que mientras más grande es el ocultamiento, mayor Luz revela. Y les mostró que los Ropajes puros con los que la Torá se cubre en el mundo de los ángeles no son apropiados para revelar las mayores Luces como sí es posible con los Ropajes de este mundo, como fue explicado.

La explicación del pasaje: "Tu maestro no se ocultará ya más, etc."

140) Se ha hecho claro que no hay cambio, el Cielo no lo permita, en ninguna cosa de la Torá de la Emanación [cuando desciende] todo el camino a la Torá de este mundo, porque la Torá y el Creador son uno y el mismo. La diferencia entera está en los Ropajes porque los Ropajes de este mundo ocultan al Creador y Lo esconden, (como se mencionó antes (asunto 101) empezando con las palabras: "El versículo dice…"). Y usted debe saber que debido a que Él Se viste con la Torá Él Mismo, es llamado "Maestro" (*Moré*), lo que va para mostrarle a usted que aun durante el Ocultamiento del Rostro, y aun en su aspecto de Doble Ocultamiento (Ocultamiento dentro de Ocultamiento), (como se mencionó antes (asunto 52) empezando las palabras: "Y el Ocultamiento…"), el Creador prevalece en la Torá y es envuelto por esta.

Esto es porque Él es el "*Moré*" (Maestro) y ella es la "*Torá*" (Enseñanza), excepto que los Ropajes toscos aparecen a nuestro ojos como alas (*kanaf*), que cubren y ocultan al Maestro, Quien está envuelto con ellas y está

גילוי התורה בהסתר עולם הזה דוקא

קלט) ובזה ניצח משה למלאכים, בטענתו, כלום קנאה יש ביניכם, יצר הרע יש ביניכם (מסכת שבת פ"ט עמ' א'), עש"ה, דהיינו, כמבואר, שההסתר היותר גדול מגלה את האור היותר גדול, והראה להם, שבלבושים זכים אשר התורה מתלבשת בהם בעולם המלאכים, אי אפשר שיתגלו על ידיהם האורות היותר גדולים, כמו שאפשר בלבושים דעולם הזה, כמבואר.

ביאור הכתוב: ולא יכנף עוד מוריך והיו עיניך רואות את מוריך

קמ) הרי נתבאר, שאין שום שינוי חס ושלום במשהו, מתורה דאצילות, שאורייתא וקדוש ברוך הוא חד הוא התורה והקדוש ברוך הוא אחד הם, עד התורה שבעולם הזה, אלא, כל ההבחן הוא בלבושים, כי לבושים שבעולם הזה, המה מעלימים להקדוש ברוך הוא ומסתירים אותו, כנ"ל (סעיף קא' ד"ה דבור המתחיל [במילה] וז"ש). ותדע שעל שם התלבשותו יתברך בתורה, הוא מכונה בשם "מורה", להודיעך שאפילו בעת הסתר הפנים ואפילו בבחינת ההסתר הכפול, כנ"ל (סעיף נב' ד"ה דבור המתחיל [במילה] והסתר), הרי הקדוש ברוך הוא שורה ומלובש בתורה.

כי הוא יתברך "מורה", והיא "תורה". אלא, שלבושי התורה הגסים לעינינו המה בחינת כנפים, המכסים ומסתירים את המורה יתברך, המלובש ומסתתר בהם, אמנם, כשזוכה האדם לגילוי פנים, בתשובה מאהבה בבחינתה הד' (כנ"ל סעיף

ocultándose dentro de ellas. Y verdaderamente, cuando una persona gana la Revelación del Rostro, esto es: el Arrepentimiento por Amor en su cuarto grado (como se mencionó antes (asunto 73), empezando con las palabras: "El segundo nivel..."; y (asunto 121) empezando con las palabras: "Y es por esto que..."), está dicho acerca de él: "Tu Maestro no se ocultará (lit. *yiknaf*: "no se cubrirá por medio de alas") más, sino que tus ojos verán a tu Maestro" (Isaías 30:20). [Esto es] porque de ese momento en adelante, los Ropajes de la "*Torá*" (Enseñanza) no ocultan más (maknifim) al "*Moré*" (Maestro), y él (el Creador) le es revelado para siempre, porque la Torá y el Maestro [el Creador] son uno y el mismo.

Un comentario sobre el ensayo de nuestros sabios: Deseo que ellos Me hubiesen abandonado pero hubieran guardado Mi Torá, etc.

141) Y esto aclarará las palabras de nuestros sabios sobre el pasaje: "Ellos Me han abandonado pero han guardado Mi Torá", lo que significa: "Deseo que Me hubieran abandonado pero hubieran guardado Mi Torá porque la Luz en esta los habría traído de regreso al camino correcto (lit. al bien)" (*Talmud* de Jerusalén, Tratado *Jaguigá* 81a:7). Esto puede parecer extraño pero la intención de ellos era esa de ayunar y realizar austeridades, para encontrar la Revelación de Su Rostro, como está dicho: "Ellos buscan el acercamiento al Creador" (Isaías 58:2). Y las Escrituras les hablan en nombre del Creador, Quien dice: "Deseo que Me hubieran dejado porque todos sus esfuerzos son en vano y sin provecho porque Yo no me encuentro en ninguna otra parte sino en la Torá; por lo tanto, sigan a la Torá búsquenme allí, y la Luz en esta los traerá al camino correcto, y ustedes Me encontrarán" (como se explicó anteriormente (asunto 95) empezando con las palabras: "Y ahora..."), en el pasaje escritural: "Aquellos que Me buscan diligentemente Me encontrarán" (Proverbios 8:17); estudie allí (asuntos 41 y 93-94).

עג׳ ד״ה דבור המתחיל [במילה] מידה סעיף קכא׳ ד״ה דבור המתחיל [במילה] ולפיכך), נאמר עליו ״ולא יכנף עוד מוריך והיו עיניך רואות את מוריך (ישעיה ל׳ כ׳), כי מאז ואילך, אין לבושי ה״תורה״ מכניפים ומסתירים עוד את ה״מורה״, ונתגלה לו לנצח כי אורייתא וקוב״ה חד הוא התורה והקדוש ברוך הוא אחד הם.

ביאור מאמר חז״ל: הלואי אותי עזבו ותורתי שמרו כו׳

קמא) ובזה תבין דברי חז״ל, על הכתוב, אותי עזבו ותורתי שמרו (לפי ירמיהו, טז, יא), שפירשו, הלואי אותי עזבו, ותורתי שמרו, המאור שבה, מחזירן למוטב (תלמוד ירושלמי מסכת חגיגה פ״א ה״ז פרק א׳ הלכה ז׳), שלכאורה תמוה. אמנם כונתם, כי המה היו צמים ומתענים, למצוא גילוי פניו יתברך, כמ״ש כמו שכתוב: קרבת אלקים יחפצון (ישעיה נ״ח ב׳), ואומר להם הכתוב בשם ה׳, שאומר להם, הלואי שתעזבו אותי, כי כל יגיעתכם לריק וללא הועיל, משום שאינני נמצא בשום מקום אלא בתורה, לכן שמרו את התורה, ושם תחפשו אותי, והמאור שבה יחזירכם למוטב, ותמצאונני, כמבואר (סעיף צה׳ ד״ה דבור המתחיל [במילה] ובזה) בכתוב ומשחרי ימצאונני (משלי ח׳ יז׳) ע״ש עיין שם.

Capítulo Diez
El Ropaje del Alma

Los tres aspectos: Mundo (*Olam*), Año (*Shaná*), Alma (*Néfesh*)

142) Ahora podemos explicar en cierto modo el significado de la sabiduría de la Kabbalah de una manera que sería suficiente para darnos una idea verdadera de la naturaleza de esta sabiduría, de manera de no engañarnos nosotros mismos con las falsas nociones [de la Kabbalah] que la mayoría de la gente imagina. Y es importante que usted sepa que la Santa Torá está dividida en cuatro aspectos que incluyen la totalidad de la realidad. Hay tres aspectos que se considera que constituyen la totalidad en este mundo, y son llamados "Mundo" (*Olam*), "Año" (*Shaná*), y "Alma" (*Néfesh*); el cuarto aspecto es la manera en la que estos tres aspectos de la realidad coexisten, esto es: su nutrición y su conducta, y todas sus interacciones.

143) Explicación: Los valores externos de la realidad, tales como el Cielo y los firmamentos y la Tierra y los mares, etc., mencionados en la Santa Torá, todos son mencionados con el término "Mundo" (*Olam*). El aspecto [interno] de la realidad, a saber: las numerosas clases de hombres y bestias y animales y las varias aves mencionadas en la Torá que pueden ser encontradas en esos lugares que son llamados externos, son mencionadas con el término "Alma" (*Néfesh*).

Y el desarrollo desenvolviéndose [la cadena de eventos] dentro de la realidad, junto con sus generaciones, son [llamados] causa y efecto: [siendo] un ejemplo la cadena de las "cabezas de las generaciones" mencionadas en la Torá, desde Adam [todo el camino] hasta Yehoshúa y Calev, quienes entraron en la tierra de Israel, donde el padre es considerado como la "causa" con relación al hijo, quien es [considerado] el "efecto"; así el

פרק עשירי
הלבוש של הנשמה

שלשת הבחינות: עולם שנה נפש

קמב) ועתה אפשר לבאר, מהות חכמת הקבלה באפס-מה, באופן, שיספיק למושג נאמן בטיב החכמה ההיא, שלא להטעות את עצמו בדמיונות כוזבים, שההמונים למרביתם מדמים לעצמם, וצריך שתדע, שהתורה הקדושה, מתחלקת לד' בחינות, המקיפות את כל המציאות, כי ג' בחינות נבחנות בכלל המציאות שבעולם הזה, שנקראים: עולם, שנה, נפש, ובחי"ד ובחינה ד' היא, דרכי קיומם של אותם ג' חלקי המציאות, דהיינו, הזנתם והנהגתם וכל מקריהם.

קמג) פירוש, כי החיצוניות של המציאות כמו: השמים והרקיעים והארץ והימים וכדומה, הכתובים בתורה הקדושה, כל אלו מכונים בשם "עולם". והפנימיות של המציאות, דהיינו האדם והבהמה והחיה והעוף למיניהם וכדומה, המובאים בתורה אשר ישנם במקומות הנ"ל שנקראים חיצוניות, הם מכונים בשם "נפש".

והשתלשלות המציאות לדורותיהם, בשם סיבה ומסובב, למשל, כמו ההשתלשלות של ראשי הדורות, מאדם הראשון, עד יהושע וכלב באי הארץ, המובאת בתורה, שהאב נבחן ל"סיבה" אל בנו ה"מסובב" על ידו, הנה בחינת ההשתלשלות הזו של פרטי המציאות, בדרך סיבה ומסובב האמורה, מכונה בשם "שנה". וכל דרכי הקיום של כל המציאות הן מהחיצוניות והן מהפנימיות

aspecto de este desarrollo de la realidad desenvolviéndose, en términos de causa y efecto, es llamado con el nombre "Año". Y todos los caminos de la existencia de toda la realidad, en términos de ambos: sus aspectos exterior e interior, como se mencionó arriba, incluyendo todos los caminos por los que son conducidos y sus acciones mencionadas en la Torá, son llamados "la existencia de la realidad".

Los Cuatro Mundos: Emanación, Creación, Formación y Acción, del aspecto de estampa y sello

144) Y usted debe saber que los Cuatro Mundos mencionados en la Sabiduría de la Kabbalah —*Atsilut* (Emanación), *Briá* (Creación), *Yetsirá* (Formación) y *Asiyá* (Acción)— salieron desenvolviéndose como una cadena de eventos. Salieron uno del otro como un aspecto de "estampa y sello". Esto significa que todo lo que está inscrito en la estampa es, por necesidad, revelado y sale [a la luz] en el sello que sale de [la estampa], no más y no menos. Este fue el caso en la cadena de la evolución de los Mundos, a saber: cómo todos los cuatro aspectos —Mundo, Año, Alma y su existencia, como se mencionó arriba— que existen en el Mundo de *Atsilut* (Emanación)— emergieron cuando su forma fue sellada y apareció también en el Mundo [inferior] de *Briá* (Creación), y luego del Mundo de *Briá* (Creación) al Mundo [inferior] de *Yetsirá* (Formación), todo el camino [abajo] al Mundo de *Asiyá* (Acción).

De esa manera, todos los tres aspectos de la realidad ante nosotros llamados Mundo, Año y Alma (*Néfesh*), con todas sus formas de existencia tendidas en frente de nosotros aquí en este mundo, fueron extendidos del Mundo de *Yetsirá* (Formación) y aparecieron aquí [en el Mundo de *Asiyá* (Acción)]. Y el Mundo de *Yetsirá* (Formación) fue extendido de eso que está arriba de este [a saber: el Mundo de *Briá* (Creación)] de tal manera que la fuente de todos estos innumerables detalles en frente de

הנ"ל לכל דרכי הנהגותיהם ומקריהם, המובאים בתורה מכונים בשם "קיום המציאות".

ארבע עולמות אבי"ע בבחינת חותם ונחתם

קמד) ותדע, שד' העולמות הנקראים בחכמת הקבלה: אצילות בריאה, יצירה, עשיה, בעת שנשתלשלו ויצאו, הנה יצאו זה מזה, בבחינת חותם ונחתם, כלומר, כמו שכל מה שנמצא רשום בחותם מתגלה בהכרח ויוצא בדבר הנחתם ממנו, לא פחות ולא יותר. כן היה בהשתלשלות העולמות, באופן, שכל ד' הבחינות שהם עש"נ עולם שנה נפש וקיומיהם כנ"ל, שהיו בעולם האצילות, יצאו כולם ונחתמו ונתגלו דוגמתם, גם בעולם הבריאה. וכן מעולם הבריאה לעולם היצירה, עד לעולם העשיה.

באופן, שכל ג' הבחינות שבמציאות שלפנינו המכונות עש"נ עולם שנה נפש, עם כל דרכי הקיום שלהם הערוכים לעינינו, כאן בעולם הזה, הנה נמשכו ונתגלו כאן מעולם היצירה, והיצירה מן שלמעלה ממנו, באופן שמקור כל הפרטים המרובים הללו שלעינינו הם בעולם האצילות. ולא עוד, אלא אפילו אותם החידושים

nuestros ojos existe en el Mundo de *Atsilut* (Emanación). No solamente eso, sino que también esas innovaciones que aparecen en nuestro mundo en estos días deben primero ser reveladas arriba en el Mundo de Atsilut (Emanación).

Y es de allí que esta [cada innovación] baja y se revela aquí en este mundo. Como nuestros sabios han dicho: "No tienes hierba que crece Abajo que no tenga un signo [astrológico] y un ángel auxiliar Arriba, el cual la golpea y le dice: '¡Crece!'" (*Bereshit Rabá* 10:6). Y este es el secreto detrás del pasaje: "Nadie levanta un dedo Abajo a menos que haya sido decretado Arriba" (Tratado *Hulín* 7:b). Entienda esto bien.

La vestidura de la Torá en este mundo a través de la desaparición y el ocultamiento

145) Y sabe que el aspecto de la Torá ataviado en los tres aspectos de la realidad —Mundo, Año, Alma y su existencia física en este mundo, como se mencionó arriba (ver asunto 142)— es donde tenemos lo prohibido, lo impuro y lo descalificado que aparece en la Torá Revelada, en la cual el Creador está ataviado, como se explicó antes (asuntos 101 y 140). Este es el secreto de: "el Creador y la Torá son uno y el mismo" aunque a través de la desaparición y el gran ocultamiento, porque estos Ropajes materiales son las alas que lo cubren y lo ocultan. Y en cuanto a la Torá siendo ataviada en el aspecto del Mundo, Año y Alma puros y su existencia en los tres Mundos Superiores de *Atsilut* (Emanación), *Briá* (Creación) y *Yetsirá* (Formación), estos son llamados, en total, "la Sabiduría de la Kabbalah".

המתחדשים ובאים היום בעולם הזה, הנה מוכרח כל חידוש להתגלות מקודם מלמעלה בעולם האצילות.

ומשם בא ומשתלשל ונגלה לנו בעולם הזה. וז"ש חז"ל וזה שאמרו חכמינו זכרונם לברכה, אין לך כל עשב מלמטה שאין עליו מזל ושוטר מלמעלה, שמכה עליו ואמר לו גדל (בראשית רבה פ"י פרשה י', ו'). וזה סוד, אין אדם נוקף אצבעו מלמטה, עד שמכריזין עליו מלמעלה (חולין דף ז' עמ' ב'), והבן.

התלבשות התורה בעולם הזה בהעלם והסתר

קמה) ותדע, שבחינת התלבשות התורה בג' בחינות המציאות: עולם, שנה, נפש, וקיומיהם שבעולם הזה, החומריים כנ"ל (סעיף קמב'), הנה מכאן נמצאים לנו האיסור והטומאה והפסול, שבאים בתורה הנגלית, אשר נתבאר לעיל (סעיף קא' וקמ'), שהקדוש ברוך הוא מלובש בה, בסוד אורייתא וקדוש ברוך הוא חד הוא התורה והקדוש ברוך הוא אחד הם, אלא בהעלם והסתר גדול, היות והלבושים החומריים האלו, המה הכנפיים, המכסים ומעלימים אותו יתברך. אמנם בחינת התלבשות התורה, בבחינת עש"נ עולם שנה נפש הזכים וקיומיהם, שבג' העולמות העליונים, שנקראים: אצילות, בריאה, יצירה, המה מכונים בכללם, בשם "חכמת הקבלה".

La Sabiduría de la Kabbalah es la revelación de la Torá de Emanación, Creación y Formación.

146) Así, la Sabiduría de la Kabbalah y la Torá Revelada son una y la misma. Pero mientras que una persona experimenta el aspecto de la Providencia [con respecto a] como el Ocultamiento del Rostro y el Creador se oculta en la Torá (como se mencionó arriba (asunto 101) empezando con las palabras: "El versículo dice..."), es considerado que él se está dedicando a la Torá Revelada. Esto significa que no es capaz de recibir iluminación alguna de la Torá de *Yetsirá* (Formación), y es innecesario decirlo, aún menos de [los Mundos] arriba de *Yetsirá* (Formación).

Pero cuando una persona merece la Revelación del Rostro (como se mencionó arriba, asunto 109, empezando con las palabras: "Y aquí..."), entonces él empieza a dedicarse a la Sabiduría de la Kabbalah. Esto es porque los Ropajes mismos de la Torá Revelada se purifican a través de él, y su Torá se vuelve la Torá de *Yetsirá* (Formación), que es llamada "la Sabiduría de la Kabbalah".

Y aun para uno que alcanza la Torá de *Atsilut* (Emanación), esto no significa, el Cielo no lo permita, que las letras de la Torá han alterado su orden, sino [más bien] que los mismos Ropajes de la Torá Revelada se han purificado para él. [Estos Ropajes] se volvieron extremadamente puros (lit. transparentes), como se han vuelto de acuerdo con el secreto del pasaje: "Tu Maestro no se ocultará más, y tus ojos verán a tu Maestro", como se mencionó arriba (asunto 140), porque entonces los Ropajes todos se vuelven "Él y Su Esencia y Sus causalidades son Una y la misma", como se mencionó antes (asunto 140).

חכמת הקבלה היא גילוי התורה דאצילות בריאה יצירה

קמו) באופן, שחכמת הקבלה והתורה הנגלית, הם היינו הך, אלא, בעוד שהאדם מקבל מבחינת השגחה של הסתר פנים, והקדוש ברוך הוא מסתתר בתורה (כנ"ל סעיף קא' ד"ה דבור המתחיל [במילה] וז"ש), נבחן, שעוסק בתורת הנגלה, כלומר, שאינו מוכשר לקבל שום הארה מתורה דיצירה, ואצ"ל ואין צורך לומר עוד מלמעלה ליצירה.

וכשהאדם זוכה לגילוי פנים כנ"ל (סעיף קט' ד"ה דבור המתחיל [במילה] והנה), אז מתחיל לעסוק בחכמת הקבלה, היות ולבושי התורה הנגלית בעצמם, נזדככו בעדו, ונעשתה תורתו, תורת היצירה, שנקראת "חכמת הקבלה".

ואפילו הזוכה לתורה דאצילות, אין הפירוש חס ושלום, שנתחלפו לו אותיות התורה, אלא, אותם הלבושים עצמם של התורה הנגלית, נזדככו לו ונעשו ללבושים זכים מאוד, שהם נעשו בסוד הכתוב ולא יכנף עוד מוריך, והיו עיניך רואות את מוריך, כנ"ל (סעיף קמ'), שאז נעשו בבחינת איהו וחיוהי וגרמוהי חד בהון הוא, חיותו ועצמותו אחד הם, כנ"ל (קמ').

La diferencia entre la Sabiduría de la Kabbalah y la Torá de la Emanación por una parte y la Sabiduría Revelada por la otra es solamente un asunto del grado de revelación u ocultamiento

147) **Para traer** [este concepto] más cerca de nuestro entendimiento, le daré un ejemplo. Mientras la persona estaba en el período del Ocultamiento del Rostro, las letras y los Ropajes de la Torá estaban, por necesidad, ocultando al Creador. Es por esto que él falló a través de los pecados intencionales y no intencionales que había cometido y [como resultado] estaba bajo la vara de castigo, el Cielo no lo permita, de estos Ropajes imperfectos de la Torá, que son las impurezas y prohibiciones y descalificaciones, etc.

Sin embargo, cuando él merece la Providencia Visible y disfruta el Arrepentimiento por Amor (asunto 64), donde sus [pecados] intencionales se vuelven como méritos para él, entonces todas las acciones maliciosas y errores que cometió (lit. en los que falló) durante el tiempo en que él estaba bajo el Ocultamiento del Rostro, se han despojado ahora de sus imperfectos y ásperos Ropajes y se han cubierto con Ropajes de Luz y Preceptos y merecimientos (como hemos dicho antes (asunto 121), empezando con las palabras: "Y es por esto..."); estudie eso bien. Así ellos [han tomado] ahora el aspecto de los Ropajes que se extienden desde el Mundo de *Atsilut* (Emanación), o *Briá* (Creación), y no ocultan (*maknifim*, "cubren como con alas") al Maestro. Por el contario, de hecho, [como está dicho]: "Tus ojos *verán* a tu Maestro", como se mencionó antes (asunto 140).

Así, no hay intercambio de nada, el Cielo no lo permita, entre la Torá de *Atsilut* (Emanación) y la Torá de este mundo, esto es, entre la Sabiduría de la Kabbalah y la Torá Revelada. La única distinción es con respecto a la persona que está dedicada a la Torá: usted [puede] tener dos [individuos] que se dedican a la Torá con respecto a la misma *Halajá* y literalmente usando un lenguaje [terminología], y con todo esto, la Torá para uno

ההבחן בין חכמת הקבלה ותורה דאצילות לחכמת הנגלה הוא רק במדת הגילוי והעלם

קמז) וכדי לקרב הדבר מעט אל השכל, אתן לך דוגמא למשל, כי בעוד, שהיה האדם בזמן הסתר פנים, הנה בהכרח שהאותיות ולבושי התורה היו מסתירים את הקדוש ברוך הוא, כי על כן נכשל, על ידי הזדונות והשגגות שעשה, ואז היה מוטל תחת שבט העונש חס ושלום, המלבושים הגסים שבתורה, שהם טומאה ואיסור ופסול וכדומה.

אמנם בעת שזוכה להשגחה הגלויה, ולבחינת תשובה מאהבה (סעיף סד'), שהזדונות נעשו לו כזכויות, הרי כל הזדונות והשגגות שנכשל בהם, מעת היותו תחת הסתר פנים, הנה נתפשטו עתה מלבושיהם הגסים והמרים מאד, ונתלבשו בבחינת לבושי אור ומצוה וזכויות, כי אותם הלבושים הגסים בעצמם נתהפכו לזכויות, כנ"ל (סעיף קכא' ד"ה דבור המתחיל [במילה] ולפיכך) עש"ה עיין שם היטב, שהמה עתה בחינת לבושים הנמשכים מעולם האצילות, או בריאה, שהמה אינם מכניפים ומכסים על ה"מורה" יתברך, אלא אדרבה, והיו עיניך רואות את מוריך, כנ"ל (סעיף קמ').

הרי, שאין חס ושלום שום חילוף של משהו, בין תורה דאצילות לתורה שבעוה"ז שבעולם הזה, דהיינו בין חכמת הקבלה לתורת הנגלה, אלא, שכל ההבחן הוא רק בבחינת האדם העוסק בתורה, ושנים עוסקים בתורה בהלכה אחת, ובלשון

será desde el aspecto de la Sabiduría de la Kabbalah y la Torá de *Atsilut* (Emanación), mientras que para el otro, será la Torá de *Asiyá* (Acción) y la Torá Revelada, y entienda bien esto.

Las palabras de Rav Eliyahu de Vilnius con respecto al *PARDES* de la Torá

148) Y con esto, usted entenderá cuán correctas son las palabras del Gaón, Rav Eliyahu de Vilnius (en su libro de oraciones, en las bendiciones de la Torá). Él escribió que uno debe empezar (a estudiar) la Torá con el *Sod* (secreto, oculto), a saber: la Torá Revelada de *Asiyá* (Acción), que está en la categoría de lo oculto porque el Creador mismo se oculta en esta completamente, como se mencionó antes (asunto 41). Y después, debe continuar al *Remez* (indicación), que significa eso que ha sido mayormente revelado en la Torá de *Yetsirá* (Formación). Y finalmente, él llega al *Peshat* (literal, explícito), que es el secreto de la Torá de *Atsilut* (Emanación), que es llamada *Peshat* (literal, explícita) porque se ha despojado (nitpashtá) de todos los Ropajes que ocultan al Creador, como se explicó.

Emanación, Creación, Formación y Acción de la Santidad, y su conexión con los cuatro aspectos de percibir Su Providencia

149) Y después de que hemos llegado a este punto, podemos dar alguna idea y discernimiento con respecto a los Cuatro Mundos conocidos en la Kabbalah con los nombres: *Atsilut* (Emanación), *Briá* (Creación), *Yetsirá* (Formación) y *Asiyá* (Acción) de la Santidad. Y [hay también] los cuatro Mundos: *ABYA*: *Atsilut* (Emanación), *Briá* (Creación), *Yetsirá* (Formación) y *Asiyá* (Acción) de las *Klipot* (Cáscaras), que están arregladas de acuerdo con el secreto de: "uno opuesto al otro" (Eclesiastés 7:14) en relación con *ABYA*

אחת ממש. ועם כל זה, לאחד תהיה התורה ההיא בבחינת חכמת הקבלה ותורה דאצילות, ולשני תהיה תורה דעשיה ונגלה, והבן זה היטב.

מאמר הגר"א בענין פרד"ס התורה

קמח) ובזה תבין צדקת דברי הגר"א הגאון רבי אליהו מווילנא ז"ל (בסדור [הגר"א], בברכת התורה), שכתב, שמתחילין התורה בסוד, דהיינו, תורת הנגלה דעשיה, שהיא בחינת נסתר, שהשם יתברך מסתתר שם לגמרי כנ"ל (סעיף מא'). ואחר כך ברמז, כלומר, שנתגלה ביותר בתורה דיצירה, עד שזוכה לפשט, שהוא סוד תורה דאצילות, שנקראת פשט, משום שנתפשטה מכל הלבושים המסתירים להשם יתברך כמבואר.

אבי"ע דקדושה, וקישורם עם ד' הבחינות בהשגת השגחתו ית'

קמט) ואחר שבאנו לכאן, אפשר ליתן איזה מושג והבחן, בד' העולמות הנודעים בחכמת הקבלה, בשמות: אצילות, בריאה, יצירה, עשיה, של הקדושה. ובד'

Atsilut (Emanación), *Briá* (Creación), *Yetsirá* (Formación) y *Asiyá* (Acción) de la Santidad que fue mencionado antes.

Todos estos [asuntos] pueden ser entendidos de la explicación anterior (asunto 64), acerca de los cuatro aspectos de percibir la Providencia del Creador y acerca de las cuatro etapas del amor. Así que primero explicaremos los cuatro Mundos —*Atsilut* (Emanación) *Briá* (Creación), *Yetsirá* (Formación) y *Asiyá* (Acción)— de la Santidad, comenzando desde los más inferiores (lit. bajos), del Mundo de *Asiyá* (Acción).

150) Hemos explicado antes (asunto 19, empezando con las palabras: "Y aquí...") los primeros dos aspectos de la Providencia desde la perspectiva del Ocultamiento del Rostro [a saber: el Ocultamiento Único y Doble Ocultamiento]; estudie eso bien. Y usted debe saber que ambos [aspectos] corresponden al Mundo de *Asiyá* (Acción), que es por lo que está declarado en el libro *El Árbol de la Vida* (*Ets Jayim*, Puerta 48, página 3) que el Mundo de *Asiyá* (Acción) es mayormente malvado, y aun la pequeña cantidad de bondad que hay en este está también mezclada con lo maligno, al grado de ser irreconocible (fin de la cita).

Esto significa que en cuanto al Ocultamiento Único se trata (como fue mencionado antes (asunto 50), empezando con las palabras: "Esto no era..."), podemos entender que es mayormente maligno, aludiendo al sufrimiento y dolor que la gente siente bajo esta Providencia. En cuanto al Doble Ocultamiento (Ocultamiento dentro del Ocultamiento), encontramos que también lo bueno se mezcla con lo malo, pero lo bueno pasa completamente inadvertido (como se mencionó arriba (asunto 52), empezando con las palabras: "Y el Ocultamiento...").

El primer aspecto de la Revelación del Rostro es el aspecto del Mundo de *Yetsirá* (Formación), que es por lo que está declarado en el libro *El Árbol de la Vida* (Puerta 48, versículo 3) que el Mundo de *Yetsirá* (Formación)

העולמות אבי"ע אצילות, בריאה, יצירה, עשיה, של הקליפות, הערוכים בסוד זה לעומת זה (קוהלת, ז', יא'), לעומת אבי"ע אצילות, בריאה, יצירה, עשיה דקדושה הנ"ל).

ותבין כל זה, מהביאור הנ"ל (סעיף סד'), בד' הבחינות של השגת השגחתו יתברך (סעיף סד'), ומד' המדרגות של האהבה. ונבאר מתחילה את ד' העולמות אבי"ע אצילות, בריאה, יצירה, עשיה דקדושה ונתחיל מלמטה מעולם העשיה.

קנ) כי הנה נתבארו לעיל (סעיף קט' ד"ה דבור המתחיל [במילה] והנה), ב' הבחינות הראשונות של ההשגחה, מבחינת הסתר פנים, עש"ה. ותדע, ששניהם הם בחינת עולם העשיה, כי על כן איתא מובא בספר עץ חיים (שער מ"ח פ"ג), אשר עולם העשיה רובו רע, וגם אותו מיעוט טוב שישנו בו, מעורב גם כן יחד עם הרע, בלי להכירו, עכ"ל עד כאן לשונו.

פירוש, כי מצד ההסתר הא' (כנ"ל סעיף נ' ד"ה דבור המתחיל [במילה] משא"כ) נמשך שרובו רע, דהיינו, היסורים והמכאובים שמקבלי ההשגחה הזאת מרגישים, ומצד ההסתר הכפול נמצא גם הטוב מתערב ברע, ואין הטוב ניכר לגמרי (כנ"ל סעיף נב' ד"ה דבור המתחיל [במילה] והסתר).

והבחינה הראשונה של גילוי פנים, היא בחינת "עולם היצירה" ועל כן איתא מובא בע"ח בספר עץ חיים (שער מ"ח פ"ג), שעולם היצירה חציו טוב וחציו רע, עכ"ל. דהיינו, כמ"ש כמו שנאמר לעיל (סעיף קלח' ד"ה דבור המתחיל [במילה] אמנם),

es medio malo y medio bueno (fin de la cita). Esto significa (como hemos visto antes (asunto 138): empezando con la palabra: "Aún..."), que quien percibe el primer aspecto de la Revelación del Rostro —el primer grado del Amor que Depende de Algo— el cual es llamado Arrepentimiento por Temor, es llamado un mediocre, y la mitad de él es culpable y la mitad de él es inocente, como se mencionó anteriormente (asunto 114).

El segundo aspecto del amor (como se mencionó antes (asunto 70), empezando con las palabras: "El primer atributo..."), que también Depende de Algo, pero no tiene rastro de malicia para nada en esto, y también el tercer grado del amor —(como se mencionó antes (asuntos 72-73), que es el primer grado del Amor que No Depende de Algo— ambos corresponden al Mundo de Briá (Creación). Por lo tanto, está declarado en el libro El Árbol de la Vida (Puerta 48, capítulo 3) que el Mundo de Briá (Creación) es mayormente bien y menos mal, y ese mal menor no es notado; estudie bien eso. Esto significa (como está mencionado antes (asunto 117) empezando con las palabras: "Y el Taná habla...") en el comentario del Braitá que debido a que el mediocre merece [el] precepto único [del amor], él inclina su propia balanza hacia el lado de la inocencia, y por esta razón es mencionado como mayormente bueno; a saber: el segundo grado del amor.

Y el mal menor que no se nota que es encontrado en el Mundo de *Briá* (Creación) parte (lit. se extiende) del tercer grado del amor, que no depende de algo, y también [donde] uno ya ha inclinado la balanza por sí mismo hacia el lado de la inocencia (asunto 110), pero todavía no ha inclinado la balanza para el mundo entero (como se mencionó arriba (asunto 119), empezando con las palabras: "Y ha sido explicado..."). Y la conclusión es que la menor [cantidad] de maldad está en él porque este amor no es considerado todavía eterno, como se mencionó allí; estudie eso bien. Verdaderamente, esta maldad menor no es notable porque uno

שהמשיג הבחינה הראשונה של גילוי פנים, שהיא בחינה א' של האהבה התלויה בדבר, המכונה רק תשובה מיראה, הוא נקרא בינוני, והוא חציו חייב וחציו זכאי, כנ"ל (סעיף קיד').

והבחינה השנייה של האהבה (כנ"ל סעיף ע' ד"ה דבור המתחיל [במילה] הא'), שהיא גם כן תלויה בדבר, אלא שאין שום זכר ביניהם מהיזק ורע כל שהוא, וכן בחינה ג' של האהבה (כנ"ל סעיף עב'-עג'), שהיא בחינה א' של אהבה שאינה תלויה בדבר, הנה הן שתיהן, בחינת "עולם הבריאה". וע"כ איתא בע"ח ועל כן מובא [בספר] עץ חיים (שמ"ח פ"ג שער מח' פרק ג'), שעולם הבריאה הוא רובו טוב ומיעוטו רע, ומיעוט הרע אינו ניכר, עש"ה עיין שם היטב, דהיינו כמ"ש כמו שכתוב לעיל (סעיף קטז' ד"ה דבור המתחיל [במילה] ואומר) בפירוש הברייתא שמתוך שהבינוני זוכה למצוה אחת, הוא מכריע את עצמו לכף זכות, שנקרא משום זה, רובו טוב, והיינו בחינה ב' של האהבה.

ומיעוט הרע שאינו ניכר שישנו בבריאה, נמשך מבחינה ג' של האהבה שהיא אינה תלויה בדבר, וגם, כבר הכריע את עצמו לכף זכות (סעיף קי'), אמנם, עדיין לא הכריע את העולם כולו, (כנ"ל סעיף קיט' ד"ה דבור המתחיל [במילה] ונתבאר), שנמצא מזה, שמיעוטו רע, כי עדיין אין האהבה הזו, בבחינת נצחיות, כמ"ש שם,

no ha sentido algún mal o daño aun hacia otros (como se mencionó arriba (asunto 72), empezando con las palabras: "El segundo atributo...").

El cuarto grado del amor —amor que no depende de algo y también es eterno (como se mencionó antes (asunto 73) empezando con las palabras: "El segundo nivel..." y (asunto 121) empezando con las palabras. "Y es por esto que...")— corresponde al Mundo de *Atsilut* (Emanación). Y esto es lo que está dicho en el libro *El Árbol de la Vida* [Puerta de las *Klipot* 48:3]: que en el Mundo de *Atsilut* (Emanación) no hay malicia alguna, y este es el significado secreto del pasaje: "El mal no habitará Contigo" (Salmos 5:5). Debido a que uno ha inclinado la [balanza] para todo el mundo hacia el lado de la inocencia, el amor se vuelve eterno y absoluto, y cualquier cubierta u ocultamiento se va para siempre.

Esto es porque [el Mundo de Emanación] es el lugar de completa Revelación del Rostro, de acuerdo con el significado secreto de las palabras: "Tu Maestro no se ocultará más, pero tus ojos verán a tu Maestro" (asunto 140), porque ahora uno conoce ya todos los modos de conducta del Creador (lit. manejos) con todos Sus seres creados, de acuerdo con el aspecto de la Providencia verdadera que se manifiesta del Nombre: Aquel Quien es bueno y hace el bien a los malos y a los buenos, como se mencionó antes (asunto 73).

Emanación, Creación, Formación y Acción de las *Klipot* (Cáscaras) como opuestas a Emanación, Creación, Formación y Acción de la Santidad

151) A través de esto, usted puede entender también los cuatro Mundos de *Atsilut* (Emanación), *Briá* (Creación), *Yetsirá* (Formación) y *Asiyá* (Acción) de las *Klipot* (Cáscaras) cuando ellas reflejan (lit. están arregladas contra) los Mundos de *Atsilut* (Emanación), *Briá* (Creación), *Yetsirá*

עש"ה. אמנם, אין המיעוט הזה ניכר, כי עדיין לא הרגיש שום רע והיזק אפילו כלפי אחרים (כנ"ל סעיף עב' ד"ה דבור המתחיל [במילה] הב').

בחינה ד' של האהבה, שפירושה אהבה שאינה תלויה בדבר, וגם היא נצחית (כנ"ל סעיף עג' ד"ה דבור המתחיל [במילה] מידה וסעיף קכא' ד"ה דבור המתחיל [במילה] ואע"פ), היא בחינת עולם האצילות, וז"ש בע"ח וזה שכתוב [בספר] עץ חיים [שער הקליפות, שער מח' פרק ג'], שבעולם האצילות אין שום רע כל שהוא, ושם סוד הכתוב לא יגורך רע, כי אחר שהכריע גם את העולם כולו לכף זכות, הרי, האהבה נצחית ומוחלטת, ולא יצוייר עוד שום כיסוי והסתר לעולם.

כי שם מקום גילוי הפנים לגמרי, בסוד הכתוב ולא יכנף עוד מוריך והיו עיניך רואות את מוריך (סעיף קמ'), כי כבר יודע כל עסקיו של הקדוש ברוך הוא עם כל הבריות, בבחינת ההשגחה האמיתית המתגלה משמו יתברך הטוב והמיטיב לרעים ולטובים כנ"ל (סעיף עג').

אבי"ע דקליפה לעומת אבי"ע דקדושה

קנא) ובזה תבין גם כן, בחינת ד' העולמות אבי"ע אצילות, בריאה, יצירה עשיה דקליפה הערוכים לעומת אבי"ע אצילות, בריאה, יצירה, עשיה דקדושה, בסוד זה לעומת זה עשה אלקים (סעיף קמט'). כי המרכבה של הקליפות דעשיה, היא מבחינת הסתר

(Formación) y *Asiyá* (Acción) de la Santidad. Este es el significado secreto de: "El Creador ha hecho a uno opuesto al otro" [Eclesiastés 7:14] (asunto 149). Esto es porque la Carroza de las *Klipot* del [Mundo de] *Asiyá* (Acción) corresponde al Ocultamiento del Rostro en sus dos grados porque la Carroza gobierna para causar [a toda] persona inclinar la [balanza] hacia el lado de la culpa, el Cielo no lo permita.

Y el Mundo de *Yetsirá* (Formación) de las *Klipot* coge el lado (lit. el platillo) de la culpa con sus manos, lo cual no ha sido [todavía] corregido en el Mundo de *Yetsirá* (Formación) de la Santidad (como fue discutido antes (ver asunto 121), empezando con las palabras: "Y es por esto que…"). Y de tal modo, ellos toman control sobre los mediocres, quienes reciben del Mundo de *Yetsirá* (Formación), como fue mencionado arriba, según el secreto: "El Creador ha hecho a uno opuesto al otro".

Y el Mundo de *Briá* (Creación) de las *Klipot* tiene el mismo poder para cancelar el amor que depende de algo; esto es: para cancelar la cosa de la que depende ese amor, que es la imperfección del amor del segundo grado.

Y el Mundo de *Atsilut* (Emanación) de las *Klipot* se agarra fuertemente de ese mal menor desapercibido que existe en el Mundo de *Briá* (Creación) a través del poder del tercer grado del amor. Aunque es amor real que viene del poder de "Aquel Quien es bueno y hace el bien al malo así como al bueno", que es el aspecto de [el Mundo de] *Atsilut* (Emanación) de la Santidad, a pesar de todo esto, porque uno no ha merecido de esta manera inclinar [la balanza] del mundo entero al lado de la inocencia, la *Klipá* (Cáscara) tiene el poder de hacer que el amor falle, fuera del poder de la Providencia sobre los otros (como se mencionó antes (asunto 72) empezando con las palabras: "El segundo atributo…").

הפנים בב׳ דרגותיה, שמרכבה ההיא שולטת, כדי לגרום לאדם שיכריע הכל לכף חובה חס ושלום.

ועולם היצירה דקליפה, תופס בידיו את כף החובה, שאינה מתוקנת בעולם היצירה דקדושה (כנ״ל סעיף קכא׳ ד״ה דבור המתחיל [במילה] ולפיכך). ובזה שולטים על הבינונים, המקבלים מעולם היצירה, כנ״ל, בסוד זה לעומת זה עשה אלקים.

ועולם הבריאה דקליפה, יש בידיהם אותו הכח, כדי לבטל את האהבה התלויה בדבר, דהיינו, רק לבטל את הדבר שבו נתלית האהבה, והיינו, הבלתי שלימות, שבאהבה דבחינה ב׳.

ועולם האצילות דקליפה, הוא שתופס בידיו אותו מיעוט הרע שאינו ניכר, שיש בבריאה, מכח בחינה ג׳ של האהבה, שאף על פי שהיא אהבה אמיתית מכח הטוב והמיטיב לרעים ולטובים, שהיא בחינת אצילות דקדושה, עם כל זה, כיון שלא זכה להכריע באופן זה גם את העולם כולו לכף זכות, יש כח ביד הקליפה להכשיל את האהבה, מכח ההשגחה על האחרים (כנ״ל סעיף עב׳ ד״ה דבור המתחיל [במילה] הב׳).

152) Y esto es lo que está dicho en [el libro] *Ets Jayim* (*El Árbol de la Vida*): que el Mundo de Atsilut (Emanación) de las *Klipot* (Cáscaras) se yergue contra el Mundo de *Briá* (Creación) y no el [Mundo de] *Atsilut* (Emanación); estudie allí. Esto significa, como hemos dicho, que en el Mundo de Atsilut (Emanación) de la Santidad, del cual solamente el **cuarto grado** de amor es extendido, las *Klipot* no tienen control alguno. Esto es porque uno ya ha inclinado [la balanza] para todo el mundo hacia el lado de la inocencia, y uno conoce todos los tratos del Creador —incluyendo Su Providencia sobre todos los seres creados— como la Providencia de Su Nombre: "Aquel Quien es el bien y hace el bien al malo y al bueno". Pero en el Mundo de *Briá* (Creación) [de la Santidad] —de la cual el tercer grado [del amor] viene, el cual no ha inclinado todavía [la balanza] para el mundo entero— las *Klipot* todavía tienen algún agarre. Estas *Klipot*, sin embargo, son consideradas el *Atsilut* (Emanación) de las *Klipot* porque se paran contra el tercer grado, el cual es 'amor que no depende de algo', como se mencionó antes (asunto 72). Este amor es el aspecto de *Atsilut* (Emanación).

153) Y por esto, la [naturaleza de los] Cuatro Mundos de [*ABYA*] *Atsilut* (Emanación), *Briá* (Creación), *Yetsirá* (Formación), y *Asiyá* (Acción) de la Santidad han sido bien explicados, así como las *Klipot* (Cáscaras) que constituyen el "lado opuesto" de todos y cada Mundo. Son el aspecto del vacío que existe en oposición a los Mundos de la Santidad. Y ellos son llamados los cuatro Mundos de *Atsilut* (Emanación), *Briá* (Creación), *Yetsirá* (Formación) y *Asiyá* (Acción) de las *Klipot*, como se explicó.

קנב) וז"ש בע"ח וזה שכתוב [בספר] עץ חיים, אשר עולם האצילות של הקליפות, עומד לעומת עולם הבריאה ולא לעומת האצילות, ע"ש. דהיינו, כמו שנתבאר, כי עולם אצילות דקדושה, שמשם נמשכת רק בחינה ד' של האהבה, הרי שאין שם שליטה לקליפות כלל, היות שכבר הכריע את כל העולם לכף זכות, ויודע כל עסקיו של השם יתברך גם בהשגחתו על כל הבריות, מהשגחת שמו יתברך הטוב והמיטיב לרעים ולטובים, אלא בעולם הבריאה, שמשם נמשכת הבחינה הג', שעדיין לא הכריעה את העולם כולו, ועל כן יש עוד אחיזה לקליפות, אלא שקליפות אלו נבחנות לאצילות דקליפה, להיותם לעומת בחינה ג', שהיא האהבה שאינה תלויה בדבר, כנ"ל (סעיף עב'). שאהבה זו היא בחינת אצילות.

קנג) ונתבארו היטב, ד' עולמות אבי"ע אצילות, בריאה, יצירה, עשיה דקדושה, והקליפות שהן בחינת הלעומת של כל עולם ועולם שהם מבחינת החסרון שיש בעולם שכנגדו בקדושה, והם שמכונים ד' עולמות אבי"ע אצילות, בריאה, יצירה, עשיה של הקליפות, כמבואר.

Capítulo Once
La Sabiduría Práctica de la Verdad

Los libros de la Kabbalah fueron escritos para aquellos que ya han merecido Entendimientos Celestiales

154) Estas palabras son suficientes [para permitir] a cualquier estudiante a, de alguna manera, adquirir sentido de la esencia de la Sabiduría de la Kabbalah. Y usted debe saber que la mayoría de los autores de los libros de Kabbalah solamente pretendían escribir para aquellos lectores que ya han recibido la Revelación del Rostro y todos los Entendimientos Celestiales, como se mencionó antes. Y no debemos preguntar: Pero si ellos [los lectores] ya han ganado Entendimiento, entonces saben todo de sus propias introspecciones, de modo que ¿por qué deben ellos continuar estudiando los libros de Kabbalah de otros?

Ciertamente, esta pregunta no es una inteligente porque esto es como una persona que se dedica a la Torá Revelada pero no tiene idea acerca de la manera en que este mundo es conducido en términos de Mundo (*Olam*), Año (*Shaná*), Alma (*Néfesh*) de este mundo, como se mencionó antes, y [quien] no conoce los varios caminos de los humanos y cómo se conducen ellos mismos y cómo interactúan con los demás. Tampoco conoce a las bestias y los animales y el ave que está en este mundo. ¿Y podrían ustedes imaginar que tal persona sería capaz de entender apropiadamente algo en la Torá? Porque tal persona podría voltear [de cabeza] a la Torá, llamando al mal "bien" y al bien "mal", y no sería capaz de encontrar ya sean sus brazos o sus piernas en algo.

Este es el caso con el asunto a mano, porque aunque alguno merece Entendimiento —y aun si el Entendimiento es de la Torá de *Atsilut*

פרק אחד עשר:
חכמת האמת המעשית

ספרי הקבלה נכתבו עבור אלו שכבר זכו להשגות העליונות

קנד) והנה הדברים האלו מספיקים לכל מעיין, שירגיש בדעתו את מהותה של חכמת הקבלה באפס מה. וראוי שתדע, שרוב מחברי ספרי הקבלה, לא התכוונו בספריהם, אלא כלפי מעיינים כאלו, שכבר זכו לגילוי פנים ולכל ההשגות העליונות, כנ"ל. ואין לשאול, אם כבר זכו להשגות, הרי הם יודעים הכל מהשגתם עצמם, ולמה להם עוד ללמוד בספרי חכמת הקבלה מאחרים.

אמנם לא מחכמה שאלה זאת, כי זה דומה לעוסק בתורת הנגלה, ואין לו שום ידיעה בעסקי העוה"ז העולם הזה, בבחינת עולם שנה נפש שבעולם הזה, כמ"ש כמו שכתוב לעיל, ואינו יודע במקרי בני אדם והנהגתם לעצמם, והנהגתם עם אחרים, ואינו יודע את הבהמות, החיות והעופות שבעולם הזה. וכי יעלה על דעתך, שאיש כזה יהיה מסוגל להבין איזה ענין בתורה כהלכתו, כי היה מהפך הענינים שבתורה, מרע לטוב ומטוב לרע, ולא היה מוצא את ידיו ורגליו בשום דבר.

כן הענין שלפנינו, אף על פי שהאדם זוכה להשגה, ואפילו להשגה מתורה דאצילות, מ"מ מכל מקום אינו יודע משם אלא מה שנוגע לנפשו עצמו, ועדיין

(Emanación— aún no conoce otra cosa más que [esas] cosas que tienen relevancia para (lit. en relación con) su propia alma y él mismo. Él todavía tiene que conocer —con conciencia plena— todos los tres aspectos mencionados anteriormente: Mundo, Año y Alma, en todas las situaciones (lit. sus casos) y formas de conducta, a fin de que sea capaz de entender el asunto de la Torá que se relaciona con ese Mundo. Esto es porque estos asuntos, en todos sus detalles y sutilezas, están explicados en el *Zóhar* y en los verdaderos textos de la Kabbalah que cada sabio (lit. docto) que la comprende por él mismo debe contemplar día y noche.

Los beneficios para cada persona del estudio de la Kabbalah

155) En consecuencia, uno debe preguntar por qué, por lo tanto, los kabbalistas exigen a cada persona que estudie la Sabiduría de la Kabbalah. ¡Hay verdaderamente un gran asunto aquí, y es digna de hacerla conocer por todos! Hay virtud invaluable para aquellos que se dedican al estudio de la Sabiduría de la Kabbalah —aun cuando no entiendan lo que están estudiando— dado que es por medio del fuerte deseo y la voluntad de entender lo que están estudiando que los estudiantes despiertan en ellos mismos las Luces Circundantes de su alma. Esto significa que cada israelita tiene garantizado que finalmente alcanzará todos los maravillosos Entendimientos que el Creador planeó en Su Pensamiento de la Creación: conceder placer a todos los seres creados.

Y quien no alcanza este [entendimiento] en esta encarnación, la alcanzará en la siguiente o la siguiente, etc., hasta que se las arregla para completar el Pensamiento del Creador que Él planeó para él y esto ha sido explicado en el *Zóhar*, como es bien sabido. Ahora, en tanto la persona no alcanza esta completitud, esas Luces que lo alcanzarán en el futuro son consideradas el aspecto de la Luces Circundantes. Esto significa que permanecen listas

אמנם צריך לדעת כל ג׳ הבחינות: עולם שנה ונפש, הנ״ל, בכל מקריהם והנהגותיהם, בתכלית ההכרה, כדי שיוכל להבין את עניני התורה המיוחסת לאותו עולם, שענינים אלו בכל פרטיהם ודקדוקיהם, מבוארים בספרי הזוהר ובספרי הקבלה האמיתיים, שכל חכם ומבין מדעתו מחוייב להגות בהם יומם ולילה.

תועלת לימוד הקבלה לכל איש

קנה) ולפי״ז ולפי זה, יש לשאול, א״כ אם כן, למה זה חייבו המקובלים לכל איש ללמוד חכמת הקבלה, אמנם יש בזה דבר גדול, וראוי לפרסמו, כי יש סגולה נפלאה לאין ערוך, לעוסקים בחכמת הקבלה, ואף על פי שאינם מבינים מה שלומדים, אלא מתוך החשק והרצון החזק, להבין מה שלומדים, מעוררים עליהם את האורות המקיפים את נשמתם. פירוש, כי כל אדם מישראל, מובטח בסופו, שישיג כל ההשגות הנפלאות, אשר חשב השם יתברך במחשבת הבריאה להנות לכל נברא.

אלא מי שלא זכה בגלגול זה, יזכה בגלגול ב׳ וכו׳ עד שיזכה להשלים מחשבתו יתברך שחשב עליו, כמ״ש כמו שכתוב בזוהר, כנודע. והנה כל עוד שלא זכה האדם לשלימותו, נבחנים לו אותם האורות העתידים להגיע אליו, בבחינת אורות

para él, pero esperan a que la persona merezca purificar su Vasija de Recibir, y entonces estas Luces entrarán en las Vasijas apropiadas.

Por lo tanto, aun cuando todavía le faltan (lit. pierde) las Vasijas, sin embargo, cuando una persona se dedica a esta Sabiduría y menciona los Nombres de las Luces y las Vasijas, las cuales, hasta donde concierne al alma, le pertenecen, inmediatamente brillan sobre él hasta cierto grado, aunque brillan sobre él sin incorporarse ellas mismas en la interioridad de su alma. Esto es debido a que las Vasijas para Recibir apropiadas están faltando (lit. perdidas), como se explicó. Verdaderamente, la iluminación que recibe una y otra vez durante su dedicación [a la Sabiduría de la Kabbalah] causa que la gracia se extienda a él desde Arriba y le conceda una abundancia de santidad y pureza, que lo trae muy cerca de alcanzar su perfección.

Cuidar de no materializar[2]

156) Pero hay una condición estricta: que mientras se dedica a esta Sabiduría, uno no debe tratar de materializar las cosas [las palabras en los libros] a través de materias imaginarias y materiales porque esto puede constituir una violación, el Cielo no lo permita, de [el Precepto:]: "No te harás una imagen grabada" (Éxodo 20:3). En este caso, uno recibiría daño en vez de beneficio (ver asunto 35). Por lo tanto, nuestros sabios advirtieron que uno no debe estudiar esta Sabiduría excepto después de la edad de cuarenta años, o [uno puede] estudiarla de un Rav [Kabbalista], etc. Y toda esta precaución es debida a la razón mencionada.

2 Por ejemplo: Pensar que la palabra "círculo" significa que un círculo físico materializa la idea kabbalística que "círculo" significa kabbalísticamente Infinito.

מקיפים, שמשמעותם היא, שעומדים מוכנים בעדו, אלא שהמה מחכים לאדם, שיזכה את כלי הקבלה שלו, ואז יתלבשו האורות האלו בכלים המוכשרים.

ולפיכך, גם בשעה שחסרו לו הכלים, הנה, בשעה שהאדם עוסק בחכמה הזאת, ומזכיר את השמות של האורות והכלים, שיש להם מבחינת נשמתו שייכות אליו, הנה הם תיכף מאירים עליו, בשיעור מסויים, אלא שהם מאירים לו בלי התלבשות בפנימיות נשמתו, מטעם שחסרים הכלים המוכשרים לקבלתם, כאמור. אמנם ההארה שמקבל פעם אחר פעם, בעת העסק, מושכים עליו חן ממרומים, ומשפיעים בו שפע של קדושה וטהרה, שהמה מקרבים את האדם מאד, שיגיע לשלימותו.

זהירות מהגשמת הענינים

קנו) אבל תנאי חמור יש בעת העסק בחכמה זאת, שלא יגשימו הדברים בענינים מדומים וגשמיים שעוברים בזה על לא תעשה לך פסל וכל תמונה חס ושלום (סעיף להי), כי אז, אדרבה מקבלים היזק במקום תועלת. ולפיכך הזהירו ז"ל שלא ללמוד החכמה כי אם לאחר ארבעים שנה או מפי רב, וכדומה מהזהירות, וכל זה הוא מהטעם האמור.

Los comentarios "Rostro de Iluminación", "Rostro de Bienvenida", "El Significado de las Palabras": los términos de la Kabbalah arreglados alfabéticamente

Por lo tanto, con la ayuda del Creador, he preparado los comentarios "Rostro de Iluminación" y "Rostro de Bienvenida", que comentan sobre [el libro] *Ets Jayim* (*El Árbol de la Vida*) y lo que he preparado para salvar a los estudiantes de cualquier materialización.

Verdaderamente, después de que las primeras cuatro partes de estos comentarios fueron impresos y fueron distribuidos entre los estudiantes, me di cuenta de que no había terminado mi tarea de comentarista como había pensado, y [que] todos los grandes esfuerzos que había puesto para explicar y exponer para que las cosas se hicieran claras sin dificultad fueron casi para nada. Esto es porque los estudiantes no sienten una gran obligación de estudiar con diligencia el significado de todas y cada una de las palabras delante de ellos y de repetir esto numerosas veces de una manera que sea suficiente para que ellos lo recordaran bien más tarde cada vez que reaparezca en el libro esta misma palabra. Y por olvidar el significado de cierta palabra, algunas cosas se volvieran confusas. Esto es porque estos conceptos (lit. los temas) son tan sutiles que el no tener el significado de una palabra sería suficiente para confundir todo el asunto (lit. el tema).

De modo que aquí, para corregir esto, he empezado a escribir "El Significado de la Palabras", arreglado alfabéticamente, de todas las palabras que aparecen (lit. son traídas) en los textos de Kabbalah que necesitan comentario. Por una parte, he colectado todos los comentarios del Arí y el resto de los primeros kabbalistas, citando todo lo que ellos dijeron acerca de una palabra [particular]; y por el otro lado, he explicado la esencia de todos estos comentarios y he puesto junta un definición fiel para aclarar el significado de esa palabra a tal punto que [esta definición]

הפירושים "פנים מאירות" ו"פנים מסבירות", ו"פירוש המלות" - ערכי הקבלה ע"פ סדר הא"ב

ולפיכך, הכינותי בעז"ה את הפירושים פנים מאירות ופנים מסבירות על עץ חיים, שעשיתי, כדי להציל המעיינים מכל הגשמה.

אמנם אחר שנדפסו ד' החלקים הראשונים מביאורים אלו, ונתפשטו בקרב הלומדים, ראיתי בהם, שעדיין לא יצאתי ידי חובת ביאור כמו שחשבתי, וכל הטרחה הגדולה שטרחתי לבאר ולהרחיב, כדי שיתבהרו הענינים בלי קושי, היתה כמעט ללא הועיל, והיה זה, מחמת שהמעיינים אינם מרגישים את החובה הגדולה, לשקוד על פירוש כל מלה ומלה המגיעה לפניהם, ולחזור עליה כמה פעמים, באופן שיספיק להם לזכרה היטב בהמשך הספר בכל מקום שמובאת שם אותה המלה, ומתוך השכחה של איזו מלה היו מתבלבלים להם הענינים ההם, כי מתוך דקות הענין, הרי חוסר פירוש של מלה אחת, די לטשטש להם הענין כולו.

והנה כדי לתקן זה, התחלתי לחבר "פירוש המלות" על פי סדר א"ב, על כל המלות המובאות בספרי הקבלה שצריכות פירוש: מצד אחד קבצתי את הפירושים של הארי ז"ל, ויתר המקובלים הראשונים, בכל מה שאמרו על אותה המלה. ומן הצד השני, ביארתי התמצית מכל אותם הפירושים, וערכתי הגדרה נאמנה בביאור המלה ההיא, באופן שיספיק למעיין להבינה, בכל מקום ומקום שיפגוש אותה

sería suficiente para que el estudiante entienda [la palabra] en todos y cada lugar en que él la encuentre en todos los libros auténticos de Kabbalah, desde los primeros hasta los últimos. Y lo he hecho así para todas las palabras usadas comúnmente para la Sabiduría de la Kabbalah.

Y con la ayuda del Creador, ya he impreso las palabras empezando con la *Álef* y también algo de la letra *Bet*, y solamente de un lado, y ya ellas llenan casi 1000 páginas. Verdaderamente, debido a la falta de dinero, he suspendido la obra en su comienzo. Hace más de un año que descontinué esta tarea importante y solamente el Creador sabe si seré o no capaz de tener éxito [en completar el trabajo] porque los gastos son muy grandes y no tengo a nadie que me ayude por el momento.

El propósito del libro *El Estudio de las Diez Sefirot*

Por lo tanto, he tomado ahora una ruta diferente, de acuerdo con el proverbio "consigues menos ¡ya lo conseguiste!" [menos es más] y eso es este libro: *El Estudio de las Diez Sefirot* del Arí. He preparado una colección de ensayos de los libros escritos por el Arí, especialmente de su libro *Ets Jayim* (*El Árbol de la Vida*). Estos son los ensayos principales que tengo que hacer con la explicación de las Diez *Sefirot*, y los he colocado en la parte superior de cada página. Luego he procedido a hacer un comentario extenso llamado "Luz Interior" y un segundo comentario llamado "Visión Interior", que explica cada palabra y cada concepto (lit. asunto) mencionado en las palabras del Arí [que aparecen] en la parte superior de la página. Usé un lenguaje simple y fácil hasta donde me fue posible.

He dividido el libro en dieciséis partes, siendo cada parte una lección acerca de un tópico particular en la Diez *Sefirot*, con la "Luz Interior" explicando principalmente las palabras del Arí citadas en dicha lección,

המלה, בכל ספרי הקבלה האמיתיים, מהראשונים עד האחרונים, וכן עשיתי, על כל המלות השגורות בחכמת הקבלה.

והנה כבר הדפסתי בעזרת השם, את המלות המתחילות באות א', גם קצת מאות ב', ורק מצד אחד, והם כבר קרובים לאלף דפים. אכן מחמת חסרון כסף, הפסקתי העבודה בהתחלתה. וזה קרוב לשנה, שאינני ממשיך עוד בעבודה החשובה הזו, והשם יתברך יודע אם הדבר יעלה לי עוד, כי ההוצאות מרובות ביותר, ומסייעים אין לי כעת.

מטרת הספר "תלמוד עשר הספירות"

לפיכך לקחתי לי עתה דרך אחרת, ע"ד על דרך תפשת מועט תפשת, והוא הספר הזה "תלמוד עשר הספירות" להאריז"ל, שבו אני מקבץ מספרי הארי ז"ל, וביחוד מספר עץ החיים שלו, כל המאמרים העיקריים הנוגעים לביאור עשר הספירות, שהצבתי אותם בראש כל דף, ועליו עשיתי ביאור אחד רחב הנקרא בשם "אור פנימי" וביאור שני הנקרא "הסתכלות פנימית", המבארים כל מלה וכל ענין, המובאים בדברי האריז"ל בראש הדף, בפשטות ובלשון קלה, עד כמה שיכולתי.

וחילקתי הספר לששה-עשר חלקים, שכל חלק יהיה שיעור אחד על ענין מיוחד שבעשר הספירות, אשר ה"אור פנימי" מבאר בעיקר את דברי האריז"ל המובאים באותו השיעור, ו"הסתכלות פנימית" מבארת בעיקר הענין בהקף הכללי. ועליהם

y la "Visión Interior" explicando la esencia del concepto (lit. asunto) en general. Adicionalmente, (lit. arriba de estos), he arreglado una tabla de preguntas y una tabla de respuestas cubriendo todas las palabras y conceptos que son discutidos en esa parte. Después de que el estudiante ha completado cada parte, debe tratar él mismo de responder cada pregunta contenida en la tabla de preguntas correctamente.

Y después de que él responda, debe mirar en la tabla de respuestas, en la respuesta que pertenece a esa pregunta [el mismo pie de nota para la pregunta y la respuesta], para ver si respondió correctamente. Y aun si conoce las respuestas a todas las preguntas de memoria, debe repetir las preguntas muchas veces, hasta que sean como contenidas en una caja, porque entonces él será capaz de recordar la palabra cuandoquiera que se necesite, o por lo menos recordar dónde está ubicada para encontrarla. "Y que sea la Voluntad del Creador que él tenga éxito" (Isaías 53:10).

El Orden del Estudio

Estudie primero el ensayo original (lit. interior) [las palabras del Arí] —esto es: las palabras del Arí impresas en la parte superior de la página—al final del libro. Y aunque usted no pueda entender, repítalas [la lectura] algunas veces, de acuerdo con el dicho: "De principio a fin, el entendimiento es ensanchado". Después de eso, estudie el comentario de la "Luz Interior" y ponga su esfuerzo en este, al punto que sea usted capaz de estudiar y entender el ensayo original (lit. interior) aun sin la ayuda del comentario. Y después de eso, estudie el comentario "Observación Interior" hasta que lo entienda y lo recuerde completamente, y después de todo esto, pruébese usted mismo con la tabla de preguntas, y después de que ha respondido cada pregunta, revise la respuesta que está marcada con la misma letra que la pregunta; haga esto con todas y cada una de las preguntas.

סדרתי לוח השאלות ולוח התשובות על כל המלות ועל כל הענינים, המובאים באותו החלק, ואחר שיגמור המעיין אותו החלק, ינסה בעצמו אם יוכל להשיב כהלכה על כל שאלה המובאת בלוח השאלות.

ואחר שהשיב, יסתכל בלוח התשובות, בתשובה המיוחסת לאות ההיא של השאלה, לראות אם השיב כהלכה. ואפילו אם ידע היטב להשיב על השאלות מתוך הזכרון, עם כל זה יחזור על השאלות פעמים הרבה מאד, עד שיהיו כמו מונחים בקופסא, כי אז יצליח לזכור המלה בעת שיצטרך לה, או על כל פנים יזכור מקומה כדי לחפש אחריה "וחפץ ה' בידו יצליח" (ישעיהו נג', י').

סדר הלימוד

למד תחילה את ה"פנים", דהיינו דברי האריז"ל, המודפסים בראשי העמודים עד סוף הספר. ואף על פי שלא תבין, חזור עליהם כמה פעמים ע"ד "מתחילה למגמר והדר למסבר" מתחילה לגמור (לשנן) ואחר כך להבין. אחרי זה, למד את הביאור "אור פנימי", והשתדל בו, באופן שתוכל ללמוד ולהבין היטב את ה"פנים" גם בלי עזרת הביאור, ואחר זה למד את הביאור "הסתכלות פנימית" עד שתבינהו ותזכרהו כולו. ואחר כולם, נסה עצמך בלוח השאלות, ואחר שהשבת על השאלה, הסתכל בתשובה המסומנת באותה האות של השאלה, וכן תעשה בכל שאלה ושאלה.

Y usted debe estudiar y memorizar y repetirlas un número de veces hasta que las recuerde tan bien como si estuvieran colocadas en una caja, porque en todas y cada una de las palabras de la tercera parte [volumen], usted debe recordar las dos primeras partes de modo que ningún significado esté faltando. Y la peor cosa sería que el estudiante ni siquiera notara lo que ha olvidado; en ese caso, una de dos: las cosas se volverían confusas para él, o llegaría a un significado erróneo para el asunto debido a su olvido. Y por supuesto, un error es seguido por otros diez errores, hasta que uno llega a un total mal entendimiento y tiene que abandonar de plano el estudio.

ותלמד ותשנן ותחזור עליהם כמה פעמים עד שתזכרם היטב כמונחים בקופסא, כי בכל מלה ומלה ממש, שבחלק השלישי, צריכים לזכור היטב כל שני החלקים הראשונים, אף מובן קטן לא יחסר. והגרוע מכל הוא, שהמעיין לא ירגיש כלל מה ששכח, אלא, או שהדברים יתטשטשו בעיניו, או שיתקבל לו פירוש מוטעה בענין, מחמת השכחה. וכמובן, שטעות אחת גוררת אחריה עשר טעויות, עד שיבא לאי הבנה לגמרי, ויהיה מוכרח להניח את ידו מהלימוד לגמרי.

Acerca del Autor

El Kabbalista Rav Yehuda Áshlag, uno de los místicos más profundos y uno de los más grandes maestros espirituales del siglo XX, es reverenciado por los estudiantes de Kabbalah. Entre sus muchos logros estuvo la primera traducción que se hizo del *Zóhar* de su arameo original al hebreo.

Nacido en Polonia en 1886, Rav Áshlag pasó la mayor parte de su vida en lo que es ahora Israel, en donde fundó el Centro de Kabbalah original en 1922. Fue el profesor y maestro espiritual de Rav Yehuda Brandwein, a quien se le confirió el liderazgo del Centro cuando Rav Áshlag falleció en 1954. Rav Brandwein, a su vez, antes de morir en 1969 designó al Kabbalista Rav Berg para dirigir el Centro de Kabbalah.

Glosario

613 – El número de Preceptos —acciones espirituales— que podemos cumplir para acercarnos espiritualmente a la Luz del Creador. Hay 613 Preceptos, y todos pueden ser encontrados dentro de los *Cinco Libros de Moshé.* Están separados en dos categorías: 248 Preceptos de acciones proactivas, positivas de "haz", y 365 Preceptos de acciones reactivas, negativas, de "no hagas". Cumplir ambos tipos de Preceptos nos traerá más cerca del Creador. Ver también: *Halajá*, Precepto.

Amós – Un profeta y contemporáneo de Isaías (Circa 780 AEC). Sus profecías frecuentemente relacionadas con la idea de seguir simplemente el ritual religioso sin realizar acciones positivas de preocupación por nuestros semejantes en realidad nos alejan en realidad del Creador.

Anciano de Días – Ver: *Atik Yomín.*

Ángel – Frecuencias o paquetes de energía espiritual que constantemente rondan y se mueven entre nosotros, actuando como mensajeros del Creador y afectando las cosas que pasan en nuestra vida diaria. Podemos imaginar que un ángel es como un conducto o canal que transporta energía cósmica o pensamientos de un lugar a otro o de una dimensión espiritual a otra. Los ángeles no tienen libre albedrío, y cada ángel está dedicado a un propósito específico. Ver también: Otros Dioses.

Aquel que conoce todos los misterios – La Fuerza de Luz del Creador.

Arí – Rav Yitsjak Luria, frecuentemente llamado "el Arí" o "el León Santo". Nacido en 1534, murió en 1572 en la ciudad de Safed en la región de la Galilea de Israel. Considerado el padre de la Kabbalah contemporánea, el Arí fue un avanzado erudito kabbalista y fundador del método Luriánico de estudio y enseñanza de la Kabbalah. Su más cercano estudiante, Rav Jaim Vital, compiló y escribió las enseñanzas del Arí palabra por palabra en 18 volúmenes. Estos 18 volúmenes son conocidos colectivamente como los *Escritos del Arí*. Ver también: *Árbol de la Vida*, Rav Jaim Vital.

Arrepentimiento (Teshuvá) – Significa literalmente "regresar", el arrepentimiento debe ser entendido como un cambio de pensamiento y acción para corregir un daño que hemos hecho. Al hacerlo, cambiamos nuestra conciencia: aceptamos y asumimos nuestros errores pasados, removiendo con eso cualquier caos y dolor que pudiéramos encarar como resultado en el futuro. Así "regresamos" al futuro.

Asiyá – Ver: Mundo de Acción.

Atik Yomín – Una expresión aramea que significa literalmente "Anciano de Días" o "el Anciano", un concepto referente a la dimensión completa de la *Sefirá* de *Kéter* (Corona). La palabra *Atik* tiene otros dos significados: "separado" y "copia", relacionados con la "copia heliográfica" de la Vasija Original. Ver también: Diez *Sefirot*, *Kéter*, Vasija.

Atributos (*Midot*) – Con significado literal de "medidas" o "niveles", *Midot* se refiere a la cantidad de Luz que es revelada a través de las *Sefirot*, lo cual crea diferentes cualidades. Éxodo 34:6-7 enlista los Trece Atributos que describen los diferentes aspectos del Creador. Ver también: Diez *Sefirot*.

Atsilut – Ver: Mundo de Emanación.

Baal HaTurim – Rav Yaakov ben Asher (nacido circa 1269). Escribió una obra de leyes kabbalísticas llamada *Arbaá Turim* (*Cuatro Columnas*) que trata acerca de todo aspecto de las leyes espirituales. Este libro es uno de los más influyentes e importantes libros de leyes jamás escrito. Él también fue autor de otros comentarios importantes sobre el *Talmud* y los *Cinco Libros de Moshé*. Murió en Toledo, España (circa 1343).

Balanza – Un instrumento metafísico para medir el valor de todas las acciones que hemos hecho en el pasado. En un platillo de la balanza están nuestras acciones positivas, proactivas; este platillo es llamado el platillo (lado) del mérito o el platillo (lado) de la inocencia. En el otro platillo están nuestras acciones negativas, reactivas, y este platillo es llamado el platillo (lado) de la culpa.

Beit HaMikdash – El Templo Sagrado, situado en el Monte del Templo en la ciudad vieja de Jerusalén. Su trabajo espiritual permitió a las generaciones pasadas elevarse por sobre las leyes de tiempo-espacio-movimiento. Los sacrificios que eran ofrecidos en el altar servían como un conducto para que la gente "sacrificara" su propia naturaleza egoísta y la transformara para ser como Dios.

Beit Midrash – Una casa de estudio donde los kabbalistas a través de los tiempos estudiaban todos los secretos de la Torá y la Kabbalah y otros textos antiguos con sus estudiantes o con su maestro.

Belleza – Ver: *Tiféret*.

Bereshit Rabá – Una parte del *Midrash* que se extiende sobre los eventos que ocurrieron en Génesis. Adicionalmente, cita relatos del *Talmud* que se relacionan con los relatos en Génesis. Ver también: *Derash*, *Talmud*.

Biná **(Inteligencia)** – La tercera de las diez *Sefirot* (niveles) que existen en cada uno de los Cuatro Mundos Espirituales. *Biná* es el canal directo que canaliza la Luz del Creador a través de los otros niveles y en nuestro mundo físico. *Biná* sirve como un almacén y fuente de energía —física, emocional, intelectual y espiritual— para nuestro universo entero. Ver también: Diez *Sefirot*, Mundos, Tres Superiores.

Braitá – Palabras de sabiduría del siglo II EC que no aparecen en la *Mishná*. Las leyes espirituales que fueron compiladas en un compendio en el siglo II EC fueron llamadas la *Mishná*; todas las otras palabras de sabiduría de los kabbalistas de ese tiempo, los *Tanaim*, que no fueron compiladas en la *Mishná* fueron llamadas *Braitás*, significando literalmente "externa" o "excluida". Así como la *Mishná*, las *Braitás* discuten con más detalle las leyes mencionadas en los *Cinco Libros de Moshé*. Ver también: Mishná, Tanaim.

***Braitá* DeRav Yishmael** – Una *Braitá* que explica 13 reglas que Rav Yishmael compiló. Estas reglas fueron diseñadas para la clarificación de la Torá y para hacer deducciones de la Torá que tienen ramificaciones en la ley. Ver también: *Braitá*.

Briá – Ver: Mundo de Creación.

Cabeza – Las Tres *Sefirot* Superiores: *Kéter* (Corona), *Jojmá* (Sabiduría) y *Biná* (Inteligencia). Estas tres *Sefirot* son llamadas la Cabeza (heb. Rosh) porque se relacionan con el estado potencial en la creación de todo, lo cual es hecho por la cabeza (pensar antes de manifestar una idea), en tanto que las Siete *Sefirot* Inferiores: *Jésed*, *Guevurá*, *Tiféret*, *Nétsaj*, *Hod*, *Yesod* y *Maljut*, son llamadas el Cuerpo porque ellas representan las fases donde la manifestación tiene lugar. Ver también: Cuerpo, Diez *Sefirot*.

Cáscaras (*Klipot*) – Cáscaras malignas creadas por los actos negativos de la humanidad. Es una cubierta metafísica negativa que oculta la Luz del Creador de nosotros y la da al Lado Negativo. También se adhieren a las chispas de Luz cuando fallamos en actuar sobre un impulso o acción positivos, o cuando realizamos una acción egoísta o negativa. Ver también: Ocultamiento del Rostro.

Contracción – Ver: *Tsimtsum.*

Corona – Ver: *Kéter*

Corrección – Ver: *Tikún.*

Crónicas, Libro de las – Uno de los 24 libros que comprende la Biblia. *Crónicas* describe y revisa los eventos que sucedieron en los Libros de *Samuel* y *Reyes*, añadiendo detalles menores y actuando como un suplemento para *Samuel* y *Reyes.*

Cuerpo – Las Siete *Sefirot* Inferiores: *Jésed* (Misericordia), *Guevurá* (Juicio, Poder), *Tiféret* (Belleza), *Nétsaj* (Eternidad, Victoria), *Hod* (Gloria), *Yesod* (Fundamento) y *Maljut* (Reino). Estas siete *Sefirot* son llamadas el Cuerpo (heb. *Guf*) porque guardan relación con la manifestación física de la acción, la cual es hecha por el cuerpo. Las Tres *Sefirot* Superiores (*Kéter, Jojmá* y *Biná*) son llamadas la Cabeza porque representan el aspecto potencial: los pensamientos y las ideas. Ver También: Cabeza, Diez *Sefirot*, Siete Inferiores, Tres Superiores.

Derash – Una de las cuatro maneras de interpretar cada palabra y oración en la Torá. *Derash* es el entendimiento subyacente de las lecciones que podemos aplicar en nuestra vida diaria de cada sección de la Torá. *Derash* es la exposición homilética en contraste con *Peshat*, la interpretación literal. Ver también: *PARDES*, *Peshat.*

Deuteronomio, Libro de – El quinto libro de los *Cinco libros de Moshé*, también conocido como *Devarim* (lit. palabras). El *Deuteronomio* detalla la revista dada a los israelitas por Moshé de los cuarenta años que habían pasado en el desierto. Este libro completo tiene lugar en el período de tiempo de un mes, terminando con la muerte de Moshé y la entrada de los israelitas en la tierra de Israel.

Diez *Sefirot* – Los diez niveles de conciencia presentes en cada uno de los Cuatro Mundos Espirituales. Las Diez *Sefirot* son: *Kéter* (Corona), *Jojmá* (Sabiduría), *Biná* (Inteligencia), *Jésed* (Misericordia), *Guevurá* (Juicio, Poder), *Tiféret* (Belleza), *Nétsaj* (Eternidad, Victoria), *Hod* (Gloria), Yesod (Fundamento) y *Maljut* (Reino). Son diez Vasijas que revelan la Luz; a mayor deseo, más elevado el nivel de conciencia que es revelado. Ver También: *Biná, Guevurá, Hod, Jésed, Jojmá, Kéter, Maljut,* Mundos, *Nétsaj,* Siete Inferiores, *Tiféret,* Tres Superiores, Vasija, *Yesod.*

Diez Emanaciones Luminosas – El estudio de las emanaciones de las *Sefirot* desde las *Sefirot* del Infinito hasta abajo a nuestro mundo físico, compilado en siete volúmenes. Este estudio es vital para un entendimiento profundo del *Zóhar* y la forma en que funciona nuestro universo. Escrito por Rav Yehuda Áshlag, fundador del Centro de Kabbalah.

Eclesiastés, Libro de - Uno de los 24 libros que comprende la Biblia. *Eclesiastés* es narrado por el Rey Shlomó, quien se llama a sí mismo "*Kohélet,* hijo de David y rey en Jerusalén", y su enfoque principal es una reflexión sobre el significado y el propósito de la vida y sobre la mejor manera de vivir.

Espalda – El término usado para describir esos tiempos en que se siente como si el Creador nos ha dado Su "Espalda". Cuando entendemos el sistema de causa y efecto pero no vemos inmediatamente lo bueno detrás de una situación, tenemos dos opciones: sucumbir a nuestra duda y decir que el Creador nos ha abandonado, o escoger entender que todo lo que sucede es parte de un panorama más grande y no podemos ver en este preciso momento el bien final que vendrá. Los sabios explican que el período de la Espalda, aunque doloroso para el que lo experimenta, siempre viene justo antes de un período de "cara a cara", el cual representa la satisfacción completa. Ver también: Ocultamiento del Rostro, Revelación del Rostro, Rostro.

Este Mundo – El mundo físico en el que vivimos, donde estamos sujetos a las leyes de causa y efecto y atados por las limitaciones de tiempo, espacio y movimiento. También llamado la Realidad del Uno Por Ciento y el mundo ilusorio. Ver también: Mundo de Acción, Mundo por Venir.

Eternidad, Victoria – Ver: *Nétsaj*.

***Ets HaJayim* (*El Árbol de la Vida*)** – Los primeros cuatro volúmenes en el compendio de 18 tomos de los *Escritos del Arí*, escritos por Rav Yitsjak Luria (el Arí). Contienen las principales enseñanzas del estudio de *Diez Emanaciones Luminosas*. Ver también: Arí, Rav Jayim Vital.

Exilio – Un estado de existencia donde estamos menos conectados y en menor sintonía con la Luz, un estado donde el caos gobierna y los milagros son raros; este estado fue producido por la destrucción de los dos Templos Sagrados. La palabra hebrea para "exilio" es *Galut*, que también significa "revelar" porque este estado de existencia cambiará permanentemente una vez que revelemos la sabiduría de la Kabbalah, la extendamos a todos, y así cambiemos al mundo.

Éxodo, Libro de – El segundo libro de los *Cinco Libros de Moshé*. También conocido como *Shemot* (lit. Nombres), detalla el éxodo de los israelitas de Egipto y algunas de sus experiencias en el desierto. El libro es llamado Nombres porque contiene los 72 Nombres del Creador.

Expiación – El acto de asumir responsabilidad por nuestras acciones pasadas, aceptando sus consecuencias, admitiendo nuestras faltas y prometiendo cambiarlas. Esta es una acción interna cuando tratamos de volvernos *uno* con la conciencia colectiva que abarca todo: en **UNI**ficación.

Fundamento – Ver: *Yesod.*

Gaón de Vilna – Rav Eliyahu ben Shlomó Zalman de Vilnius (1720 – 1797), un gran kabbalista y sabio que vivió en el siglo XVIII; fue también conocido por el acrónimo HaGra. Escribió comentarios kabbalísticos cuyo número es de unos ochenta volúmenes sobre la Torá, el *Talmud* y el *Midrash.* En su libro de oraciones, el Gaón de Vilna escribió que el entendimiento de la Torá comienza cuando estudiamos sus secretos. Ver también: Rav Yosef Karo.

Génesis, Libro de – El primer libro de los *Cinco Libros de Moshé.* También conocido como *Bereshit, Génesis* detalla los eventos que acontecieron desde la Creación hasta que Yaakov y su familia se fueron a Egipto, terminando en la muerte de Yosef Hatsadik. *Génesis* contiene algunas de las más conocidas narraciones bíblicas, incluyendo Adam y Javá, Kayín y Hével, el Arca de Nóaj, la Torre de Bavel y los viajes de Avraham, Yitsjak y Yaakov.

Gloria – Ver: *Hod.*

Guemará – Un comentario profundo sobre la *Mishná*, que es una explicación de las leyes en los *Cinco Libros de Moshé.* La *Guemará* contiene discusiones entre nuestros grandes sabios con respecto a estas leyes junto con muchos relatos de los sabios mismos. Ver también: *Mishná, Talmud.*

Guevurá **(Juicio, Poder)** – El quinto de los diez niveles (*Sefirot*) que existen en cada uno de los Cuatro Mundos Espirituales. *Guevurá* es la representación directa de la energía de la Columna Izquierda. La Carroza para la *Sefirá* de *Guevurá* es Yitsjak el Patriarca. Ver también: Diez *Sefirot*, Siete Inferiores.

Halajá – Cualquier ley espiritual del universo que está basada en los 613 Preceptos. Las posteriores leyes talmúdicas, así como las costumbres y tradiciones, son llamadas *Halajá*. El significado literal de *Halajá* es "el camino" porque *Halajá* es una manera de conectarse al camino de la vida a través de las acciones que hacemos. Para aquellos que desean seguir una misión espiritual, la *Halajá* es un sistema de instrucciones para lo que hay que hacer, cómo y cuándo. Ver también: 613, Precepto, *Talmud*.

***Hod* (Gloria)** – El octavo de los diez niveles (*Sefirot*) que existen en cada uno de los Cuatro Mundos Espirituales. *Hod* es una conexión adicional a la energía de la Columna Izquierda, aunque menos intensa que *Guevurá*. La Carroza para la *Sefirá* de *Hod* es Aharón el Sumo Sacerdote. Ver también: Diez *Sefirot*, *Guevurá*, Siete Inferiores.

Inclinación al Mal – Todas y cada una de las personas tienen siempre dos voces interiores que las guían para hacer todo, ya sea positivo o negativo; la Inclinación al Mal es la voz que nos empuja a ser reactivos y negativos. Es a veces mencionada como Satán, que en hebreo simplemente significa "adversario". La Inclinación al Mal es nuestro oponente interno que siempre nos dice que actuemos egoísta y reactivamente.

Inteligencia – Ver: *Biná*.

Intencional – Una categoría de acción negativa. Cuando estamos conscientes de que lo que estamos haciendo es erróneo y seguimos haciéndolo, la acción es puesta bajo la categoría de Intencional (*Zadón*), y somos responsabilizados directamente de cualquier efecto que se presente en nuestro camino. Intencional se refiere a un acto premeditado de negatividad, uno que hacemos aunque sabemos que es erróneo y destructivo. Ver también: Involuntario.

Involuntario (No Intencional) – Una categoría de acción negativa. Una transgresión o pecado que es realizado por accidente, sin conocimiento o premeditación, es llamada Involuntaria. Ver también: Intencional.

Israelita – Un nombre codificado para quien está siguiendo un sendero espiritual y trabaja sobre sus rasgos negativos esforzándose constantemente en transformarlos en positivos. Los israelitas son las personas que asumen la responsabilidad de difundir la Luz, poniendo las necesidades de los demás antes que las propias, siguiendo las reglas espirituales de causa y efecto, y no tomando a la Torá literalmente sino como un mensaje codificado.

Iyov – Un hombre justo en los tiempos bíblicos cuya piedad y altruismo provocaron que Satán probara su virtud con terrible sufrimiento físico, interno y externo. Iyov nunca sucumbió al dolor, permaneciendo siempre fiel al Creador, y finalmente fue recompensado, doble y triple, por lo que había perdido. El *Libro de Job* se ocupa de la interrogante: ¿por qué la gente buena sufre y la gente malvada prospera?

Jabakuk – Un profeta de los israelitas (circa 600 AEC). Es uno de los doce Profetas Menores que tienen un libro nombrado como ellos en los 24 Libros de la Torá. Jabakuk murió cuando era niño y fue resucitado por el profeta Elishá.

Jasid – Un término usado para cualquiera que dedica su vida entera a compartir con los demás, realizando actos de misericordia, y actuando sin juicio ni crítica.

***Jésed* (Misericordia)** – El cuarto de los diez niveles (*Sefirot*) que existen en cada uno de los Cuatro Mundos Espirituales. *Jésed* es la representación absoluta de la energía de la Columna Derecha, el polo positivo de la energía espiritual que es compartir. La Carroza (*Merkavá*) para la *Sefirá* de *Jésed* es Avraham el Patriarca. Ver También: Diez *Sefirot*, Siete Inferiores.

***Jojmá* (Sabiduría)** – La segunda de las Diez *Sefirot* (niveles) que existen en cada uno de los Cuatro Mundos Espirituales. Un nivel de energía donde el resultado final del más complicado proceso es conocido en el comienzo mismo.

Juicio, Poder – Ver: *Guevurá.*

Justo (*Tsadik*) – Una persona que está completamente dedicada a trabajar en la transformación de sus rasgos negativos y a compartir incondicionalmente con los demás. El *Midrash* también nos dice que esta es una persona cuyas acciones positivas sobrepasan a sus acciones negativas.

***Kéter* (Corona)** – El primero y más elevado de los diez niveles (*Sefirot*) que existen en cada uno de los Cuatro Mundos Espirituales. *Kéter* enfatiza la conexión suprema a la Fuerza de la Luz del Creador y es el nivel de semilla de cada dimensión espiritual y física. Ver También: Diez *Sefirot*, Mundos, Tres Superiores.

Klipot – Ver: *Cáscaras.*

Lado de la Culpa – Ver: Balanza.

Lado de la Inocencia – Ver: Balanza.

***Libro de la Formación* (*Séfer Yetsirá*)** – El más antiguo libro conocido de conocimiento y sabiduría kabbalística. Escrito por Avraham el Patriarca hace unos 3800 años, trata principalmente de la fuerza intrínseca dentro de las letras arameo-hebreas y de las estrellas, y de cómo nos afectan en este mundo. Se considera que todos los secretos de la Creación, que finalmente fueron revelados, están ocultos en este libro.

Luz Circundante – Un término usado en el estudio de las *Diez Emanaciones Luminosas.* Hay dos formas de Luz: La Luz Interna que es revelada por nuestras acciones, y la Luz Circundante, todo el resto de la Luz que tiene el potencial de ser revelada en nuestra vida. Esta Luz Circundante nos impulsa a crecer y revelar esta Luz potencial.

***Maasei Bereshit* (Proceso de Creación)** – Un concepto concerniente a la creación del mundo en seis días, como está descrito en *Génesis*, y también al estudio de las Diez *Sefirot.* Los más grandes kabbalistas fueron capaces de conectarse a *Maasei Bereshit* y pudieron realizar milagros para otros en necesidad, milagros que desafiaban las leyes de la naturaleza que fueron establecidas en el Proceso de la Creación.

Maimónides – Ver: Rambam.

***Maljut* (Reino)** – El décimo y más bajo de los diez niveles (*Sefirot*) que existen en cada uno de los Cuatro Mundos Espirituales. *Maljut* representa la manifestación y nuestro mundo físico así como toda conexión física que hacemos. La Carroza para la *Sefirá* de *Maljut* es el Rey David. Ver también: Siete Inferiores, Diez *Sefirot.*

Mediocre – Alguien que es medio justo y medio perverso. Si colocáramos todas sus acciones espirituales en el platillo de una balanza y todas sus acciones negativas en el otro, los platillos estarían equilibrados. La mayoría de nosotros está en este nivel en donde nuestras acciones negativas y positivas no sobrepasan unas a otras. Cuando nos consideramos de esta manera, cada acción que hacemos se vuelve de pronto magnificada. Hacer una acción positiva inclina la balanza al lado de la paz, la felicidad, la prosperidad y la satisfacción; hacer una acción negativa inclina la balanza al lado del caos, el dolor y el sufrimiento. En ambos casos, la balanza se inclina no solo para nosotros, sino para el mundo entero también. Ver también: Balanza.

Mérito – En hebreo, esta palabra es *Zejut*, que es derivada de la palabra raíz de "puro", significando que cuando transformamos nuestra naturaleza egoísta en una de altruismo y compartir con los demás, nos volvemos puros. Al hacerlo, alcanzaremos el "mérito" de una línea espiritual, la cual regresará cuando más la necesitemos para remover el caos, el dolor y el sufrimiento que estemos experimentando.

Mesías – Frecuentemente descrito como una persona, el concepto de Mesías simplemente significa una conciencia de humanidad colectiva donde cada uno se preocupa de las necesidades de los demás antes que de las suyas propias, emulando de esta manera el altruismo entero de la Luz. El concepto de muerte (en la salud, en los negocios, en las relaciones, o en cualquier otra cosa) no puede existir dentro del ámbito de esta conciencia.

Midrash Rabá – La colección completa del *Midrash* —aclaraciones y explicaciones más detalladas, reflexiones poéticas y homilías— de cada uno de los *Cinco Libros de Moshé*. Ver también: *Bereshit Rabá*.

Misericordia – Ver: *Jésed*.

Mishná – Una explicación en seis volúmenes de las leyes espirituales en los *Cinco Libros de Moshé*. Cada uno de los seis volúmenes trata de una categoría específica de ley. La *Mishná* fue originalmente una enseñanza oral, pasada de maestro a estudiante dondequiera. Sin embargo, después de la destrucción del Segundo Templo, Rav Yehuda HaNasí reunió todas las *Mishnás* y las colocó en categorías y volúmenes en un formato escrito. La *Mishná* fue compuesta por los *Tanaim*, kabbalistas que vivían en Israel entre los años 200 AEC y 200 EC.

Monte Sinaí, Revelación en el – El evento (circa 1300 AEC) en el cual los israelitas, por alcanzar la unión total, recibieron la Torá en el Monte Sinaí en el desierto. Los israelitas experimentaron la inmortalidad, la mente sobre la materia, y la realidad existente más allá de los cinco sentidos.

Mundos (*Olamot*) – Un término usado en el estudio de las *Diez Emanaciones Luminosas*. Hay cinco *Sefirot*, cinco canales que traen la Luz abajo a esta realidad mundana. Cuando los canales se llenan de Luz los llamamos Mundos. Cada Mundo representa un nivel diferente de conciencia que está relacionada con un nivel de velo que cubre la Luz. La palabra "*olam*" en hebreo significa "desaparición", refiriéndose al hecho de que solamente cuando la Luz es ocultada una realidad puede ser revelada. Los mundos son: **Hombre Primordial** (*Adam Kadmón*), **Emanación** (*Atsilut*), **Creación** (*Briá*), **Formación** (*Yetsirá*) y **Acción** (*Asiyá*). Ver: Mundo de Acción, Mundo de Creación, Mundo de Emanación, Mundo de Formación, *Partsuf*.

Mundo de Acción (*Asiyá*) – El más bajo (de arriba hacia abajo) de los Cinco Mundos Espirituales que emergieron después del *Tsimtsum* (Restricción) de la Vasija en el Infinito. El Mundo de Acción es la dimensión donde es revelada la menor cantidad de Luz. Esto permite a los seres humanos ejercer su libre albedrío para discernir entre el bien y el mal. Este Mundo también está relacionado con la *Sefirá* de *Maljut* (Reino) y es mencionado como el Árbol del Conocimiento del Bien y el Mal. Ver también: *Maljut*, Mundos, *Tsimtsum*.

Mundo de Creación (*Briá*) – El tercero (de arriba hacia abajo) de los Cinco Mundos Espirituales que aparecieron después del *Tsimtsum* (Restricción). Está relacionado con la *Sefirá* de *Biná* (Inteligencia) y es un almacén de energía universal. Ver también: *Biná*, Mundos, *Tsimtsum*.

Mundo de Emanación (*Atsilut*) – El segundo (de arriba hacia abajo) de los Cinco Mundos Espirituales que aparecieron después del *Tsimtsum* (Restricción). En este elevado y muy exaltado Mundo, la Vasija es pasiva en relación con la Luz, permitiendo a la Luz fluir sin ninguna intención. Está relacionado con la *Sefirá* de *Jojmá* (Sabiduría). Ver también: *Jojmá*, Mundos, *Tsimtsum*.

Mundo de Formación (*Yetsirá*) – El cuarto (de arriba hacia abajo) de los Cinco Mundos Espirituales que aparecieron después del *Tsimtsum* (Restricción). En tanto que en el Mundo más bajo (Acción) el mal es la fuerza predominante, en el Mundo de Formación el bien es la fuerza predominante. Está relacionado con la *Sefirá* de *Zeir Anpín* (Rostro Pequeño) y a la energía del Escudo de David. Ver también: Mundos, *Tsimtsum*.

Mundo por Venir – Un reino donde solamente la felicidad, la satisfacción, el amor y la alegría existen: el Reino del 99 Por Ciento de la Luz del Creador. Los kabbalistas explican que el Mundo por Venir existe en todos y cada uno de los momentos de nuestras vidas. Cada acción nuestra crea un efecto que regresa a nosotros ya sea para bien o para mal, y a través de la manera como vivimos nuestras vidas, podemos crear mundos de acuerdo con nuestro diseño. El Mundo por Venir es comúnmente mencionado como la realidad de la vida después de la vida. Ver también: Este Mundo.

Najmánides – Ver: Ramban.

***Nétsaj* (Eternidad, Victoria)** – El séptimo de los diez niveles (*Sefirot*) que existen en cada uno de los Cuatro Mundos Espirituales. *Nétsaj* es una conexión adicional a la energía de la Columna Derecha, aunque menos poderosa que *Jésed*. La Carroza para la *Sefirá* de *Nétsaj* es Moshé. Ver también: Diez *Sefirot*, *Jésed*, Siete Inferiores.

***Nitsavim*, Porción de** – La Torá, aparte de estar compuesta de los *Cinco Libros de Moshé*, está además dividida en 54 porciones semanales que conforman los *Cinco Libros*. La porción de *Nitsavim* es la porción 51, se encuentra hacia el final del *Libro del Deuteronomio.*

No Por Ella Misma – Un concepto también conocido como *Lo Lishmá*, se refiere a una acción espiritual que es hecha con una intención oculta, donde usted está tratando de obtener algo solo para usted mismo. Ver también: Por Ella Misma.

Ocultamiento del Rostro (*Hester Panim*) – Esos momentos de caos y dolor en nuestra vida tan fuertes que parece que el Creador no está allí (es decir: que Él ha ocultado Su Rostro). El Rostro del Divino se refiere a la revelación clara y evidente de la Bondad de la Providencia en la vida de la gente. La Revelación o el Ocultamiento del Rostro es una experiencia relativa que depende del nivel de conciencia de la persona; principalmente se refiere a la capacidad del hombre para "ver" la Sabiduría Divina y entender el bien supremo que es el principal motivo de la Supervisión Divina. Cuando el hombre no es capaz de entender lo que está sucediendo "detrás del escenario", debido a la falta de mérito, entonces esto puede ser considerado como que la Providencia está ocultando Su Rostro de él. El Ocultamiento del Rostro permite una elección libre. Ver también: Espalda, Mérito, Providencia, Revelación del Rostro.

Ocultamiento Doble (Ocultamiento dentro del Ocultamiento) – Estado de ser cuando el caos y el dolor son tan fuertes que una persona pierde completamente su fe en la bondad del Creador y se vuelve a pensamientos y acciones heréticas. Compare con Ocultamiento del Rostro. Ver también: Ocultamiento del Rostro.

Otros Dioses – Hay dos sistemas en la vida: el sistema de espiritualidad y pureza; y el sistema de negatividad, el Otro Lado. Nuestras acciones (y palabras) crean energía y ángeles que pueden pertenecer a cualquiera de los dos sistemas, dependiendo de la naturaleza de la acción. Si es una acción positiva, estos ángeles nos ayudan. Si es una acción negativa, crea un ángel negativo, mencionado como "Otros Dioses", porque pertenece al Otro Lado. Ver también: Ángel.

PARDES – Cada palabra y letra en la Torá puede ser entendida de cuatro diferentes maneras: ***Peshat***, el significado simple y literal; ***Remez***, el significado alegórico detrás de la palabra, metáforas que implican un significado más elevado; ***Derash***, la explicación profunda y los significados homiléticos; y ***Sod***, los secretos detrás de las palabras, de donde viene la sabiduría de la Kabbalah. La primera letra de cada tipo crea la palabra ***PaRDeS***, que significa: "huerto".

Partsuf – Una estructura espiritual completa de las Diez *Sefirot*. Representa la Cabeza, las Tres *Sefirot* Superiores: lo potencial; y las Siete *Sefirot* Inferiores, el Cuerpo: lo real. Ver también: Cabeza, Cuerpo, Diez *Sefirot*, Mundos, Siete Inferiores, Tres Superiores.

Peshat – El significado simple detrás de las palabras de la Torá, el significado literal de los relatos y sucesos. *Peshat* es considerado la piedra fundamental para las otras tres formas de entender la Torá. Ver también: *Derash*, *PARDES*, *Rémez*, *Sod*.

Por Ella Misma – Hacer algo solo por amor a revelar la Luz, sin ningún interés personal u otra intención detrás de esto. Este término es comúnmente dicho acerca del estudio de la Torá y los Preceptos. En hebreo, es llamado *Lishmá* (lit. Por Su Propio Nombre). Ver también: No Por Ella Misma, Preceptos.

Precepto – Una de las 613 acciones espirituales que podemos hacer para conectarnos a la Luz del Creador. Hay dos tipos de Preceptos: esos entre el hombre y su semejante, y esos entre el hombre y el Creador. En hebreo, la palabra para Precepto es *Mitsvá*, significando "unión" o "atadura" porque los Preceptos crean unión entre el Creador y nosotros. Ver también: 613, *Halajá*.

Proverbios, Libro de – Uno de los 24 Libros de la Biblia. El *Libro de Proverbios* fue escrito por el Rey Shlomó y trata de lecciones de la vida.

Providencia – Todo lo que acontece en esta Tierra es conducido por la Divina Providencia. El *Zóhar* nos dice que aun cada hoja de pasto tiene su propio ángel individual que le dice: "¡Crece!". En resumen: toda acción o evento sucede con la supervisión del Creador Mismo, y sin importar lo mal que las cosas nos puedan parecer, la Luz del Creador está allí. Ver también: Ocultamiento del Rostro, Revelación del Rostro.

Puerta de la Introducción – Una introducción a todos los principales secretos de la Kabbalah, escrita por el gran kabbalista Rav Yehuda Áshlag. Frecuentemente, los kabbalistas titulaban los capítulos o volúmenes de sus libros con las palabras: "Puerta de..." porque una puerta es una entrada, y el conocimiento que los libros revelan es nuestra entrada hacia el Creador.

Rabá – Un gran Rav y kabbalista a quien el Talmud menciona como ser de la tercera generación de Amoraim, quienes eran sabios que vivían en Israel y Babilonia entre los años 200 y 500 EC.

Rambam – Maimónides. Un Rav, erudito, filósofo y médico que nació en España (circa 1135), y murió en Egipto (circa 1204). También conocido como Rav Moshé ben Maimón, escribió el *Mishné Torá* (una segunda Torá), una compilación de 14 libros acerca de cada aspecto particular de la *Halajá*. Sus pensamientos influenciaron profundamente a todo el pensamiento filosófico a través de su libro principal: *Moré Nebujim* (*Guía de los Perplejos*). Ver También: *Halajá*.

Rambán – También conocido como Najmánides o Rav Moshé ben Najman. Kabbalista español del siglo XIII, escribió un comentario extenso sobre la Torá, el *Talmud* y el *Séfer Yetsirá* (*Libro de la Formación*), y fue autor de una meditación de oración llamada *Iguéret HaRambán* (La carta del *Rambán*), que decimos por lo menos una vez a la semana en la mañana. Murió en 1270 en Israel.

Rashbam – Rav Shmuel ben Meir, nacido circa 1085, murió circa 1174. *Tosefista* francés y estudiante y nieto de Rashí, fue autor de comentarios sobre el *Talmud* y la Torá, aun completando el comentario de Rashí sobre el *Talmud* que Rashí mismo no pudo terminar durante su vida. Ver también: Rashí, *Tosafot*.

Rashí – Rav Shlomo Yitsjakí (1040-1105), un Rav y comentarista del *Talmud* que vivió en Francia en el siglo XI. Sus comentarios tanto sobre la Torá como del *Talmud* son considerados hasta el presente la piedra fundamental para el resto de los comentarios de los eruditos *talmudistas* que lo siguieron. Él aclaró el significado simple tanto de la Torá como del *Talmud*; al mismo tiempo, sus comentarios forman el fundamento para algunos de los más profundos análisis y enseñanzas místicas. Ver también: *Talmud*, *Tosafot*.

Rav Ami – Uno de los *Amoraim* de la cuarta generación (Sabios del *Talmud* que vivieron entre los años 200 y 500 EC). Vivió en Babilonia y enseñó a Rav Yosef y Rava antes de irse a Israel.

Rav Elazar ben Shimón – Hijo del autor del *Zóhar*, el gran kabbalista Rav Shimón bar Yojái. Hace alrededor de 2000 años, Rav Elazar y su padre se ocultaron de los romanos en una cueva por 13 años, y allí es donde revelaron la Sabiduría del *Zóhar*.

Rav Hai Gaón – Nacido en 939, fue el último de los *Gueonim* (comentaristas de la Torá y el *Talmud* que vivieron circa 585 a 1038 EC), pero acerca de él está dicho: "Aunque él fue el último [de los *Gueonim*] en el tiempo, fue el primero en grandeza". Murió en 1038.

Rav Haniná ben Dosá – Un *Taná*, un sabio kabbalista del siglo I EC, obrador de milagros, productor de lluvia y estudiante de Rabán Yojanán ben Zakái. El *Talmud* cita a Dios diciendo: "El mundo entero es sostenido solamente debido a la santidad de Rav Haniná en tanto que pocos frutos a la semana son suficientes para sostener a Rav Haniná".

Rav Jaim Vital – El más cercano y principal estudiante del Arí. Bendecido con una increíble memoria, fue capaz de escribir todo lo que el Arí le enseñó durante los dos años que estuvieron juntos antes de que el Arí falleciera, resultando en el compendio de 18 volúmenes de los *Escritos del Arí*. Ver también: Arí.

Rav Meir – Uno de los *Tanaim* (autores de la Mishná), estudiante de Rav Akivá. Conocido también como *Baal HaNes* (Hacedor de Milagros), vivió al comienzo del siglo II EC después de la destrucción del Segundo Templo y fue, junto con Rav Shimón bar Yojái, uno de los cinco estudiantes de Rav Akivá sobrevivientes que no murieron en la gran plaga. El nombre "Meir" (lit. Iluminador) es realmente un sobrenombre que se le dio porque él iluminaba los ojos de todos con sus enseñanzas. Ver también: *Taná Kamá.*

Rav Shimón bar Yojái – El Maestro Kabbalista y autor del *Zóhar*, la más importante obra del conocimiento kabbalístico. Fue un *Taná* del siglo II EC, y estudiante de Rav Akivá. Recibió su Divino conocimiento de Moshé y Eliyahu el Profeta mientras se ocultaba en una cueva con su hijo, Rav Elazar. Para Rav Shimón bar Yojái, la limitación de tiempo, espacio y movimiento no existían.

Rav Yitsjak Luria – Ver Arí.

Rav Yosef Karo – Un gran kabbalista y sabio, y autor del *Shulján Aruj*, una condensación de *Beit Yosef* (su anterior comentario sobre el *Talmud*) y el libro de *Halajá* más ampliamente usado actualmente. Vivió en Safed en el siglo XVI, durante el tiempo del Arí. Ver también: Arí, *Halajá*, *Talmud*.

Recompensa y Castigo – Palabras codificadas para la ley básica universal de causa y efecto. El Creador no nos castiga o recompensa por nuestra conducta. Nuestras acciones simplemente crean un efecto, o consecuencia, que regresa a nosotros en el mismo grado, bueno o malo, dependiendo de si nuestra acción fue positiva o negativa.

Reino – Ver: *Maljut.*

Remez – El significado oculto detrás de las palabras en la Torá. Ver también: *PARDES.*

Revelación del Rostro – Una referencia a los momentos en el tiempo en los cuales el Creador nos es "revelado", desaparecen el dolor y el caos, y experimentamos la bondad infinita del Creador. La Revelación del Rostro es cuando súbitamente nos damos cuenta de que el Creador siempre ha estado allí, solamente ocultándose, y ahora es revelado. Es cuando vemos el panorama completo detrás de todo. Ver también: Ocultamiento del Rostro, Rostro.

Rey David – El segundo rey de Israel (reinó circa 1010-970 AEC), pero el primero de la tribu de Yehuda. Escogido por Dios y ungido por el profeta Shmuel, David fue no solamente un gran guerrero que extendió su reino sino también el compositor del *Libro de los Salmos*. El Rey David es la Carroza de la *Sefirá* de *Maljut* (Reino), representando así la realidad física en la que necesitamos luchar para sobrevivir por una parte y ser espirituales por la otra. El Rey David es la semilla del futuro Mesías. Ver también: Diez *Sefirot*, *Maljut*.

Rey Shlomó – El tercer rey de Israel (reinó circa 970-931 AEC) e hijo del Rey David. El Rey Shlomó construyó el Primer Templo en Jerusalén. Fue el hombre más sabio que jamás vivió, dominando todos los aspectos de la sabiduría en el mundo. Su nombre en hebreo: *Shlomó*, significa "completitud" o "totalidad" así como "paz", y en su tiempo, no hubo guerra en ninguna parte del planeta.

***Rishonim* (lit. los Primeros)** – Los grandes comentaristas de la *Mishná* y el *Talmud* que vivieron entre los siglos XI y XV EC. Dos de los más prominentes *Rishonim* son Rashí y Rashbam. Ver también: *Mishná*, Rashbam, Rashí, *Talmud*, *Tosafot*.

Ropaje – Toda energía espiritual como la Fuerza de Luz del Creador necesita estar oculta para ser revelada; este ocultamiento es mencionado como ropaje. Nuestros pensamientos, palabras y acciones son ropaje para la Fuerza de Luz del Creador. Nuestro cuerpo es el ropaje de nuestra alma. La Torá es el ropaje del Creador. El ropaje también es mencionado como vestidos.

Rosh Hashaná – Un evento de dos días que marca el comienzo del año kabbalístico. Es una ventana cósmica en el tiempo donde podemos plantar semillas positivas para el futuro, influir positivamente en todo nuestro año, y tener la oportunidad de reescribir nuestro destino. El *Midrash* nos enseña que este es el Año Nuevo porque es cuando el hombre fue creado durante los Seis Días de la Creación, de ese modo representa el "nacimiento" de todas las almas de la humanidad. *Rosh Hashaná* siempre cae en el primer día del mes de *Tishrei* (Libra).

Rostro – La naturaleza del Creador es compartir y otorgar el bien. Cuando estamos conectados con, y experimentamos y estamos conscientes de la bondad del Creador, es llamado el Rostro del Creador. Ver también: Espalda, Ocultamiento del Rostro, Revelación del Rostro.

Rúaj – De los cinco niveles que forman el alma, *Rúaj*, que significa "Espíritu", es el segundo de abajo hacia arriba. Es una parte adicional de nuestra alma que entra en nosotros cuando llegamos al *Bar Mitsvá* y al *Bat Mitsvá* (a la edad de 13 años para un muchacho y 12 para una muchacha), y activa nuestro libre albedrío para escoger entre la Luz y la oscuridad.

Sabiduría – Ver: *Jojmá*.

Sabiduría de la Verdad – Otro término para la Sabiduría de la Kabbalah, llamada así porque la verdad es algo que no es subjetivo ni inconsistente. La verdad es una constante y no cambia debido a las influencias humanas.

Sabiduría Revelada – Alguna parte de la Sabiduría de la Kabbalah cuyo significado es accesible y fácil de entender. Ver: *Taamei Torá*, Torá Revelada.

Sabios – Un término usado para referirse a los kabbalistas del tiempo del Segundo Templo. Estos son todos los muy versados sabios que nos dejaron con una gran sabiduría y muchas lecciones para ser encontradas en la *Mishná*, el *Talmud* y el *Zóhar*.

Salmos, Libro de los – Uno de los 24 Libros de la Biblia. El *Libro de los Salmos* fue escrito por el Rey David como cánticos y poemas que nos enseñan acerca de la vida y acerca de la relación personal de uno con el Creador. Muchas oraciones están basadas en los *Salmos*, y el *Zóhar* frecuentemente cita este libro.

Samuel, Libro de – Un volumen en dos partes que está incluido en los 24 Libros de la Biblia. Se ocupa del profeta Shmuel y el reino de los dos primeros reyes: el Rey Shaúl y el Rey David, quienes fueron ungidos por él. Shmuel fue considerado el último de los Jueces y primero de los profetas mayores de Israel.

Siete Inferiores – En cada uno de los Cuatro Mundos Espirituales hay diez niveles o *Sefirot*. Las siete *Sefirot* inferiores son *Jésed* (Misericordia), *Guevurá* (Juicio, Poder), *Tiféret* (Belleza), *Nétsaj* (Eternidad, Victoria), *Hod* (Gloria), *Yesod* (Fundamento) y *Maljut* (Reino). Colectivamente, las Siete *Sefirot* Inferiores representan las seis direcciones: Sur, Norte, Este, arriba, abajo y Oeste. Ver también: Cuerpo, Diez *Sefirot, Guevurá, Hod, Jésed, Maljut, Nétsaj, Tiféret, Yesod.*

Sitréi Torá – La sabiduría oculta de la Kabbalah y la Torá. Todos los secretos y las enseñanzas de la Kabbalah pueden ser divididos en dos categorías: *Sitréi Torá* y *Taaméi Torá*. Significando literalmente "Secretos de la Torá", *Sitréi Torá* se refiere a la Sabiduría de la Kabbalah que está oculta de la mayoría de las personas; puede ser revelada solamente a kabbalistas seleccionados por revelación Divina, a través de un maestro, un ángel o Eliyahu el Profeta. Ver también: Sabiduría Revelada, *Sod*, *Taaméi Torá*, Torá Oculta, Torá Revelada.

Sod – Una de las cuatro maneras de interpretar cada palabra y oración en la Torá. *Sod* es los Secretos de la Torá, la Sabiduría de la Kabbalah. Ver también: *PARDES*.

Taaméi Torá – La sabiduría revelada de la Kabbalah y la Torá. Todos los secretos y las enseñanzas de la Kabbalah y la Torá pueden ser divididos en dos categorías: *Sitréi Torá* y *Taaméi Torá*. Significando literalmente "Prueba o Significado de la Torá", *Taaméi Torá* se refiere a las enseñanzas de la Torá donde hay una clara y comprensible explicación para cada conexión que hacemos en nuestra vida diaria a través de estudiar y cumplir los Preceptos. Estas enseñanzas usualmente no están ocultas y son dadas a conocer a toda la gente. Ver también: Sabiduría Revelada, *Sitréi Torá*, *Sod*, Torá Revelada.

Talmud – Un compendio escrito de las explicaciones y comentarios hechos por los kabbalistas de los siglos III a VII EC sobre las leyes en los *Cinco Libros de Moshé* con respecto a la ética, costumbres e historia. Incluye a la *Mishná*, la *Guemará* y las *Tosafot*, así como los comentarios hechos por Rashí y muchos otros comentaristas. Es mencionado como el *Talmud de Babilonia* o el *Talmud de Jerusalén*. Ver también: *Guemará*, *Mishná*, *Talmud de Jerusalén*, *Tosafot*.

Taná Kamá – El término usado cuando se trata con diferentes opiniones en varias *Mishnás*. Literalmente, esta frase en arameo se traduce como "el primer autor", que se refiere a la primera opinión apuntada en una *Mishná*. Si el autor (primera opinión) no es mencionado por su nombre en la *Mishná*, entonces el *Taná Kamá* es seguramente Rav Meir, el *Baal HaNes*. Ver también: *Mishná*, Rav Meir.

Talmud de Jerusalén – La versión del *Talmud* que era enseñado en la región de Israel; difiere a veces en detalles menores del *Talmud Babilónico.* Ver también: *Talmud.*

Tanaim – El término para los kabbalistas de los siglos I y II EC (singular: *Taná*). Las enseñanzas espirituales de los *Tanaim* fueron compilados en muchos volúmenes de la *Mishná.* Ver también: *Mishná.*

Teshuvá – Ver: Arrepentimiento.

Temor – Un término usualmente relacionado con el miedo. En hebreo, sin embargo, las palabras "temor" y "ver" tienen las mismas letras, lo cual nos enseña que el verdadero significado de temor está relacionado con "ver" la Omnipotencia del Creador más que temerle a esta. Temor es frecuentemente utilizado en la frase: "Temor Reverente del Creador". Es solamente cuando "vemos" el resultado futuro negativo de nuestras pasadas o presentes acciones y percibimos la Divina Sabiduría, que nos presentamos con temor frente a nuestro Hacedor.

***Tiféret* (Belleza)** – El sexto de los seis niveles (*Sefirot*) que existen en cada uno de los Cuatro Mundos Espirituales. *Tiféret* enfatiza la representación máxima de la Columna Central, ya que esta *Sefirá* se encuentra entre *Jésed* y *Guevurá*, las dos representantes de las Columnas supremas Derecha (Misericordia) e Izquierda (*Guevurá*), respectivamente. La Carroza para la *Sefirá* de *Tiféret* es Yaakov el Patriarca. Ver también: Diez *Sefirot*, *Guevurá*, *Jésed*, Siete Inferiores.

***Tikún* (Corrección)** – Venimos a este mundo a "corregir" los aspectos egoístas de nuestra naturaleza y para transformarnos en "seres que comparten". Así, todo lo que experimentamos en la vida —bueno o malo— es un proceso de *Tikún* por medio del cual corregimos, purificamos y elevamos nuestras almas. El propósito de este proceso es traer a cada ser humano, junto con el universo entero, a la perfección. También conocido como karma y el propósito de la reencarnación.

Tikunéi HaZóhar – Literalmente: "Correcciones al *Zóhar*", este libro se ocupa del mismo tema general que el *Zóhar*, pero está escrito como 72 comentarios sobre la primera palabra de *Génesis* (*Bereshit*). *Tikunéi HaZóhar* discurre sobre enseñanzas específicamente dirigidas a la Era de Acuario. Esta es la primera enseñanza que Rav Shimón bar Yojái recibió en la cueva. Ver también: Rav Shimón bar Yojái, *Zóhar*.

Torá – Los *Cinco Libros de Moshé*. Algunas veces el cuerpo entero del estudio bíblico —incluyendo los *Cinco libros de Moshé*, los otros 24 Libros de la Biblia, la *Mishná*, el *Talmud* y la Kabbalah— es mencionado como la *Torá*.

Torá Escrita – Los *Cinco Libros de Moshé* que fueron entregados a los israelitas en el Monte Sinaí y todas las enseñanzas encontradas dentro. Ver también: Monte Sinaí (Revelación en el), Torá Oral.

Torá Oculta – Aspectos de la Torá cuyo significado está oculto, también llamada los Secretos de la Torá. La Torá Oculta es esencialmente una referencia a la Sabiduría de la Kabbalah. Una razón por la cual la Kabbalah es mencionada como la Torá Oculta es porque está oculta del entendimiento inmediato y literal de la Torá. Otra razón es que el Creador está ocultándose en la Torá. Ver también: *Sitréi Torá*.

Torá Oral – Cualquier sección de la sabiduría de la Torá que no fue dada a los israelitas en el Monte Sinaí como la Torá Escrita, sino que fue enseñada oralmente por el Creador a Moshé, quien a su vez la transmitió a los israelitas. Esta sabiduría continuó siendo enseñada oralmente, siendo finalmente escrita como la *Mishná* y el *Talmud*. Ver: *Mishná*, Monte Sinaí (Revelación en el), *Talmud*, Torá Escrita.

Torá Revelada – El significado literal simple de la Torá escrita, la *Mishná*, y el *Talmud*. Ver también: *Mishná*, Sabiduría Revelada, *Taaméi Torá*, *Talmud*.

Tosafot – Una compilación de comentarios sobre la *Guemará* (*Talmud*). *Tosafot* significa "adiciones" y fueron autorizadas por más de cien sabios. Principal entre estos sabios era el nieto de Rashí (Rav Shmuel ben Meir, también conocido como Rashbam) quien escribió la mayor parte de los comentarios, que toman la forma de comentarios críticos y explicativos. Ver también: *Guemará*, Rashbam, Rashí, *Talmud*.

Transgresión – También mencionado como pecado o iniquidad. Estas son todas palabras clave para una cosa: una desconexión de la Luz del Creador y una conexión a la oscuridad, el caos, el dolor y el sufrimiento.

Tratado – El *Talmud* y la *Mishná* están cada uno divididos en seis secciones, cada una de las cuales también está dividida en subsecciones llamadas *Masejet* o Tratado. A cada subsección le es dado un nombre para describir el tópico de la discusión.

Tratado *Avot* (Padres) – También conocido como *Pirkei Avot* (Lecciones de Nuestros Padres), este es uno de muy pocos Tratados en la Mishná que no tiene un comentario de la *Guemará* sobre este. Este Tratado consiste de principios morales y éticos y dichos sabios para aplicar en la vida.

Tratado *Bava Batra* (Última Puerta) – Este Tratado discute los daños y los negocios relativos a los asuntos agrícolas así como a las responsabilidades y los derechos del propietario de una propiedad rural (campos, irrigación, pozos, etc.).

Tratado *Bava Kama* (Primera Puerta– Este Tratado discute los daños y la compensación relacionados con la propiedad o bienes personales. Las leyes que son cubiertas en este Tratado se encuentran en Éxodo 21:18-19 y de 21:24 a 22:5.

Tratado *Bava Metsiá* (Puerta de en Medio) – Este Tratado discute asuntos civiles tales como la propiedad y la usura. También examina la obligación de una persona de vigilar los objetos perdidos que han sido encontrados así como de delinear las obligaciones legales de una persona con respecto a una propiedad que le ha sido confiada.

Tratado *Berajot* (Bendiciones) – Este Tratado discute las oraciones que decimos cada día así como las bendiciones que decimos a lo largo del día sobre la comida y la bebida.

Tratado *Hulín* (Mundano) – Este Tratado discute las leyes del degüello ritual de animales para consumo.

Tratado *Jaguigá* (Día Festivo) – Este Tratado discute las tres festividades de la cosecha (*Pésaj, Shavuot, Sucot*), así como el traslado a Jerusalén y los sacrificios para estas festividades.

Tratado *Kidushín* (Compromiso) – Este Tratado discute las leyes pertenecientes al compromiso de una mujer.

Tratado *Makot* (Castigos) – Este Tratado discute las leyes de las cortes y los castigos que pueden imponer a aquellos que han cometido delitos.

Tratado *Meguilá* (Rollo) – Este Tratado discute las leyes pertenecientes a la lectura y el entendimiento del Rollo de Ester. También examina las leyes generales de *Purim*, e incluye las leyes correspondientes a las lecturas semanales de la Torá.

Tratado *Nidá* (Menstruación) – Este Tratado discute las leyes de *nidá* (menstruación) para ambas, mujeres casadas y solteras. El enfoque principal de la discusión son los asuntos sexuales y la pureza.

Tratado *Pesajim* (Pascua) – Este Tratado discute la ofrenda sacrificial de *Pésaj* (Pascua) así como todas las leyes con respecto a este día festivo.

Tratado *Rosh Hashaná* (Año Nuevo) – Este Tratado discute las leyes de *Rosh Hashaná* (la festividad de Año Nuevo), junto con reglas importantes concernientes al año calendárico, *Rosh Jódesh* (la inauguración de cada mes), y las leyes del *Shofar*.

Tratado *Sanhedrín* (Asamblea) – Este Tratado discute la ley criminal, sus procedimientos y sus castigos. Este Tratado es notable como un precursor del desarrollo de los principios de la ley común moderna.

Tratado *Shabat* (Sábado) – Este Tratado discute las leyes de *Shabat*.

Tratado *Taanit* (Ayuno) – Este Tratado discute las leyes de los días de ayuno y los procedimientos y oraciones relacionados.

Tres Superiores – El término usado para referirse a las primeras tres *Sefirot*: *Kéter* (Corona), *Jojmá* (Sabiduría) y *Biná* (Inteligencia). De las Diez *Sefirot*, estas tres están en el plano más elevado de la existencia. Ver también: *Biná*, Cabeza, Diez *Sefirot*, *Jojmá*, *Kéter*.

Tsadik – Ver: Justo.

***Tsimtsum* (Restricción)** – Rechazo voluntario o restricción de la Luz Divina en el Mundo Infinito debido al concepto de Pan de la Vergüenza y el deseo de la Vasija de ser independiente y ser como Dios. En el mundo físico inferior la Restricción —si no es hecha voluntariamente— es impuesta. La Restricción constituye una de las reglas básicas por medio de las cuales opera esta realidad mundana.

Valor Numérico – Hay 22 letras hebreas, cada una con un valor numérico que fluctúa de 1 a 400, las cuales cuando se combinan producen palabras y frases con sus propios valores numéricos. Las palabras o las frases que tienen el mismo valor son usualmente otra forma de proveernos de conocimiento espiritual para nuestras vidas a través de la Torá. Las principales fuentes para descifrar estas combinaciones son *Séfer Yetsirá* (*Libro de la Formación*), el *Zóhar*, y los *Escritos del Arí*. Ver también: *Libro de la Formación*.

***VeZot HaBrajá*, Porción de** – La Torá, aparte de estar compuesta de los *Cinco Libros de Moshé*, está además dividida en 54 porciones que forman los *Cinco Libros*. Esta porción es la última porción en la Torá y se ocupa principalmente de las bendiciones que Moshé impartió a las doce tribus de Israel antes de que él falleciera.

Yeshayahu – Uno de los más grandes profetas (circa 740 AEC) quien predicaba la justicia social basada en el entendimiento de la Providencia del Creador. Como un profeta kabbalístico, él exhortaba a la gente a reconectarse a la espiritualidad en vez de la religión dogmática. Yeshayahu profetizó el final de los días, en los cuales habría paz en la Tierra y una realidad donde "el lobo convivirá con el cordero".

***Yesod* (Fundamento)** – El noveno de los diez niveles (*Sefirot*) que existen en cada uno de los Cuatro Mundos Espirituales. *Yesod* es la representación máxima del sustento y la abundancia. La Carroza para la *Sefirá* de *Yesod* es Yosef Hatsadik, quien proveyó del sustento y la abundancia de Egipto al mundo entero durante una hambruna, como está descrito en el *Libro de Génesis*. Ver también: Diez *Sefirot*, Siete Inferiores.

Yetsirá – Ver: Mundo de Formación.

Yirmiyahu – Un profeta que vivió en el tiempo de la destrucción del Primer Templo (586 AEC). Constantemente advirtió a los israelitas que sus actos indebidos e injusticias con su prójimo conducirían a la destrucción. En el exilio, sin embargo, sus profecías fueron de consuelo. Yirmiyahu escribió el *Libro de las Lamentaciones.*

Zóhar – Escrita por el gran sabio Rav Shimón bar Yojái, la obra de 23 volúmenes es la base y la fuente de todas las enseñanzas de la Kabbalah que tenemos hoy. Ver también: Rav Shimón bar Yojái, Sabiduría de la Verdad, Sabiduría Revelada, Torá Oculta.

Más libros que pueden ayudarte a incorporar la sabiduría de la Kabbalah a tu vida

La Sabiduría de la Verdad: 12 ensayos del santo Kabbalista Rav Yehuda Áshlag
Rav Yehuda Áshlag, editado por Michael Berg

Rav Yehuda Áshlag, uno de los más profundos místicos del siglo XX, es reverenciado por los estudiantes de Kabbalah aun hoy en día por su capacidad única para hacer inteligibles conceptos complejos. *La Sabiduría de la Verdad* contiene doce ensayos de Rav Áshlag que cubren todas las verdades básicas de la Kabbalah. Esta nueva traducción del hebreo original ha sido completamente reeditada por el erudito Kabbalista Michael Berg, quien también ha contribuido con una introducción muy útil.

Amado de mi Alma: Cartas de Rav Brandwein a Rav Berg
Por Michael Berg

Se dice que el amor más grande existe entre un estudiante y su maestro espiritual. Sus corazones y sus conciencias se unen en un vínculo de estudio. Cuando estas dos almas convergen en un mismo camino, llevan consigo el linaje de maestros anteriores e iluminan el sendero para las futuras generaciones de estudiantes. Este libro nos ofrece un vistazo inusual a tales relaciones. Por medio de las 37 cartas que aquí se presentan, escritas por Rav Brandwein a Rav Berg entre 1965 y 1969, obtenemos enseñanzas profundas contenidas en las lecciones espirituales amorosas de maestro a estudiante. Las cartas se presentan sin ningún filtro de interpretación, lo cual permite que los lectores se queden con respuestas, más preguntas y un anhelo de mayor sabiduría. Rav Brandwein siempre indicaba a Rav Berg que revisara cada carta al menos tres veces para ver lo que podía extraer de esta que lo ayudara con su propio servicio a Dios.

Los Secretos del Zóhar: Relatos y meditaciones para despertar el corazón
Por Michael Berg

Los Secretos del *Zóhar* son los secretos de la Biblia, trasmitidos como tradición oral y luego recopilados como un texto sagrado que permaneció oculto durante miles de años. Estos secretos nunca han sido revelados como en estas páginas, en las cuales se descifran los códigos ocultos tras las mejores historias de los antiguos sabios, y se ofrece una meditación especial para cada uno de ellos. En este libro, se presentan porciones enteras del *Zóhar* en su arameo original y su traducción al español en columnas contiguas. Esto te permite escanear y leer el texto en alto para poder extraer toda la energía del *Zóhar*, y alcanzar la transformación espiritual. ¡Abre este libro y tu corazón a la Luz del *Zóhar*!

El Zóhar

Creado hace más de 2.000 años, el Zóhar es un compendio de 23 volúmenes y un comentario sobre asuntos bíblicos y espirituales, escrito en forma de conversaciones entre maestros. Fue entregado por el Creador a la humanidad para traernos protección, para conectarnos con la Luz del Creador y, finalmente, cumplir nuestro derecho de nacimiento: transformarnos. El Zóhar es una herramienta efectiva para alcanzar nuestro propósito en la vida.

Hace más de ochenta años, cuando el Centro de Kabbalah fue fundado, el Zóhar había desaparecido virtualmente del mundo. Hoy en día, todo eso ha cambiado. A través de los esfuerzos editoriales de Michael Berg y El Centro de Kabbalah, el Zóhar está disponible en su arameo original y, por primera vez, en inglés y español con comentario.

Libros a publicarse próximamente

Sobre la Paz Mundial
Rav Áshlag, editado por Michael Berg

Todo lo que existe en la realidad, sea bueno o malo —incluyendo hasta la más mala y dañina criatura en el mundo— tiene el derecho a existir, a tal grado que destruirlo y eliminarlo completamente del mundo está prohibido.

En estos cortos pero poderosos tratados, Rav Áshlag explica que lo maligno (o lo que no es bueno) no es más que una obra en progreso y que ver algo como maligno es tan poco pertinente como juzgar a una fruta inmadura antes de su tiempo. Él nos despierta al conocimiento de que cuando lleguemos a nuestro destino final, todas las cosas —aun las más dañadas— serán buenas.

El Pensamiento de la Creación: Sobre el individuo, la humanidad y su perfección final
Por Rav Áshlag, editado por Michael Berg

En *El Pensamiento de la Creación*, Rav Áshlag decribe el proceso de la Creación original, lo cual es muy pertinente en la actualidad porque la vida es una réplica constante de la Creación original. Con esta sabiduría podemos asumir responsabilidad personal en el manejo de nuestros asuntos, crear situaciones positivas y finalmente proyectar un futuro mejor. Cada uno de nosotros tiene una responsabilidad para ayudar a recrear este mundo, dice Rav Áshlag, y por medio del uso de las herramientas de la Kabbalah y el *Zóhar* podemos llevarlo a la perfección con paz, amor, dicha y realización resonando en cada rincón del universo.

La Luz de la Sabiduría: Sobre la sabiduría, la vida y la eternidad
Rav Yehuda Áshlag, editado por Michael Berg

La Luz de la Sabiduría provee una explicación profunda de cómo alcanzar la meta de la vida eterna. Rav Áshlag describe el proceso de revelar los secretos de Rav Shimón y también explica cómo las revelaciones del Baal Shem Tov y el Arí ayudaron a abrir las puertas de la sabiduría a las masas. En la segunda mitad de *La Luz de la Sabiduría* conocemos el error verdadero de Adán y Eva. Al aprender cuál fue el error, también aprendemos a corregirlo personalmente. Como cada uno de nosotros es Adán y Eva, perpetuamos su pecado. La vida temporal que experimentamos debido a sus errores, todo este procedimiento de tiempo y limitación, finalmente creará la eternidad para nosotros si hacemos nuestro propio *tikún*.

Enseñamos Kabbalah, no como un estudio académico, sino como un camino para crear una vida mejor y un mundo mejor.

QUIÉNES SOMOS

El Centro de Kabbalah es una organización sin fines de lucro que hace entendibles y relevantes los principios de la Kabbalah para la vida diaria. Los maestros del Centro de Kabbalah proveen a los estudiantes con herramientas espirituales basadas en principios kabbalísticos que los estudiantes pueden aplicar como crean conveniente para mejorar sus propias vidas y, al hacerlo, mejorar el mundo. El Centro fue fundado en el año 1922 y actualmente se expande por el mundo con presencia física en más de 40 ciudades, así como una extensa presencia en internet. Para conocer más, visita es.kabbalah.com.

QUÉ ENSEÑAMOS

Existen cinco principios centrales:

- **Compartir:** Compartir es el propósito de la vida y la única forma de verdaderamente recibir realización. Cuando los individuos comparten, se conectan con la fuerza energética que la Kabbalah llama Luz, la Fuente de Bondad Infinita, la Fuerza Divina, el Creador. Al compartir, uno puede vencer el ego, la fuerza de la negatividad.

- **Conocimiento y balance del Ego:** El ego es una voz interna que dirige a las personas para que sean egoístas, de mente cerrada, limitados, adictos, hirientes, irresponsables, negativos, iracundos y llenos de odio. El ego es una de las principales fuentes de problemas ya que nos permite creer que los demás están separados de nosotros. Es lo contrario a compartir y a la humildad. El ego también tiene un lado positivo, lo motiva a uno a tomar acciones. Depende de cada individuo escoger actuar para ellos mismos o considerar también el bienestar de otros. Es importante estar conscientes de nuestro ego y balancear lo positivo y lo negativo.

- **La existencia de las leyes espirituales:** Existen leyes espirituales en el universo que afectan la vida de las personas. Una de estas es la Ley de causa y efecto: lo que uno da es lo que uno recibe, o lo que sembramos es lo que cosechamos.

- **Todos somos uno:** Todo ser humano tiene dentro de sí una chispa del Creador que une a cada uno de nosotros a una totalidad. Este entendimiento nos muestra el precepto espiritual de que todo ser humano debe ser tratado con dignidad en todo momento, bajo cualquier circunstancia. Individualmente, cada uno es responsable de la guerra y la pobreza en todas partes en el mundo y los individuos no pueden disfrutar de la verdadera realización duradera mientras otros estén sufriendo.

- **Salir de nuestra zona de comodidad puede crear milagros:** Dejar la comodidad por el bien de ayudar a otros nos conecta con una dimensión espiritual que atrae Luz y positividad a nuestras vidas.

CÓMO ENSEÑAMOS

Cursos y clases. A diario, el Centro de Kabbalah se enfoca en una variedad de formas para ayudar a los estudiantes a aprender los principios kabbalísticos centrales. Por ejemplo, el Centro desarrolla cursos, clases, charlas en línea, libros y grabaciones. Los cursos en línea y las charlas son de suma importancia para los estudiantes ubicados alrededor del mundo quienes quieren estudiar Kabbalah pero no tienen acceso a un Centro de Kabbalah en sus comunidades.

Eventos. El Centro organiza y dirige una variedad de eventos y servicios espirituales semanales y mensuales en donde los estudiantes pueden participar en charlas, meditaciones y compartir una comida. Algunos eventos se llevan a cabo a través de videos en línea en vivo. El Centro organiza retiros espirituales y tours a sitios energéticos, los cuales son lugares que han sido tocados por grandes Kabbalistas. Por ejemplo, los tours se llevan a cabo en lugares en donde los kabbalistas pudieron haber estudiado o han sido enterrados, o en donde los textos antiguos como el Zóhar fueron escritos. Los eventos internacionales proveen a los estudiantes de todo el mundo la oportunidad de hacer conexiones con energías únicas disponibles en ciertas épocas del año. En estos eventos, los estudiantes se reúnen con otros estudiantes, comparten experiencias y construyen amistades.

Voluntariado. En el espíritu del principio Kabbalístico que enfatiza el compartir, el Centro provee un programa de voluntariado para que los estudiantes puedan participar en iniciativas caritativas, las cuales incluyen compartir la sabiduría de la Kabbalah a través de un programa de mentores. Cada año, cientos de voluntarios estudiantes organizan proyectos que benefician sus comunidades tales como alimentar a las personas sin hogar, limpiar playas y visitar pacientes de hospitales.

Uno para cada uno. El Centro de Kabbalah busca asegurar que cada estudiante sea apoyado en su estudio. Maestros y mentores son parte de la infraestructura educativa que está disponible para los estudiantes 24 horas al día, siete días a la semana. Cientos de maestros están disponibles a nivel mundial para los estudiantes así como programas de estudio para que continúen su desarrollo. Las clases se realizan en persona, vía telefónica, en grupos de estudio, a través de seminarios en línea , e incluso con estudios auto dirigidos en formato audio o en línea.

Programa de mentores. El programa de mentores del Centro provee a nuevos estudiantes con un mentor para ayudarlo a comprender mejor los principios y las enseñanzas kabbalísticas. Los mentores son estudiantes experimentados quienes están interesados en apoyar a nuevos estudiantes.

Publicaciones. Cada año, el Centro traduce y publica algunos de los más desafiantes textos para estudiantes avanzados incluyendo el Zóhar, *Los escritos del Arí*, y las Diez emanaciones con comentario. Extraído de estas fuentes, el Centro de Kabbalah publica libros anualmente en más de 30 idiomas y a la medida de estudiantes principiantes e intermedios, las publicaciones son distribuidas alrededor del mundo.

Proyecto Zóhar. el Zóhar, texto principal de la sabiduría kabbalística, es un comentario de temas bíblicos y espirituales, compuesto y compilado hace más de 2000 años y es considerado una fuente de Luz. Los kabbalistas creen que cuando es llevado a áreas de oscuridad y de agitación, el Zóhar puede crear cambios y traer mejoras. El Proyecto Zóhar del Centro de Kabbalah comparte el Zóhar en 30 países distribuyendo copias gratuitas a organizaciones e individuos como reconocimiento de sus servicios a la comunidad y en áreas donde hay peligro. Más de 400,000 copias del Zóhar fueron donadas a hospitales, embajadas, sitios de oración, universidades, organizaciones sin fines de lucro, servicios de emergencia, zonas de guerra, locaciones de desastres naturales, a soldados, pilotos, oficiales del gobierno, profesionales médicos, trabajadores de ayuda humanitaria, y más.

Apoyo al estudiante:

Como la Kabbalah puede ser un estudio profundo y constante, es útil tener a un maestro durante el viaje de adquisición de sabiduría y crecimiento. Con más de 300 maestros a nivel internacional trabajando para más de 100 localidades, en 20 idiomas, siempre hay un maestro para cada estudiante y una respuesta para cada pregunta. Todos los instructores de Apoyo al estudiante han estudiado Kabbalah bajo la supervisión del Kabbalista Rav Berg. Para más información:

es.kabbalah.com

www.ingramcontent.com/pod-product-compliance
Lightning Source LLC
Chambersburg PA
CBHW020442100426
42812CB00036B/3412/J

* 9 7 8 1 5 7 1 8 9 9 5 0 7 *

Y Escogerás La Vida

Kabbalah Centre Publishing es una unidad de negocio registrada de
Kabbalah Centre International, Inc.

Para más información:

The Kabbalah Centre
155 E. 48th St., New York, NY 10017
1062 S. Robertson Blvd., Los Ángeles, CA 90035

Número gratuito en Estados Unidos: 1 800 KABBALAH
Otros números de contacto en: es.kabbalah.com/ubicaciones

es.kabbalah.com

Impreso en Estados Unidos, febrero 2017

ISBN: 978-1-57189-950-7

Diseño: HL Design (Hyun Min Lee) www.hldesignco.com